Dr. med. Eric Berne

Spielarten und Spielregeln der Liebe

Psychologische Analyse der Partnerbeziehung

Deutsch von
Edelgard und Gerd Stöhr

Rowohlt

Die Originalausgabe erschien 1970 unter dem Titel
Sex in Human Loving
im Verlag Simon and Schuster, New York
Schutzumschlag- und Einbandentwurf von
Werner Rebhuhn

1.–10. Tausend August 1971

Gesamtherstellung Clausen & Bosse, Leck/Schleswig
Das Papier lieferte die Papierfabrik Schleipen, Bad Dürkheim
Printed in Germany
ISBN 3 498 00430 1

Inhalt

Vorwort

Dieses Buch entstand aus Vorlesungen, die ich im April und Mai des Jahres 1966 im Rahmen der Jake Gimbel Sex Psychology-Stiftung zu halten die Ehre hatte. Dr. Salvatore P. Lucia, Professor der Medizin und der Vorbeugenden Medizin am San Francisco Medical Center, befand sich in dem für die Berufung zuständigen Ausschuß, und ich glaube, ich habe es seinem Einfluß zu verdanken, daß ich für diese ehrenvolle Aufgabe ausgewählt wurde. Ihm und den anderen Mitgliedern des Ausschusses bin ich zu Dank verpflichtet, daß sie mir die Möglichkeit gaben, diese Vorlesungsreihe zu halten. Ungefähr sechshundert Zuhörer kamen und mußten sich teilweise mit Stehplätzen begnügen. Sie brachten unterschiedliche Kenntnisse über dieses Gebiet mit und hatten auch eine unterschiedliche Einstellung dazu. Das Programm der Vorlesungen sah folgendermaßen aus:

Vorlesungsreihe im Rahmen der Jake Gimbel Sex Psychology-Stiftung 1966 unter der Schirmherrschaft des Ausschusses für wissenschaftliche Vorlesungen der University of California, San Francisco Medical Center.

Die Sexualität im Leben des Menschen

6. April	Das Thema Sexualität
13. April	Formen zwischenmenschlicher Beziehungen
20. April	Sexualität und Wohlbefinden
27. April	Sexspiele

Die oben genannten vier Vorlesungen beginnen jeweils um 20.30 Uhr im Auditorium des Medical Center, San Francisco.

23. Mai Sprache und Liebe

Diese Vorlesung wird im Field House der University of California in Santa Cruz gehalten.

Alle an dieser Vortragsreihe Interessierten sind herzlich eingeladen.

Obwohl ‹alle Interessierten› eingeladen waren, bestand die Zuhörerschaft größtenteils aus Studenten, Akademikern und den Wissenschaftlern der Universität. Dr. Lucia war ein sehr sympathischer und diplomatischer Vorsitzender, und meine Assistentin Fräulein Pamela Blum leistete mir während meiner Vorträge wertvolle Hilfe, während Dr. Lucias Sekretärin Marjorie Hunt sich um die Aufnahme der Vorträge auf Band kümmerte und Fräulein Olga Aiello sie dann für mich abschrieb. Ohne diese Dienste wären diese Vorlesungen für immer verloren gewesen, denn meine Notizen bestanden nur aus Stichwörtern. Aber den größten Dank schulde ich dem verstorbenen Jake Gimbel, weil er diese Vortragsreihe ermöglichte. Als er 1943 starb, stiftete er für diese Zwecke eine beträchtliche Summe und bestimmte, daß die Stanford University und die University of California abwechselnd darüber verfügen sollten. Seitdem wurden die Vorträge von einer Reihe hervorragender Wissenschaftler gehalten. Sie gaben dieser Dozentur ein derart hohes Niveau, daß ich mich zuvor vier Jahre lang bemühte, meine Gedanken in Schriftform der Öffentlichkeit vorzutragen, um diesen hohen Anforderungen zu genügen, und selbst jetzt noch fehlt mir im Grunde das Selbstvertrauen dazu.

Seit ich diese Vorträge gehalten habe, hat eine Flut von wissenschaftlichen Beiträgen zum Thema Sexualität die Öffentlichkeit überschwemmt. Seit 1967 wird die Monatsschrift *Medical Aspects of Human Sexuality*[1] herausgegeben, das vernünftigste, zuverlässigste und angesehenste Organ dieser Art. Sie ist viel weniger auf Sensationen bedacht und erregt darum auch weniger Mißfallen als ihre berühmte Vorgängerin, die *Zeitschrift für Sexualwissenschaft*. In ihr hatten die Pioniere der Psychoanalyse einige ihrer frühen Schriften veröffentlicht; so stellte sie in jener Zeit für Havelock Ellis und Studenten die wichtigste Quelle zum Studium der Psychopathologie der Sexualität dar. In den letzten vier Jahren machte auch das Sex Information and Education Council of the United States[2] unter der Führung von Dr. Mary Calderone von sich reden. Zweifellos haben die hohe Qualifikation von Frau Dr. Calderone und ihre gewinnende Art zu einer weitreichenden Anerkennung ihrer Arbeit beigetragen, besonders was ihre Förderung der Sexual-Erziehung in der Schule anbelangt. Die dritte Kraft bei der Verbreitung von Sexualwissen bilden die Anzeigenspalten der *Berkeley Barb* oder der *Tribe* und anderer Underground-Zeitschriften, die das Ausmaß und die Verschiedenartigkeit der Abweichungen von der offiziellen Vis-à-vis-Position offenbaren, viel schärfer als Kinsey und seine Mitarbeiter, und auch unromantischer als Havelock Ellis in seinen Werken. Der vierte Faktor, der in den letzten zwei oder drei Jahren einen spürbaren Einfluß ausgeübt hat, ist die Lockerung im Recht: so die Billigung homosexueller Verbindungen in England und die Freigabe der Pornographie in Dänemark. Am wirksamsten aber ist die neue Verbindung von Sexualität und gesundem Witz und Humor (im Gegensatz zu den morbiden, abstoßenden oder abfälligen Witzen), wie dies in der satirischen Zeitschrift *Official Sex Manual*[3] und in den Bilderparodien des *Evergreen Magazine* geschieht, die immer ausgesprochen ‹sexy› sind. Gegenwärtig herrscht allgemein die fortschrittliche Auffassung, Sexualität sei im Grunde etwas Anständiges und gehöre zum menschlichen Leben, so daß man ihr am besten offen den ihr gebührenden Platz einräumt. Im Gegensatz dazu behaupten die Konservativen, es gäbe nichts Schmutzigeres als die Sexualität, während die Radikalen der Ansicht sind, nichts sei schmutzig, also könne es auch der Sexualität nicht schaden, wenn sie mit Gewalttätigkeit und Schmutz in einem Atemzug genannt werde.

Alle diese Einflüsse, die Underground-Zeitschriften (die sonst von jedermann aus Gründen der Respektabilität abgelehnt werden) eingeschlossen, kommen voll zum Tragen in den Aufsätzen des Dr. Eugene Schoenfeld, der seine Leser allwöchentlich in einer Zeitschrift unter dem Pseudonym Dr. Hip Pocrates [4] erfreut.

Ich bin jedoch überzeugt, daß die größte Veränderung nicht durch die Erziehung, sondern durch die Praxis bewirkt worden ist. Der starke Einfluß der ‹Pille› im amerikanischen Leben wird begleitet vom Auftauchen und Wiederauftreten ‹emanzipierter Frauen›, die die Forderung nach voller Gleichberechtigung in der Sexualität stellen. Das Manuskript dieses Buches wurde von einigen von ihnen auf Anzeichen für ‹männlichen Chauvinismus› sorgfältig untersucht. Einiges von dem, was sie fanden, war recht eindeutig, so daß ich in der endgültigen Fassung die mir notwendig erscheinenden Änderungen vornahm. Wo ich aber erkannte, daß ein ‹weiblicher Chauvinismus› das Haupt hob, blieb ich bei meiner Auffassung.

Ich habe in diesem Buch versucht, die Sexualität so zu schildern, wie sie wirklich ist, was den Gebrauch von bildhaften Ausdrücken und Wörtern aus der Umgangssprache sowie Fallberichte mit sich brachte. Es steht jedem frei, dieses Buch seinen Kindern unter sechzehn oder auch unter achtzehn oder auch unter einundzwanzig oder sogar unter vierzig vorzuenthalten, wenn er meint, das sei seine Pflicht. Ich werde gern jeden anhören, der eine faktische Unrichtigkeit entdeckt und richtigstellt. Wo es aber um die persönliche Einstellung geht, kann ich mich keinem mit gutem Gewissen beugen, der nicht genauso viele und genauso überzeugende Sexualberichte gehört hat, wie ich während der letzten dreißig Jahre. Ich kann mir vorstellen, daß einige Zuhälter und Prostituierte mehr über die Sexualität im allgemeinen wissen und daß einige Wissenschaftler mehr über Sondergebiete wissen als ein erfahrener und interessierter Psychiater. Insgesamt enthalten meine Ausführungen, glaube ich, ebensoviel Künstlerisches wie Wissenschaftliches, und jede Diskussion über sie sollte sich auf angemessene und klare Argumente stützen.

Vieles von dem, was ich in diesem Buch bringe, habe ich in den Vorlesungen entweder gar nicht oder anders gesagt. Denn einmal habe ich seit 1966 noch vieles gelernt und zum anderen kennt das gesprochene Wort andere Regeln als das geschriebene. Deshalb war es nötig, Änderungen vorzunehmen, einiges ganz wegzulassen und Neues hinzuzufügen. Es war auch nötig, im Stoff der Vorlesungen Umstellungen vorzunehmen, das ganze auf den neuesten Stand zu bringen und stilistische Veränderungen einzuführen. Deshalb habe ich das Buch so geschrieben, als wendete ich mich an einen einzelnen Menschen. An manchen Stellen habe ich mich auf einen anderen Schriftsteller bezogen, auf Cyprian St. Cyr, den mutmaßlichen Verfasser des Buches ‹*Letters to My Wife's Maid*›. Diese Briefe wurden wahrscheinlich von Cyprian St. Cyr geschrieben, als er sich mit seiner Frau auf einer Weltreise befand, und sie sollen die junge Dame, an die sie gerichtet sind, auf den ‹Eintritt in die Welt› vorbereiten, wenn sie ihre derzeitige Stellung aufgibt. Diese Briefe stehen in geistigem Zusammenhang mit dem vorliegenden Werk, deshalb schrieb ich mein Buch im Geiste von St. Cyrs ‹*Letters*›, versuchte aber gleichwohl, den in den Vorlesungen angeschlagenen Ton beizubehalten. Aus diesen Gründen gab ich den ursprünglichen Titel der Vortragsreihe und auch die inhaltliche Reihenfolge auf. (Der ‹offizielle› Titel dieses Buches ist – für die, die an die Sexualität lieber auf eine mehr akademische Weise denken – «Zerebrale und behavioristische Korrelate der Kopulation in Gesellschaften höherer Primaten».)

Wegen der vielen Veränderungen, die ich vorgenommen habe, gebietet mir die Fairness, nochmals zu betonen, daß weder der Jake Gimbel-Ausschuß noch die University of California für die geäußerten Meinungen und Ansichten verantwortlich sind. Die Verantwortlichkeit liegt ganz bei mir.

Ich möchte auch noch den Mitgliedern des Seminars für Transaktionsanalyse in San Francisco meinen Dank aussprechen. Sie verbrachten einige Abende damit, mir zuzuhören, während ich ihnen mein Manuskript vorlas, und machten viele wertvolle Abänderungsvorschläge und übten sowohl positive wie negative Kritik. Ich möchte auch denen danken, die das Manuskript zu ihrem Vergnügen lasen und ebenfalls für mich wertvolle Anmerkungen dazu machten, besonders Bertha Joung, Al und Pam Levin, Arden Rose, Valerie Venger, Nadja und Valerio Giusi und Rick Berne.

Carmel, California
April 1970

Einleitung
Das Thema Sexualität

Sexualität – ein anrüchiges Thema

Es ist nicht leicht, über die Sexualität zu schreiben. Der Grund ist, daß sie allgemein als anrüchig, ja sogar schmutzig angesehen wird. Jeder, der das übersieht, wird sich sehr bald unwohl fühlen, wenn er sich diesem Thema zuwendet. Ich hatte einmal Gelegenheit, mich mit einer Schriftstellerin zu unterhalten, die in wohlgesetzten, aber letztlich nichtssagenden Worten über Sex schrieb. Ich sagte ihr, daß ich es für falsch hielte, ein durch und durch heikles Thema in die Zwangsjacke trockener, fast wissenschaftlicher Ausdrücke zu pressen. Da ging sie zum Gebrauch anstößiger Wörter über. Und wieder mußte ich ihr sagen, daß ich auch das für falsch hielte. Denn man muß Ausdrücke wählen, gegen die im Leser keine gefühlsmäßige Abwehr besteht. Sie stimmte mir zu und erzählte mir daraufhin von einer schwangeren Frau, die am Fenster saß und an eine schwarze Schlange dachte. Ich verstand das zwar nicht so ganz, wohl schon deshalb nicht, weil ich keine Frau bin, aber es klang doch irgendwie aufrichtig. Es war auf jeden Fall aufrichtiger als das, was jene schwangere Frau sagte, die sich strikt an das Schickliche hielt. So konnte man von ihr nur hören, wie sehr sie hoffe, genug Milch zu haben, um ihr Baby damit aufziehen zu können. In ihrer Art erinnerte sie mich an eine Dame aus Boston, die sich jedesmal entschuldigte, wenn sie von den ‹Akten› eines Theaterstücks sprach oder von ‹Krebsschwanzsuppe›, und dann berichtete, ein Bekannter von ihr sei eine Klippipi hinabgestürzt.

Ich meine also, als erstes sollten wir unseren Wortschatz unter die Lupe nehmen und die Wörter heraussuchen, die am klarsten das auszudrücken vermögen, was wir sagen wollen, aber dennoch nicht anstößig sind.

Einige trockene Ausdrücke ohne Gefühlsinhalt

Wir kennen verschiedene Wörter für die sexuelle Betätigung: niedere Organismen konjugieren, höhere kopulieren, die Menschen haben Geschlechtsverkehr. Wissenschaftler bedienen sich dafür auch gern des Wortes Koitus. Die Bezeichnung ‹geschlechtliche Vereinigung› ist allenfalls im Vortrag eines Sonntagsredners am Platz. Man kann über alle diese Dinge reden. Nur eines kann man nicht, sich über den sexuellen Verkehr unterhalten. Das wird auch gar nicht erwartet – man soll sich nur mitteilen. Dieses Sich-nur-Mitteilen führt aber so manches Mal zu Schwierigkeiten, sogar zu körperlichen Beeinträchtigungen wie Kopf- und Magenschmerzen. Deshalb müssen Menschen, die miteinander auskommen wollen, früher oder später dazu übergehen, ein echtes Gespräch zu führen. Ein etwas zynischer Freund von mir, Dr. Horseley, empfiehlt überkultivierten Paaren, die miteinander Schwierigkeiten haben, nicht immer nur von sich selbst zu reden, sondern sich einmal ganz einfach zu unterhalten.

Schauen wir uns die oben erwähnten Ausdrücke etwas genauer an, so stellen wir fest, daß sie nur scheinbar nüchtern und sachlich sind. *Konjugieren* hört sich an, als wolle jemand Feuer machen, indem er zwei Eier aneinander reibt. *Kopulieren* klingt anstößig, aber schon leicht ablehnend, während man von dem Wort *Koitus* schlicht angewidert ist, geradeso, als ob man in Turnschuhen durch eine klebrige, schmierige Masse geht. Von *Sexualverkehr* kann man in der Öffentlichkeit sprechen, auch schreiben, aber dieser Ausdruck ist insgesamt zu unpersönlich, um allgemeine Beliebtheit zu erlangen. Das gängige Synonym dafür ist der *Geschlechtsakt*.

Die Bezeichnungen für das, was wir dabei erleben, sind nicht viel besser. Von *sexueller Befriedigung* redet man so, wie etwa jemand darüber reden würde, wenn er ein gutes Steak zu Mittag gegessen hat. Den Begriff *Klimax* konnte man anfangs durchaus benutzen, leider wurde er in den Zeitungen und Zeitschriften derart zerredet, daß er heute abgeschmackt ist wie ein alter Kaugummi. Am neutralsten und am passendsten ist meiner Meinung nach die Bezeichnung *Orgasmus*.

Eine eigene Sprache für dieses Gebiet haben die Rechtsgelehrten entwickelt, aber sie können uns auch nicht weiterhelfen. Ihre Lieblingsausdrücke sind *Beischlaf, Beiwohnung, sexuelle Beziehungen* und *Ehebruch*. Und alle sind sie irgendwie mit einer Strafe oder einer Forderung verknüpft. Die Juristen interessieren sich überhaupt nicht dafür, ob Sex Freude bereitet. Sie bemühen sich nur eifrig, etwas zu begründen oder zu beweisen, so daß irgend jemand zahlen muß. Bei der Festsetzung der Summe spielt es überhaupt keine Rolle, ob es das erregendste Erlebnis war, das man je gehabt hatte, oder ob man dabei kaum etwas empfunden hatte. Abzüge für Langweiligkeit oder Zuschläge für Ekstase sind unbekannt. Rechtsgelehrte sprechen in diesem Zusammenhang auch gerne von ‹Verbrechen wider die Natur›, obwohl bislang noch kein einziger Fall bekanntgeworden ist, in dem die Natur eine Klage eingereicht hätte. Man sucht auch vergeblich nach einem Begriff wie ‹schicklicher› Nacktheit. Jede Art von Nacktheit wird als anstößig angesehen, solange nicht das Gegenteil bewiesen wurde. Diese Auffassung aber steht in direktem Widerspruch zu der in der Verfassung verankerten Bestimmung, in der es heißt, daß ein Mensch so lange als unschuldig anzusehen sei, bis seine Schuld erwiesen ist, er also auch so lange als anständiger Mensch angesehen werden muß, bis das Gegenteil bewiesen wurde. Das Wort ‹Obszönität› ist der Gegenstand heftigster Kämpfe zwischen Juristen; wir werden noch darauf zurückkommen.

Die Schwierigkeit bei all diesen Redewendungen und Bezeichnungen liegt darin, daß sie das, was die Sexualität eigentlich ausmacht, nicht mit einschließen, nämlich Genuß, Freude und Rausch, und deshalb klingen sie so nüchtern und irgendwie steril.

Einige Ausdrücke voller Wärme und Herzlichkeit

Der Ausdruck ‹verliebt sein› klingt warm und vertraulich. Leider verwenden nicht mehr viele Menschen diese Redewendung. Am passendsten und am wenigsten vulgär ist zur Zeit wohl der Ausdruck ‹miteinander gehen›. Ihm sind nicht nur Wärme und Herzlichkeit zuzuordnen, er enthält auch noch ein Versprechen, daß da noch etwas anderes ist, das über den Geschlechtsakt hinaus andauert. Menschen, die kopulieren, koitieren oder sexuellen Verkehr pflegen, wissen in der Regel nicht, was nach Sonnenaufgang mit ihrer Liebe sein wird. Aber wenn zwei ‹miteinander gehen› werden sie sehr wahrscheinlich auch zusammen frühstücken, und das ist wohl der Grund, welhalb junge Frauen diese Bezeichnung allen anderen vorziehen. Bei Männern allerdings scheint dieses Wort nicht so beliebt zu sein, nicht einmal bei denen, die gern mit ihrer Frau am Frühstückstisch sitzen.

Hier in dieser Aufzählung hat auch die Bezeichnung ‹beiwohnen› ihren Platz. Was ihr an Spannung fehlt, macht sie durch Behaglichkeit wett. Das gleiche gilt für das Wort ‹beischlafen›.

Einige obszöne Wörter

Es ist wünschenswert und ich glaube, auch durchaus möglich, über Obszönitäten zu sprechen, ohne selbst obszön zu werden. Man kann ohne weiteres solche Wörter wie ‹ficken›, ‹vögeln›, ‹Schwanz› oder ‹Fotze› verwenden, ohne jemanden verführen oder beleidigen zu wollen.

‹Ficken› ist das einzige Wort, das in aller Fülle das wiedergibt, was den Sexualakt ausmacht, nämlich das Gefühl, die Erregung, die Schlüpfrigkeit und das Aroma. Das leicht wollüstige ‹f› am Anfang macht dieses Wort noch verlockender. Alle weiter oben erwähnten Synonyme vermeiden sorgfältig jeden Hinweis auf Erregung und Sinnlichkeit und meiden noch sorgfältiger das primitivste und zugleich stärkste Element in der Sexualität, den Geruch. In dem einen Wort ‹fikken› kommen alle diese Elemente zum Ausdruck. Ähnlich ist es mit Wörtern in der Kindersprache. Sie umfassen auch viele verschiedene Aspekte einer Sache. Und ‹ficken› könnte durchaus aus der Kindersprache stammen.

Das Wort ‹ficken› stammt aus dem Altholländischen oder Altdeutschen. ‹Ficken› heißt da so viel wie ‹hin und her stoßen›, vergleichbar dem arabischen *dok,* womit ein Stampfen bezeichnet wird, ähnlich der Bewegung eines Kolbens in einem Zylinder. Nun ist Stampfen oder Stoßen ein sehr wichtiger Bestandteil des sexuellen Verkehrs, wie wir noch sehen werden. Von gleicher Bedeutung ist das, was die arabischen Sexologen mit *hez* bezeichnen. Sie meinen damit die anregende, wollüstige, freischwingende Bewegung des weiblichen Beckens. Ficken ist sowohl *dok* wie *hez,* ist sowohl ‹stoßen› wie ‹schwingen›.

Beim Ficken sind immer beide Partner gleichermaßen aktiv. Das Bimsen hingegen ist mehr eine einseitige Angelegenheit. Eine kluge junge Dame, Amaryllis ist ihr Name, sagte einmal zu mir, daß sie am Ficken großes Gefallen habe. Aber Jungen, die sie bimsen wollten, nur um hinterher damit prahlen zu können, die könnten ihr gestohlen bleiben. Ebenso wie das Ficken erfordert das ‹es miteinander treiben› immer das Zusammenwirken zweier Menschen.

Ich halte es für unnötig, hier über ‹Schwanz› und ‹Fotze› und deren zahlreiche Synonyme zu sprechen, denn diese Wörter sind alle im Bereich des Vulgären zu Hause. Auch tragen sie wenig zum allgemeinen Verständnis der Sexualität bei. Bei dem Wort ‹Penis› stellen sich die meisten Leute etwas vor, das aus viel Haut besteht und nicht sehr beeindruckend wirkt, zuweilen auch etwas Niedliches, wenn sich Knaben in der Familie befinden. Diese Vorstellung mag wohl richtig sein für das schlaffe Glied. Für den eindrucksvolleren Zustand der Erektion ist das Wort Phallus schon zutreffender, wenngleich es künstlich klingt und ihm Saft und Kraft fehlen. Für die weiblichen Geschlechtsteile wollen wir das Wort Scheide verwenden. Es drückt zwar nicht ganz dasselbe aus wie das Wort Fotze, vermittelt aber ebenfalls ein Gefühl von Wärme. Die Hauptschwierigkeit entsteht bei den äußeren Geschlechtsteilen der Frau, von den Anatomen Vulva genannt. Für den täglichen Gebrauch ist dieser Ausdruck zu medizinisch, und da es keine anständige Bezeichnung für diesen Teil gibt, müssen wir wohl oder übel das Wort Fotze dafür verwenden.

In Wörterbüchern, vor allem in Wörterbüchern der Umgangssprache, kann man noch viele Wörter aus diesem Bereich finden, aber ich glaube, man kommt schon mit den Ausdrükken, die ich aufgezählt habe, ganz gut zu Rande.

Das Wesen der Obszönität

An dieser Stelle möchte ich darlegen, warum ich obszöne Wörter vermeide, wann immer ich kann. Mit ‹obszön› bezeichnet man immer etwas Widerwärtiges, Abstoßendes. Vom Inhalt her kann man das Obszöne in zwei Bereiche aufteilen: in Pornographie und in Skatologie. Pornographie handelt vornehmlich von Huren. Das Wort ist im Schlafzimmer heimisch, während ‹Skatologie› in der Toilette beheimatet ist und die Unanständigkeiten dort bezeichnet. Manche Leute empfinden sowohl Pornographie als auch Skatologie als beleidigend, während andere nur eines von beiden als widerwärtig ansehen. Das alles hört sich so an, als sei Obszönität die Folge künstlich aufgestellter Regeln. Das aber ist ein Trugschluß. Sie ist vielmehr in viel tieferen psychologischen Schichten verankert.

Jedes Wort von Bedeutung erweckt sowohl im Sprecher als auch im Hörer eine bestimmte Vorstellung, ein Bild. Diese Bilder sind einem nicht immer sofort klar, aber mit einiger Anstrengung kann man sie aus den Tiefen des Bewußtseins an die Oberfläche holen. Die Bilder für die meisten Wörter sind farblos, kaum geformt und schattengleich und verschmelzen mit einem unbekannten Hintergrund (es sei denn, es handelte sich um sehr vertraute Bilder). Wegen dieser Schattenhaftigkeit werden sie auch so selten bewußt, wenn sie erwähnt werden. Man könnte sie ‹Erwachsenen›- oder auch ‹Schattenbilder› nennen. Andere Wörter wieder werden von Bildern begleitet, die viel lebendiger und kraftvoller sind. Sie sind Überbleibsel aus der Kindheit und werden deshalb ‹kindliche› oder ‹ursprüngliche Bilder›[5] genannt. Da sie bis in alle Einzelheiten ausgeprägt und sehr farbenprächtig sind, erzeugen sie einen Widerhall im Gefühlsbereich. Einige von ihnen sind sogar außergewöhnlich schön, ähnlich den Bildern, die Menschen sehen, wenn sie Marihuana oder LSD eingenommen haben. Andere Vorstellungsbilder wieder rufen Ablehnung hervor, und mit diesen wollen wir uns hier beschäftigen, da sie den Schlüssel zur Erklärung der Obszönität enthalten. Ein Wort wird obszön, wenn das begleitende Bild ein ursprüngliches Bild ist – und zudem abstoßend. Das ist deshalb so, weil das Bild und die Wirklichkeit, für die es stand, in der Kindheit lebendig und abstoßend waren. So geschieht es etwa bei unseren Exkrementen während der Reinlichkeitserziehung. Diese Bilder behalten ihre Kraft auch in späteren Jahren.[6] Die Definition des Obszönen basiert also nicht auf künstlichen Gesetzen, von tyrannischen und niederträchtigen Menschen erfunden, die die anderen nur ihrer Freiheit berauben wollen, sie findet vielmehr ihre Erklärung im menschlichen Nervensystem und in der Tiefenpsychologie.

Wurzelt die Obszönität also in allgemeinen und tiefenpsychologischen Faktoren, die aus der Kindheit stammen, dann können auch nur Wörter aus der Kindheit eine derartige Macht entfalten. Wenn man erst später eine Sprache erlernt, etwa mit sechs Jahren oder später, dann kann sie für den Lernenden keine Obszönitäten enthalten. Dazu müßte er diese Wörter in den ersten Jahren seines Lebens gehört haben. So kann ein wohlerzogener Deutscher durchaus ohne jede Verlegenheit oder Scheu Wörter wie ‹merde›, ‹shit›, ‹fourrer›, ‹screw›, ‹cul› oder ‹prick› lesen und auch aussprechen, denn diese Ausdrücke erregen in ihm, auch wenn er ihre genaue Bedeutung kennt, keine ursprünglichen Bilder. Sie behalten für ihn eine mehr abstrakte Bedeutung. Wird aber jemand mit der neuen Sprache sehr vertraut und beginnt sogar in ihr zu denken, können einige Wörter allmählich doch in die ursprünglichen Schichten eindringen und dadurch zu Obszönitäten werden.

Diese Beobachtungen zeigen uns, daß das Obszöne als solches nicht auszulöschen sein wird, aber es ist eine Frage der Auswahl und auch des Zufalls, welche Wörter ein obszönes Bild hervorrufen. Grundsätzlich hat das Obszöne etwas mit Geruch und Geschmack zu tun, auch mit dem Berühren glitschiger Dinge. Mit anderen Worten: Obszöne Wörter sind solche, die in den ursprünglichen Bildern mit schlüpfrigen Empfindungen verbunden werden. Schlüpfrig hat hier noch seinen ursprünglichen Sinn von glitschig, rutschig. In Einzelfällen werden sogar ganz neutrale Wörter zu Obszönitäten, einfach als Folge bestimmter Erfahrungen in der Kindheit, in der Zeit, in der die Bilder geformt wurden.

So kann eine neue Generation zwar die bestehenden Obszönitäten ausmerzen, aber ihre Nachkommen werden neue schaffen, vielleicht, indem sie ein alltägliches Wort in ein obszönes verwandeln (Schwein), vielleicht auch, indem sie einen zunächst selten gebrauchten Ausdruck in die Alltagssprache überführen (Schlappschwanz). Zwar ist es denkbar, daß man Kinder so erziehen kann, daß sie auf Obszönitäten keinerlei Reaktion zeigen, aber das ist nicht sehr wahrscheinlich, wenn man den Bau des menschlichen Nervensystems mit in Betracht zieht. Ich halte es zum Beispiel für äußerst schwierig, durch Erziehung jene Erleichterung abschaffen zu können, die die meisten Menschen empfinden, wenn sie die Tür einer öffentlichen Bedürfnisanstalt hinter sich schließen.

Die Ursachen für die Schockwirkung, die Erleichterungswirkung, auch die erotische Wirkung obszöner Wörter sind sowohl in ihrer Unanständigkeit als auch in ihrer engen Verbindung mit Geruch zu suchen. Die stärksten Obszönitäten haben gleichzeitig auch die stärkste Beziehung zum Geruch – so ‹Ficken›, ‹Fotze›, ‹Scheiße›. Die schwächsten kommen aus dem wissenschaftlichen und literarischen Bereich, ohne jeden Bezug zu ursprünglichen Bildern und vollkommen geruchlos. Für den Neurologen und Psychologen ist dies eine faszinierende Erscheinung, die mit dem gesamten Aufbau des Gehirns und mit unserem Denken zu tun hat: die Verbindung von Geruch und visuellem Bild, von Wörtern und sozialen Handlungen, mit Anregungen, Erleichterungen und Erschütterungen unserer Gefühle.

In Anbetracht dieser Tatsachen ist der Respekt vor der Macht obszöner Wörter keineswegs ein seltsames Überbleibsel einer überholten Denkweise. Er ist vielmehr als eine Erscheinung einer ganz bestimmten Lebenseinstellung zu werten, die Anstand als das wichtigste im Leben ansieht. Anstand, das heißt kraftvolle Bewegungen und erhabene Augenblicke der Einsamkeit oder auch der Vereinigung. Tänzer, Redner, Anhänger der Zen-Philosophie und anderer Philosophien aus dem Orient, sie alle kennen seinen Wert. Er hält die Menschen dazu an, mit Würde zu sprechen und jede Stunde ihres Lebens zu einem Kunstwerk zu gestalten. Er fordert eine äußere Erscheinung und ein Betragen, das uns von Jahr zu Jahr besser macht. Und schließlich besagt er, daß ein ganzes Leben, erfüllt mit Freundschaften und Feindseligkeiten, Zärtlichkeiten und Gegnerschaften, Komödien und Tragödien, letzthin doch die Möglichkeit haben soll, in einen Strom der Ganzheit und der Würde zu münden. Für mich ist gesellschaftlicher Rang gleich Anstand gleich Zurückhaltung, das Vermeiden von Übertreibung und Unstimmigkeiten, in der Rede ebenso wie in Ballett und Malerei.

Der Häßlichkeit begegnen und ihr ins Gesicht schauen, ist etwas anderes als sie umarmen. Jeder Mensch hat wohl seine eigene Vorstellung von Schönheit, deshalb ist es auch sinnlos, sie definieren zu wollen, indem ein einzelner angibt, was er für schön hält. Aber vielleicht kommen wir doch zu einer Übereinstimmung, wenn wir feststellen, was nicht schön ist. Es gibt eine, und nur eine allgemeine Regel der Ästhetik, allgemein deshalb, weil sie im Laufe der Evolution der Menschen biologisches Erbgut wurde. Etwas, das stinkt, kann dennoch schön sein. Aber niemals ist etwas schön, nur weil es schlecht riecht. Jedermann weiß, was ein unangenehmer Geruch ist. Es ist der Gestank von der Scheiße eines Fremden, den wir mit jedem Atemzug einatmen und den wir nicht abwehren können. Bei einem Freund verhält es sich ganz anders. Bei Amaryllis – ich habe sie schon vorgestellt – hört sich das so an: «Ein Freund ist jemand, dessen Scheißhaufen für uns nicht stinkt und dessen Pinkeln für unsere Ohren wie Musik klingt. Würde ein Fremder wagen, uns so etwas zuzumuten, würden wir ihm wohl ein paar Zähne einschlagen.» (Amaryllis drückt sich nicht sehr gewählt aus.)

Aus alldem kann man den Schluß ziehen, daß man Obszönitäten nicht ohne die Zustimmung aller, die davon betroffen werden, benutzen sollte. Für einige sind Obszönitäten ein Teil ihres Lebens, sie machen ihnen Freude. Anderen stockt der Atem, wenn sie nur daran denken, daß jemand in Anwesenheit kleiner Kinder vulgäre Ausdrücke benutzen könnte.

Wie immer, ist es die Poesie, die alle Dinge noch gefälliger macht. Die Menstruation ist als ‹Periode› nicht sehr attraktiv. Sie wird aber geradezu bezaubernd (wenigstens für Männer) als ‹Blut auf dem Antlitz des Mondes› oder durch den französischen Ausdruck ‹ich habe meine Blumen›.

Man kann alles sagen, vorausgesetzt, man bleibt anständig – gemessen an seinen eigenen Maßstäben. In einer Zeit, in der so vieles beschmutzt wird, ist es äußerst wichtig, anständig zu bleiben.

Die Mülltonne

Es ist richtig, man kann eine Menge über seine Nachbarn erfahren, wenn man in ihre Mülltonnen schaut. Ein philosophierender Straßenkehrer könnte aus den Abfällen eine umfassende Philosophie des Lebens entwickeln. Er sieht, was die Leute wegwerfen, wie sparsam oder verschwenderisch sie sind, womit sie ihre Kinder ernähren. Und es gibt eine ganze Menge Leute auf der Erde, die in ihm den Verkünder letzter Wahrheiten sehen. ‹Schaut in die Mülltonnen, und ihr werdet die Wahrheit über unser Leben finden!› – Blödsinn! In Wirklichkeit findet man nur Abfall, nichts als Abfall. Archäologen stoßen häufig auf Gruben mit Küchenabfällen. Sie haben zur Rekonstruktion einer Gesellschaftsform meist nur wenig anderes Material zur Verfügung. Auch einige moderne Schriftsteller gehen so vor und versuchen, aus den Abfällen unsere heutige Lebensweise zur rekonstruieren und zu beurteilen. Doch die Ausgrabung einer Stadt wie Pompeji hilft den Archäologen viel weiter als ein ganzes Dutzend Abfallhaufen. Sie können dadurch viel besser beurteilen, wie die Menschen damals lebten, die Adligen und die einfachen Leute. Das Büro und die Bibliothek, das Kinderzimmer und der Hobbyraum, sie alle erzählen uns mehr von den Menschen als die Rumpelkammer. Es lohnt sich eher, über den Schweiß und die Menschlichkeit eines Nonnenklosters nachzudenken als über den Schweiß und die Menschlichkeit eines Bordells, denn das Kloster spricht, wenn auch in eingeschränktem Sinn, das Streben des Menschen nach Höherem an, während das Bordell, zumindest für Pornoliebhaber und Schwanzanbeter, keine Bewegung zeigt, höchstens eine seitwärts oder gar abwärts gerichtete.

Mit alldem will ich sagen, daß obszöne Bücher nicht mehr Freude bereiten und den Kern des Lebens auch nicht näher erfassen als sauber geschriebene. Nur Tolstoij war es gegeben, ‹*Krieg und Frieden*› zu schreiben, aber jeder intelligente Oberschüler, der sich über seine Mutter geärgert hat, könnte de Sades ‹*Die Philosophie im Boudoir*› verfaßt haben, und zwar sowohl die Bettszenen als auch die philosophischen Betrachtungen.

Der ‹Scheißkerl›

Im Extremfall kann das Obszöne sogar zum Lebensinhalt werden. Der Pornograph, verdammt zu einem Leben im Schlafzimmer und ständig auf der Jagd nach dem alles erfüllenden Orgasmus, wird nie die Wälder, die Meere, den Sonnenschein sehen. Der Skatologe, eingeschlossen in sein duftendes Kämmerlein, sucht in allem, was er erlebt, nur den Unrat, ohne den er nicht auskommen kann. Wenn er eine Verpflichtung fühlt, so die, alles in Dreck zu verwandeln. Beide sind die Verlierer, denn der Pornograph wird niemals die zauberische, vollkommen befriedigende Vagina finden, mag er auch noch so lange nach ihr suchen. Und der Skatologe wird es nie schaffen, seine Fäkalienhaufen, die er so fleißig gesammelt hat, in Gold zu verwandeln. Dabei wird dem Pornographen noch das bessere Los zuteil, genießt er doch wenigstens vorübergehend einige Freuden, während die Toilette nur einen Gewinn zu bieten hat, einen Topf voll Dreck. Zugegeben, es erleichtert so manche Menschen, wenn sie mit obszönen Wörtern um sich werfen, aber das zeigt nur, daß sie in ihrer Jugend bestimmte Erlebnisse hatten, die ihre Einstellung zu Obszönitäten prägte.

Die kindliche Annahme, man müsse schmutzige Wörter nur oft genug sagen, dann werde schon alles in Ordnung kommen, erweist sich als falsch, auch wenn man diese Methode fünf oder zehn Jahre lang durchhält. Man steht von Anfang an auf verlorenem Posten. Wenn jemand im Laufe von zehn Jahren hunderttausendmal ‹Scheiße› oder ‹verdammter Hurenbock› gesagt hat – das ist nicht einmal dreißigmal am Tag –, so wird er nahezu immer feststellen, daß alles schlimmer statt besser geworden ist, und er kann nur noch seinem Psychiater vorstöhnen: ‹Sie sehen doch, wie sehr ich mich bemüht habe! Warum nur hat es nichts eingebracht?› Eines läßt sich mit Sicherheit sagen: Der Mißerfolg war nicht darauf zurückzuführen, daß er nicht genug geübt hätte. Er hätte ein obszönes Wort auch dreihundertmal am Tag sagen können, ohne Erfolg. Doch nicht die Theorie ist faul, man muß sie nur richtig anwenden. Vielleicht sollte man eher so vorgehen: Man nimmt sich zwei Tage Urlaub und absolviert in dieser Zeit das ganze Programm, also 50 000 Kraftausdrücke pro Tag. Anschließend untersucht man, ob man das gewünschte Ergebnis erzielt hat. Wenn nicht, so wird man eine neue Methode ausprobieren. Man spart jedenfalls zehn Jahre. Das ist der maßgebliche Unterschied zwischen einem Versager und einem Erfolgreichen im Leben. Es ist von großer Bedeutung für das Schicksal eines Menschen, ob er ein Versager ist oder nicht, denn davon hängt es ab, ob andere Menschen ihm vertrauen.

Obszönität zum Vergnügen

Es gibt wohl kaum Meinungsverschiedenheiten darüber, daß unerbetene Obszönitäten meistens eine Beleidigung darstellen und daher verwerflich sind.[7] In zwei Situationen jedoch können Obszönitäten gerade wegen ihrer Unanständigkeit wirkungsvoll sein, und zwar bei der Verführung und beim Witz.

Wenn ein Mann ein Mädchen verführen will, kann er Obszönitäten dazu einsetzen, es herumzukriegen. Amaryllis erzählte mir von einem jungen Mann, der diese Methode mit Erfolg anwendet. Wenn er eine junge Dame kennengelernt hat, die ihm einigermaßen zusagt, macht er ihr so bald als möglich in reichlich unverschämten Worten den Vorschlag, mit ihm ins Bett zu gehen. Auf diese Weise verliert er die Achtung vieler dieser Frauen, aber bei einigen hat er Erfolg. So zeigt sein Verhalten einmal die negative Wirkung der Obszönität, aber auch ihre positive. Dieser junge Mann beherrscht die Kunst des leichten Erfolgs, er zwingt sich den Schönheiten der Natur sozusagen auf.

Obszönitäten in Witzen ist nichts anderes als eine Satire auf die Korruption, und Satire ist das ‹chirurgische› Lachen, das die Geschwüre am ‹Körper› des Staates und der Gesellschaft öffnet. Deshalb macht Obszönität im Scherz das Leben weniger obszön. Rabelais ist mehr Skatologe als viele andere Schriftsteller, denn er versuchte an all dem Gefallen zu finden. Die Widmung in meiner Lieblingsausgabe lautet so:

Ein wenig Freud' ist mehr als Kummers Übermacht,
Zum Menschen wird der Mensch, der lacht.

Streng zu trennen jedoch ist die Satire von der Obszönität als Auflehnung: ‹Ich sage alle diese schmutzigen Wörter nur, um zu sehen, wie du reagierst, ob du ein anständiger Mensch bist oder ob du aufhörst, mich zu lieben, du Schwein.›

Ebenso sind die humorvollen Gedichte der Lebemänner der Restaurationszeit auf den Tripper und die Syphilis – Krankheiten, die für einen Lebemann jener Tage tatsächlich unvermeidbar und unheilbar waren – ganz anders einzustufen als die Selbstbemitleidung, die so manche moderne Schriftsteller bei diesem Thema erfaßt. Obszönitäten sind meistens anstößig, wenn sie von dem, der sie ausspricht, oder von dem, der sie hört, ernst genommen werden. Werden sie im Scherz ausgesprochen und einem nicht wie alte Apfelsinenschalen ins Gesicht geworfen, dann kann der Leser bzw. der Hörer entweder an der Freude teilnehmen oder aber sich zurückziehen und sagen: ‹Das finde ich nicht witzig.›

Obszönitäten zum Vergnügen treten üblicherweise in Form von Wortspielen, Witzen oder Limericks auf. Leider ist die Anzahl der Wortspiele, die man für die gebräuchlichsten obszönen Wörter erfinden kann, sehr begrenzt, sie sind alle schon uralt. Mehr Möglichkeiten bietet der obszöne Witz, doch die guten haben meist schon einen ‹Bart›. Denn in den letzten hundert Jahren haben hundert Millionen Studenten hundert Milliarden Stunden in hunderttausend Kneipen damit verbracht, sich solche Witze auszudenken und zu erzählen. Wer heute auf diesem Gebiet orginell sein will, muß sich an Limericks versuchen.[8]

Eine der reizvollsten Methoden, mit der Obszönität und ihren Zensoren Scherz zu treiben, besteht darin, sich für die echten Wörter ähnlich klingende auszudenken. Etwa so: Wenn ein Mann mit einer Frau ‹kollaborieren› will, so suche er erst ihre ‹Eroberungszonen›. Gleichgültig, wo er beginnt, irgendwann stößt er unweigerlich auf die ‹Mami Hill› und landet schließlich auf dem ‹Genußberg›. Jetzt liegt der ganze Bereich der weiblichen ‹Charme› offen vor ihm. Ist sein ‹Senilis› schon ‹delektiert›, so kann er ihn jetzt ‹heimführen›. Der ‹Cosinus› endet mit der ‹Emanation›. Der Mann, der keine Frau zur ‹Kollaboration› gefunden hat, kann auch eine ‹Mastoperation› machen. Einige sagen dazu (mit Entrüstung!): ‹Oh, naa – – nie!!!›

Obszönität und Liebe

Vielleicht ist die Obszönität am besten im Bereich der Liebe aufgehoben.[9] Hier entstand sie, hier werden die ursprünglichen Bilder, wenigstens die mit sexuellem Inhalt, voll gewürdigt. Verführung und Ausbeutung gehören jedoch nicht dazu. Gemeint ist nur das Liebesspiel, das beide Partner bejahen und bei dem beide darüber hinaus bestrebt sind, die Lust des anderen zu erhöhen. Die ursprünglichen Bilder brauchen in solchen Fällen nicht zurückgedrängt zu werden, im Gegenteil, sie können zu höchster Entfaltung gelangen. Sie verstärken die vielfältigen Empfindungen, von denen sie ausgelöst wurden – und werden ihrerseits wieder verstärkt durch den Anblick, den Klang, die Berührung, den Duft, den Geschmack und die Wärme, die die erhitzten Körper einander geben. Hier ist Obszönität weder beleidigend noch lästerlich, sondern genau das Gegenteil. So etwa in den folgenden Versen:

Der Unterschied

Sie schrie ihn an: «Ich leg dich um!»
Er aber türmte, traf beim Rum
Ein Mädchen, das ihn zärtlich bat:
«Komm, leg mich um!» – Was er auch tat.

Sexualerziehung der Kinder

Als nächstes befassen wir uns mit einem sehr ernsten Thema, der Sexualerziehung. Wir haben uns darauf geeinigt, bestimmte Wörter zu verwenden, aber Obszönitäten nach Möglichkeit zu vermeiden. Wenn wir uns nun noch darüber einig werden, daß es eigentlich keinen Grund gibt, Vergnügen zu meiden, können wir dazu übergehen, verschiedene Aspekte der Sexualerziehung unter die Lupe zu nehmen.

Die unangenehmste Frage in der Sexualerziehung lautet: «Wie kläre ich meine Kinder über die Sexualität auf?» Der Grund dafür ist der, daß es eigentlich eine recht törichte Frage ist, ebenso unsinnig wie die Frage: «Wie kläre ich meine Kinder über Geschichte oder über Geometrie oder über das Kochen auf?» Um Geschichte oder Geometrie begreiflich zu machen, bedarf es mehrerer Jahre intensiver Unterrichtung. Aber selbst dann haben nur sehr wenige Schüler – übrigens auch längst nicht alle Lehrer – wirkliches Verständnis dafür. Viele Eltern beenden den Versuch einer Sexualaufklärung ihrer Kinder damit, daß sie sich selbst (oder sich gegenseitig) vorwerfen: «Du kannst deine Kinder nicht einmal richtig aufklären, du Trottel!» Oder auch: «Aber ich, ich kann meine Kinder aufklären!» – was noch schlimmer ist. Dabei sind die Eltern gar nicht einmal so sehr schuld. Wirklich faul an der ganzen Sache ist die naive Ansicht, es gäbe da so etwas wie

War einst ein Mädchen namens Dietlind.
Das hielt sich rein wie Engel sind.
Dachte an Jesus Christ,
Wie schlimm ein Tripper ist
Und gar ein unerwünschtes Kind!

Es ist der ‹Vater›, der die Sexualität als riesiges und gefährliches Ungeheuer ansieht, doch der ‹Mutter› ist diese Betrachtungsweise auch nicht unbekannt.

2. Die Sexualität ist ein Geschenk des Himmels. Sie ist etwas Wunderbares und Ehrwürdiges. Man darf sie nicht entweihen, indem man sie als etwas Irdisches ansieht. Wollüstige Gedanken würden sie in den Dreck ziehen. Die ‹Mutter› vertritt diese Auffassung, dem ‹Vater› ist sie nicht fremd, doch wahrt er ihr gegenüber eine gewisse Skepsis.[11]

3. Sexualität ist eine automatische Maschine in höchster Vollendung. Sie arbeitet wie ein Fließband. An einem Ende steckt man ein natürliches Produkt hinein, am anderen Ende kommen kleine Kinder heraus. Dieser Vorgang läßt sich auch in kleinerem Maßstab beschreiben, etwa: «Bringen Sie den Hebel A in die Stellung 1. Lösen Sie die Zahnradsperre B und drücken Sie den Knopf C. Und sieh da! Nach neun Monaten wird das fertige Baby geboren.» Eine derart nüchterne Betrachtungsweise gibt wohl einige Tatsachen richtig wieder, wirkt aber nicht sonderlich anregend. Sie bringt uns ganz sicher nicht die Art der Wahrheit, die unser Leben lebenswerter macht.[12]

4. Sexualität ist unanständig. Wenn ein Mensch eine solche Einstellung vertritt, dann hat das Kind, und zwar das rebellische Kind, in ihm die Oberhand gewonnen. Dies kann immer geschehen, meist aber kommt es im Jugendalter oder nach dem vierzigsten Lebensjahr vor. Es heißt dann: «Für mich gelten ja diese Regeln und Verbote überhaupt nicht. Ich spreche so, wie mir der Schnabel gewachsen ist, und zwar auf gut deutsch. Das beweist doch eindeutig meine Freiheit.» An dieser Behauptung sind mindestens drei Dinge faul. Erstens be-

weist dies keineswegs seine Freiheit. Zweitens ist es kein gutes Deutsch, und drittens klappt das Ganze nicht. Ich will sagen, daß diese Leute – auch wenn sie ihr System zehn Jahre lang durchgehalten haben – nicht glücklicher sind als andere. Der Marquis de Sade ist ein schlagender Beweis dafür.[13]

5. Sex ist ein Vergnügen. Die Menschen, für die Sex ein Vergüngen ist, sprechen gewöhnlich nicht viel darüber. Nun, darüber gibt es auch nicht viel zu reden, vielleicht: «Das war ein Spaß!» oder: «Prima!» Dies ist wie die vorhergehende die Betrachtungsweise des Kindes in uns, aber in diesem Fall die Betrachtungsweise eines liebenswerteren und impulsiveren Kindes.

Sexualerziehung für Fortgeschrittene

Sexualerziehung für Fortgeschrittene ist vornehmlich auf den Geschmack von humorlosen Akademikern, von Mädchenhändlern, indischen Maharadschas und arabischen Sklavenhaltern zugeschnitten. Dennoch können auch viele gewöhnliche Leute davon profitieren. Das hängt ganz davon ab, ob man seine Bilder lieber nach eigenem Geschmack malt oder lieber nach einer Vorlage.

Das bekannteste Buch zur Sexualerziehung für Fortgeschrittene ist das ‹*Kamasutra*› des Vatsyayana[14], dem Begründer der hinduistischen ‹Schule der Sexualität›. Es entstand entweder um 677 v. Chr. oder um 350 n. Chr. Das Gegenstück dazu ist das ‹*Ananga Ranga*› des Kalyanamalla. Es entstand um 1500. In beiden Büchern finden sich eingehende Anweisungen über das Küssen, das Streicheln, über gefühlvollen Geschlechtsverkehr und darüber, wo Bißwunden und Nägelmale zu sehen sein sollen. Sie enthalten weiterhin Ratschläge, wie man die Frau seines Nachbarn erobert und wie man ein schlechtes Gewissen beschwichtigt. Diese Bücher sind ohne Frage sehr lehrreich, können aber auch Schaden anrichten. Denn sie verdrängen Leidenschaft und Erfindungsreichtum und ersetzen sie durch technische Perfektion und manchmal auch durch Verderbtheit. Mein Freund Dr. Horseley hat darüber folgende Meinung: «Es ist natürlich von besonderem Reiz, die letzten Feinheiten des Liebeskusses kennenzulernen. Aber ich halte es für viel reizvoller, so etwas selbst auszuknobeln als es einem Buch zu entnehmen. Es ist so, wie wenn man sich eine Frau sucht. Natürlich kann ich einen Computer die ideale Frau für mich suchen lassen, aber es ist doch viel aufregender, sie selbst ausfindig zu machen.» Wenn er dann fortfährt, klingt seine Stimme etwas bitter: «Wer aber etwas über die Methoden erfahren will, mit denen eine Nutte oder ein Flittchen einem Mann das Geld aus der Tasche zieht, dem kann ich nur empfehlen, eines dieser Bücher zu Rate zu ziehen. Die Methoden sind seit damals dieselben geblieben, und so sinnvoll es auf anderen Gebieten sein mag, eigene Erfahrungen zu sammeln, hier kann es einem teuer zu stehen kommen.»

Amaryllis stimmt ihm zu. «Na klar», sagt sie, «sonst geht es einem wie dem Seemann mit den falschen Zähnen. Er fand ein Mädchen, das gab ihm viel Freude, nur klaute es sein Gebiß.»

Diese Bücher haben allerdings auch ihre guten Seiten. So empfehlen sie zum Beispiel Geduld und Rücksichtnahme, vor allen Dingen bei jüngeren Frauen.

Ein Buch, das dem ‹*Kamasutra*› in nichts nachsteht, ist der ‹*Duftende Garten*› des Scheich Nefzaui[15]. Dieser Scheich war der Wortführer der arabischen Schule im 15. Jahrhundert. Der ‹*Duftende Garten*› ist ein Handbuch mit vielen praktischen Anweisungen. Es enthält zum Beispiel Warnungen vor der Falschheit der Frauen und ihren Tricks, Heilvorschläge für verschiedene sexuelle Leiden und Unzulänglichkeiten (etwa wie man kleine Schwänze zu prachtvoller Größe bringen kann) und in vernünftigen Grenzen Beschreibungen von Stellungen für den Liebesakt. Scheich Nefzaui vergißt nicht, einige besondere Stellungen anzuführen, die sich etwa besonders für Dicke eignen. Auch für Paare, bei denen der Mann klein und die Frau groß ist, und für Menschen mit irgendwelchen körperlichen Gebrechen weiß er einige gute Ratschläge. Der überdurchschnittlichen Sachkenntnis und den wahrlich akrobatischen Fähigkeiten der Inder zollt er gebührende Achtung. Für besonders begabt hält er die indische Frau. Sie bringt seiner Meinung nach das Kunststück fertig, den ganzen Liebesakt hindurch eine brennende Öllampe auf ihrer Fußsohle zu balancieren. Man kann sich hier des Gefühls nicht erwehren, daß dabei manches mehr Schmerz als Freude bereitet.

Das Kapitel in Nefzauis Buch, das die Päderastie behandelt, ist bislang noch nicht übersetzt worden. Leider, denn es könnte ohne Frage dazu beitragen, das Schicksal der Kinder aufzuhellen, die auch heute noch im Alter zwischen vier und zehn Jahren auf die Arabische Halbinsel gebracht und dort als Sklaven verkauft werden.[16] (Ich selbst habe in der spanischen Sahara einen zweijährigen Jungen gesehen, der in einigen Kunstfertigkeiten geübt wurde, wie sie von Sklaven beherrscht werden sollen.)

Ein weiteres Buch verdient hier Erwähnung. Es ist dies ‹*Das Goldene Buch der Liebe*› von Josef Weckerle (er nannte sich auch T. van Weck-Erlen). Weckerle beschreibt 531 Stellungen – mehr als das ‹*Kamasutra*›, das ‹*Ananga Ranga*› und der ‹*Duftende Garten*› zusammen. In dieser Hinsicht macht er diese drei Bücher überflüssig, eventuell auch den ‹*Beharistan*›, den ‹*Gulistan*› und die sieben erotischen Handbücher des Ibn Kamal Pascha. Doch Weckerle war auch nur ein europäischer Empiriker. Was sind seine 531 Positionen gegen die 3780 Stellungen[17], die der Amerikaner Legman mit Hilfe eines Computers errechnet hat. Derartige Perfektion läßt beinahe sogar Vatsyayana naiv erscheinen, als Waisenknaben in Sachen Sexualität – was er zweifellos nicht ist.

Wir wollen unseren Besuch in den Schlafgemächern und Experimentierräumen Indiens, Arabiens und Wiens hiermit beenden und uns der Sexualerziehung für gesunde, erwachsene Durchschnittsamerikaner zuwenden, für Amerikaner, die sich ein Gefühl für Sauberkeit und Anstand bewahrt haben. Zuvor möchte ich aber noch einige Worte zur ‹Sexualerziehung› in der Schule sagen. Wenn wir die Wirkung der heutigen Sexualerziehung ganz genau beurteilen wollen, müßten wir eigentlich zwanzig Jahre warten, bis die Schüler von heute erwachsen sind.

Einiges läßt sich jedoch heute schon sagen. Es erscheint mir außerordentlich wichtig, daß die Sexualerziehung nicht in den Händen frigider Menschen liegt, denen darüber hinaus vergreiste Vorgesetzte ständig auf die Finger klopfen. Mit der Sexualität verhält es sich dabei wie mit dem Humor. Käme jemals jemand auf die Idee, einen Lehrgang über Humor abzuhalten, so sollte er zumindest ein einziges Mal in seinem Leben gelacht haben, natürlich ohne sich gleich darauf darüber geärgert zu haben.

Sexualerziehung für Erwachsene in Amerika

Die Amerikaner haben das Gebot ‹Make love, not war› sehr ernst genommen – zumindest in seinem ersten Teil. Es entstanden mehrere Schulen, die die ‹Liebe lehren›. Diese Schulen werden nicht staatlich gefördert, sie verdanken ihre Existenz privater Initiative. Es handelt sich um einen der seltenen Fälle, daß wissenschaftliche Fortschritte ohne Unterstützung der Regierung erzielt wurden. Die erste dieser Schulen und zugleich die unerbittlichste war die ‹Stoppuhr-Schule›. Ihr Leitspruch lautete: «24/40 oder Kampf.» 24/40 bedeutet dabei: 24 Minuten und 40 Sekunden bis zum Orgasmus. Diese Zahl war der Durchschnittswert, wie er von den Meinungsforschern erhoben und in der letzten Sonntagsbeilage einer Zeitung veröffentlicht worden war. Zwar sagten die Anhänger der Schule immer wieder, daß es Unterschiede gebe. Doch war dies wohl ein bloßes Lippenbekenntnis, denn einige von ihnen gaben zu verstehen, daß jeder, der sehr stark vom Durchschnitt abweicht, entweder ein Versager ist oder ein Hanswurst oder ein Kommunist – oder gar alles in einem.

Als nächstes folgte die ‹Schule der hochanständigen Frauenzeitschriften›. Sie gab für den Mittelstand passende Rezepte für schickliche Unzucht und erlaubte Wollust. Etwa so: «Nehmen Sie Ihren Mann aus der Tiefkühltruhe und lassen Sie ihn auftauen. Streicheln Sie ihn dann ein wenig und legen Sie ihn in ein vorgewärmtes Bett. Er ist fertig, wenn sich auf seinen Augen eine dünne, glänzende Schicht gebildet hat. Nun können Sie frei entscheiden. Sie können ihn benutzen oder nicht – ganz wie Sie wollen.»

Für das, was nun folgt, werden keine Anweisungen mehr gegeben. Weiterhin gibt es die ‹Psychoanalytische Schule›, auch ‹Beratungsstelle für Normen› genannt. Sie ist eine offiziell anerkannte Einrichtung und Treuhänderin der ‹Internationalen Vereinigung für Sexualnormen›[18]. Sicherlich hatte Freud nie an etwas Derartiges gedacht, aber die Entwicklung verlief nun mal so. Diese Schule liegt in heftiger Fehde mit der weitverbreiteten ‹Liga für zwischenmenschliche Beziehungen›, die die ‹Schule für Vergleichenden Orgasmus› ins Leben gerufen hat. Die Mitglieder der letztgenannten Schule grüßen sich mit Ausrufen wie: «Hatten Sie heute schon Ihren Orgasmus?»[19] Und sie meinen: «Entsprach Ihr Orgasmus auch den Maßen des Standardorgasmus, der beim ‹Amtlichen Normenausschuß› unter Glas gehalten wird, so wie das Standardmeter oder das Standardkilogramm oder das heute leider überholte Standardbäuerchen?» Für diese Menschen hat der Standardorgasmus fast die Funktion, die der Gral für Menschen früherer Generationen hatte.

Viele Pärchen verbringen ihr Leben damit, hinter ihm herzujagen. Sie erreichen ihn nie, und Rufe wie: «Verdammt! Er ist uns schon wieder entwischt!» sind Zeugnisse ihres Unglücks.

Ein Standardvokabular der Sexualität

Im Idealfall umfaßt ein vollständiges Vokabular der Sexualität nicht mehr als vier Wörter. Der elterliche oder moralische Teil der Persönlichkeit, der als eine Art Gutachter fungiert, braucht die Wörter ‹ja› und ‹nein›. Der Erwachsene im Menschen, der vernünftige oder verantwortliche Teil, der Vereinbarungen und Verträge eingeht, kommt ebenfalls mit diesen beiden Wörtern aus.

Das Kind in uns, das heißt der mehr instinktmäßig handelnde Teil, der im sexuellen Geschehen den Hauptanteil hat, braucht nur ein Wort, um sein Empfinden auszudrücken: ‹Prima›. Nur ganz selten, wenn sich der Elternteil oder auch der Erwachsene in uns in seinem Urteil geirrt hat, dann könnte das Kind in uns noch ein Wort brauchen – nämlich: ‹Pfui›. Die Benutzung jedes weiteren Wortes außer ‹ja›, ‹nein›, ‹prima› und ‹pfui› zeigt, daß irgend etwas nicht in Ordnung ist. Vielleicht mit Ausnahme des Wortes ‹wunderbar›, das wir uns in Reserve halten wollen.

Es gibt natürlich einige, die nicht begreifen, was gemeint ist, wenn man ‹prima› oder ‹wunderbar› sagt. Für Eingeweihte aber ist jedes weitere Wort überflüssig. Für einige von uns ist nun das Leben ‹ja› und ‹prima›, für andere dagegen ‹nein› und ‹pfui›.

Wir haben uns nun einen Überblick verschafft über einige der Probleme, die auftauchen, wenn man über Sexualität spricht. Für das eine oder das andere fanden wir eine Lösung. So können wir nun zu unserem Thema übergehen. Wir wollen sehen, ob wir dabei besserfahren als unsere Vorgänger. Denken Sie dabei immer daran, daß manches wahre Wort als Ulk verkleidet vorkommen kann. Aber die Wahrheit ist sowieso nur ein Scherz, der mit ernster Miene erzählt wird.

Erster Teil

Sexualität und Sexualorgane

1. Kapitel
Warum ist Sexualität notwendig

Einleitung

Das Leben ist gebunden an ein geordnetes Zusammenwirken unterschiedlicher chemischer Stoffe, die sich zu Ketten, Ringen oder Spiralen vereinigen. Die erste und wichtigste Aufgabe für jedes Lebewesen besteht darin zu überleben, also die Einwirkung zerstörerischer Kräfte von außen abzuwehren und das Zusammenspiel der Ketten, Ringe und Spiralen zu gewährleisten. Nun ist es aber so, daß allen Lebewesen ständig Gefahren drohen. Gelingt es ihnen, diesen Gefahren zu entgehen, so ist ihr ‹Lohn› dafür doch nur das Altwerden. Dann verlieren die Ketten, Ringe und Spiralen allmählich ihren Zusammenhalt, der Organismus stirbt langsam ab. Für das einzelne Individuum gibt es kein ewiges Leben. Ein Weiterleben – wenn auch anderer Art – kann nur in den Nachkommen erfolgen. Eine Tierart, die nicht in der Lage ist, genügend Nachkommen hervorzubringen, läuft Gefahr, auszusterben, wie die Dinosaurier oder die Dronten. Für das einzelne Individuum steht also das Überleben an erster Stelle, für die Art die Fortpflanzung. Die Fortpflanzung wird bekanntlich durch die Sexualität gewährleistet. Deshalb ist für Tiere – nach dem Selbsterhaltungstrieb – die Sexualität das Wichtigste überhaupt, ebenso für den Menschen, wenn auch aus anderen Gründen. Manche Tiere büßen bei der Fortpflanzung sogar ihr Leben ein, einige Spinnenarten etwa oder die Lachse. Es kommt auch vor, daß eine Frau bei der Geburt ihres Kindes stirbt, doch wird im allgemeinen alles getan, um dies zu verhindern.

So wie für das Überleben des Körpers Schutzvorrichtungen notwendig sind, so ist für das Überleben der Gene die Sexualität notwendig. Unser Körper ist sterblich, aber in unseren Genen leben wir fort, wenn sie der nächsten Generation weitergegeben werden. Sie sind wie ein Stab, der in einem biologischen Staffettenlauf von Individuum zu Individuum weitergereicht wird. Manchmal droht dieser Lauf zu stocken, manchmal wieder besteht die Gefahr, daß sich die Teilnehmer gegenseitig tottreten.

Was ist Sexualität?

Die Sexualität hat sich durch Mutationen und Auslese allmählich entwickelt. Der Mensch scheint dabei am günstigsten abgeschnitten zu haben. Er ist mehr als andere Lebewesen in der Lage, Vergnügen zu empfinden. Die menschliche Sexualität ist darum auch wohl die, die am meisten Lust bringt. Ich glaube, wir dürfen uns auf diese Tatsache ruhig etwas einbilden. Wem dies aber nicht gefällt, der kann ja wieder das werden, was er einst war – eine Qualle (womit er der sexuellen Lust gänzlich entsagt).

Als Vorformen der Sexualität finden sich im Tierreich zwei andere Methoden der Fortpflanzung. Die niedersten Organismen – jedenfalls nennen wir sie so und bis jetzt haben sie noch nicht dagegen protestiert – pflanzen sich durch Zellteilung fort. Die einzelligen Lebewesen nehmen so lange Nahrung in sich auf, bis ihnen die Haut zu eng wird, bersten auseinander und schon sind zwei, wo vorher nur eines war. Es klingt wie ein Stoßseufzer: «Da haben wir es wieder!» oder gar: «Warum passiert mir das nur immer wieder!» Keinesfalls klingt es wie unser ‹Prima›. Nebenbei bemerkt ist durch diese Art der Fortpflanzung keinerlei Abwandlung möglich. Beide Tochterzellen bestehen aus dem gleichen Material wie die Mutterzelle. Für Originalität ist kein Raum. Der große Nachteil dabei ist, daß jede größere Veränderung der Umwelt, die eine Zelle tötet, wahrscheinlich alle töten wird – sie sind ja alle gleich.

Die Konjugation bedeutet einen kleinen Schritt vorwärts. An ihr sind schon zwei Organismen beteiligt. Bei der Konjugation schmiegen sie sich eng aneinander und tauschen einige Ringe und Spiralen aus, worauf sie sich wieder trennen. Wenn sie sich nun teilen, sind die Tochterzellen nicht mehr einander völlig gleich. Die Aussicht zu überleben wird größer, denn wenn jetzt in der Umwelt eine Veränderung auftritt, so wird sie wohl einige der Individuen töten können, sicherlich aber nicht alle.

Bei Lebewesen, die sich durch Zellteilung fortpflanzen, gibt es noch keine Männchen und Weibchen – zumindest ist es für uns schwierig, sie nach Geschlechtern einzuteilen. Zellteilung ist also eine ungeschlechtliche Fortpflanzung.

Mehr Ähnlichkeit mit der menschlichen Fortpflanzung weist da schon die Kopulation auf. Sie findet sich bei den meisten Tieren, die sich dann auch in männlich und weiblich einteilen lassen. Im allgemeinen ist es so, daß das männliche Tier seinen Samen irgendwie in den Körper des Weibchens bringt und dort die Eizellen befruchtet. Da es keine zwei Keimzellen gibt, deren Gensätze völlig gleich sind, entsteht eine unermeßliche Variationsbreite. Jedes Lebewesen unterscheidet sich mehr oder weniger stark von seinen Geschwistern, eine Ausnahme bilden nur die eineiigen Zwillinge. Die Überlebenschance der Art aber wird durch diese Fortpflanzungsmethode erheblich verbessert. Es gibt auch einige Tiere – einige Fischarten zum Beispiel –, die zwar aus zwei Geschlechtern bestehen, aber doch nicht kopulieren. Bei diesen Tieren gibt das Weibchen seine Eizellen ins Wasser ab, das Männchen befruchtet die Eizellen im Wasser, nicht im Körper des Weibchens.

Paarung ist nur ein anderes Wort für Kopulation, klingt jedoch erheblich gefühlvoller. Es wird gern benutzt von Vogelliebhabern und Katzenfreunden, aber auch von Lehrern. Mit diesem Ausdruck ist die Vorstellung verbunden, die Tiere wählten ihre Partner bewußt aus und seien ihnen innig zugetan. Diese Vorstellung ist aber doch wohl zu romantisch und trifft nur bedingt zu.

Beim Menschen spricht man nicht von ‹Paarung›, sondern von ‹sexueller Vereinigung›, eine Formel, die vor allem die Geistlichen gern gebrauchen. Sie wollen damit sagen, daß der Sexualakt beim Menschen eine geistige Komponente enthält oder doch enthalten sollte und sich dadurch von der Paarung der Tiere abhebt. Doch auch das stimmt nicht immer. Gleichwohl nennen die Geistlichen alle sexuellen Vereinigungen gesegnet, vor allem dann, wenn Kinder aus ihnen hervorgehen.

Alle diese Wörter – Kopulation, Paarung, sexuelle Vereinigung – erwecken den Anschein, als sei der einzige Zweck dieses Vorgangs die Fortpflanzung. Das ist aber für den Menschen völlig unzutreffend – grob geschätzt führt nur etwa jeder tausendste Sexualakt zu einer Schwangerschaft. Es war ein großer Fortschritt für die Menschen, als sie der Sexualität neben der biologischen Bedeutung – für die Fortpflanzung – noch eine andere Aufgabe zuerkannten: nämlich Lust und Freude zu machen. Die Menschen sind auch die einzigen Lebewesen, die sich sexuell betätigen und dabei die Fortpflanzungsfunktion willkürlich ausschalten können. Mehr noch, sie haben die ‹Fortpflanzung ohne Sexualität› erfunden.

Kehren wir nun zu unserem Ausgangspunkt zurück, den verschiedenen Arten der Fortpflanzung. Eines läßt sich mit Sicherheit sagen: die geschlechtliche Fortpflanzung ist der Fortpflanzung durch Zellteilung haushoch überlegen, selbst wenn die Zellteilung mit der Konjugation gekoppelt wird, weil die Wahrscheinlichkeit, unter wechselnden Umweltbedingungen zu überleben, ansteigt. Dies ist darauf zurückzuführen, daß durch die Neukombination der Gene eine größere Variabilität der Individuen erreicht wird. Ein weiterer beachtenswerter Punkt: Lebewesen, die sich ihre Partner suchen müssen, wenn sie sich fortpflanzen wollen, werden weitere Gebiete durchstreifen und größere Risiken eingehen als die,

die sich mit der weniger aufwendigen Methode der Zellteilung zufriedengeben. Dabei werden die Anstrengungen und Risiken, die ein Lebewesen auf sich zu nehmen bereit ist, um so größer sein, je stärker die Anziehungskraft der Sexualität ist. So wird die Sexualität zu einem wirkungsvollen Mittel der Evolution. Durch die geschlechtliche Fortpflanzung entsteht eine Vielzahl unterschiedlicher Artgenossen, die unter den verschiedensten Umweltbedingungen zu leben vermögen, und die – das ist das Wichtigste – sich immer weiter entwikkeln können.

Um was geht es beim Sex?

Ich weiß, meine bisherigen Ausführungen sind allenfalls geeignet, eine neugierige Schnecke zufriedenzustellen – sie würde vielleicht trauriger, aber doch klüger als vorher, abschieben. Zum Verständnis der Spannungen und der Erregung, in die uns die Sexualität versetzen kann, tragen sie nur wenig bei. Ich möchte darum im folgenden in einigen Punkten kurz auf mögliche Bedeutungen der Sexualität eingehen.

1. Man kann die Sexualität als Mittel der Fortpflanzung ansehen. Ihre Bedeutung liegt dann darin, die Befruchtung der Eizelle durch die Samenzelle zu erreichen und so neues Leben zu erzeugen. Fortpflanzung kann aber auch ohne Sexualität erfolgen, nämlich bei der künstlichen Befruchtung.

2. Einige Menschen betrachten Sexualität als Pflichtübung. Sie sprechen von der Pflicht der Frau, ihrem Gatten Kinder zu gebären und von der Pflicht des Mannes, die Kinder zu zeugen. Weiterhin sprechen sie von der Pflicht der Frau, sich den Wünschen des Mannes zu unterwerfen, und von der Pflicht des Mannes, der Frau all das zu geben, was sie in ihrer Mädchenzeit entbehren mußte. Heutzutage spricht man auch noch viel von der Pflicht der Partner, sich gegenseitig zum Orgasmus zu verhelfen.

3. Sexuelle Betätigung kann eine Art Ritus sein. Man befolgt ihn morgens oder abends, an Geburtstagen, an kirchlichen und weltlichen Feiertagen.

4. Sexualität kann ein Mittel zur Minderung von Spannungen sein, die uns sonst ablenken oder gar Unwohlsein oder Schmerzen bereiten könnten. Mancher wird es zunächst ablehnen, die Sexualität dafür zu benutzen und mag dies als unwürdige Schwäche ansehen, früher oder später wird er sich doch gerechtfertigt sehen, so zu handeln. Andere werden den Kampf fortsetzen und versuchen, ihre Spannungen niederzuhalten, was ihnen ein Gefühl der Ehrenhaftigkeit und der Rechtschaffenheit geben mag. Die Entspannung erreicht man durch Triebbefriedigung. Wird sie mit einem Menschen erreicht, schämt man sich, einen Menschen ‹benutzt› zu haben. Wird die Entspannung ohne die Hilfe eines anderen Menschen erreicht, fühlt man vielleicht einen geheimen Triumph der Selbstgenügsamkeit, vermischt mit einem Gefühl der Einsamkeit und Enttäuschung. Darüber hinaus fühlt man sich von den anderen isoliert, denn vielen von uns wurde eingebleut, die Selbstbefriedigung sei eine der größten Sünden.

5. Sexualität kann dazu dienen, das physiologische Gleichgewicht wiederherzustellen. Man geht einen Pakt ein und vermittelt sich gegenseitig ein Gefühl des Wohlbehagens.

6. Sexuelle Betätigung ist ein Vergnügen, das man gern sucht, die immerwährende Jagd nach dem verheißungsvollen Orgasmus.

7. Sexualität wird auch als Zeitvertreib benutzt, als eine Möglichkeit, sich die Zeit zu verkürzen, während man auf den Weihnachtsmann oder auf den Tod wartet.

8. Sexualität wird eingesetzt in dem Spiel von Verführung und Trennung, von Hader und Versöhnung. Das Bett ist die Arena für alle diese psychologischen Spiele. Meist sind es altbekannte Spiele, doch ist es auch nicht allzu schwer, sich neue auszudenken.

9. Die Sexualität kann zwei Menschen zu immer größerer Einigkeit und Gemeinsamkeit führen. Mit ihr werden alte

Bündnisse bekräftigt und neue geschlossen, mit ihrer Hilfe werden vorhandene Barrieren allmählich abgebaut und zwei Menschen immer enger aneinandergebunden.

10. Sexualität bedeutet auch Intimität und Zuneigung, das Zusammenwachsen zweier Seelen im Feuer der Leidenschaft zu einer Einheit, die vielleicht ewig währt – wenn sie nicht zerbricht unter den Hammerschlägen des Alltags.

11. Sexualität kann der höchste, immer wieder erneuerte Ausdruck der Liebe sein.

Oftmals wird die Frage: «Was ist denn Sexualität überhaupt?» in einer Art Verzweiflung gestellt. Genaugenommen sind es zwei Fragen. Erstens: «Warum sehne ich mich sosehr danach?» Die Antwort darauf lautet: «Das ist nun einmal so.» Erinnern wir uns: Am Beginn der Entwicklung stand die Qualle, und es bedurfte mehrerer Millionen Jahre, bis durch natürliche Auslese der Mensch die Bühne betrat. Je stärker und energischer das sexuelle Verlangen eines Lebewesens war, desto mehr Nachkommen hinterließ es in der Regel. Seine Art hatte somit eine größere Überlebenschance gegenüber denen, deren sexuelles Verlangen nicht so stark war. Das ist der Grund, warum wir noch heute ein so starkes sexuelles Verlangen haben, nur daß es uns heute verwirrt, wobei alle möglichen Menschen ein Interesse daran haben, uns in dieser Verwirrung gefangenzuhalten. Das bringt uns zu der zweiten Frage, die sehr vielen Menschen auf der Seele brennt: «Wann soll man sich sexuell betätigen?» Die Antwort: «Wenn man dazu reif ist.» Man kann sich natürlich auch schon vorher sexuell betätigen, wenn man bereit ist, Opfer zu bringen und zu nehmen, was sich anbietet. Dann muß man aber unter Umständen mit Konsequenzen rechnen, mit körperlichen, geistigen oder moralischen Folgen. Zuweilen stellt sich auch ein Gefühl des Verrats ein, des Verrats an sich selbst oder an seinen Eltern. Es ist also doch wohl ratsam, zu warten. Warten müssen ist immer scheußlich und geht den meisten gegen den Strich, aber ... (Hier mag jeder seine eigenen Einwände einsetzen oder sie alle zur Seite schieben.)

Der Zweck der Sexualität

Die Sexualität erfüllt ihren Zweck am besten, wenn sie selbst als Ziel angesehen wird. Ihre Aufgaben liegen in zwei Bereichen. Einmal im biologischen Bereich – diese Aufgaben haben sich im Laufe von Milliarden Jahren entwickelt –, zum anderen im psychologischen und sozialen Bereich – diese Aufgaben wurden ihr vor 10 000 Jahren durch die Menschen zugewiesen.

Biologisch gesehen hat unser Körper keine andere Funktion als die Fortpflanzung sicherzustellen. Wir leben auf einem sehr kleinen Planeten – der Jupiter, um nur ein Beispiel zu nennen, ist etwa 1300mal so groß. Lediglich die Tatsache, daß auf der Erde menschliche Lebewesen umherspazieren, läßt die Erde unter den Himmelskörpern eine besondere Stellung einnehmen. Soll die Menschheit nicht aussterben, müssen genauso viele oder noch mehr Menschen geboren werden wie sterben. Die vornehmste Aufgabe der Sexualität besteht also darin, die Existenz der menschlichen Gattung zu sichern und darüber hinaus eine stetige Evolution durch ständig neue Gen-Kombinationen zu gewährleisten. So gesehen sind unsere Körper nichts anderes als Träger des Samens und der Eizellen, sie selbst sind jedoch belanglos. Unsere Pflicht der Menschheit gegenüber ist es, am Leben zu bleiben, bis wir geschlechtsreif sind, und uns fortzupflanzen. Die Samenzellen und Eizellen wiederum sind nur Träger und Schutzhülle für die Gene, die in ihnen eingebettet sind. Mit anderen Worten, was die Erde von allen anderen Ansammlungen von Materie im Weltraum unterscheidet, ist eine Handvoll menschlicher Gene. Das meine ich wörtlich, denn man kann alle Gene der gesamten Menschheit in einer Hand halten. Die Samenzellen und die Eizellen sind nur die Behausung der Gene, unser Körper nur Herberge der Keimzellen – das ist ihre Mission.

Aus dieser Sicht stellt sich der menschliche Lebenslauf so dar: Zuerst erfolgt die Vorbereitung auf die Fortpflanzung, dann kommt die Pflege der Nachkommenschaft und anschließend, wenn diese Funktionen auf die nächste Generation übergegangen sind, beginnt die Vorbereitung auf das Ende. Glücklicherweise hat die Sexualität für viele Menschen neben der Fortpflanzungsfunktion noch eine andere Aufgabe, nämlich Freude zu bereiten. Auch die Menschen, die sich nicht fortpflanzen, sei es, weil sie dazu nicht in der Lage sind, sei es, weil sie es nicht wollen, erhalten durch die Sexualität denselben Ansporn wie alle anderen Menschen.

Von einem streng biologischen Standpunkt aus gesehen, könnte man den Orgasmus als eine eigenartige und zugleich wundervolle Belohnung für die Zeugung eines Kindes auffassen. Natürlich ist der Orgasmus nicht von der Fortpflanzungsfunktion der Sexualität abhängig. Etwa so, daß man die Freuden, die man genossen hat, ohne sich fortzupflanzen, zurückerstatten müßte. Auch wenn keine Fortpflanzung stattfinden kann, sei es wegen des fortgeschrittenen Alters, sei es, weil wir entsprechende Verhütungsmaßnahmen getroffen haben, bestraft uns die Natur keineswegs. Für gottesfürchtige Menschen ist dies natürlich ein unvergleichlicher Beweis für die grenzenlose Güte Gottes. Es gibt eine Ausnahme davon, die Geschlechtskrankheiten, die nicht danach fragten, wie oft und zu welchem Zweck jemand Geschlechtsverkehr gehabt hatte. Es wirkt sich aber auch sehr negativ aus, wenn man die sexuellen Freuden gänzlich ablehnt. Menschen, die das tun, werden langsam von Neid und Mißgunst aufgezehrt, verkalken und versteinern.

Im Zusammenhang mit der Sexualität steht der Brutpflegetrieb der Tiere. Beim Menschen gibt es etwas Ähnliches; am treffendsten spricht man wohl von Familiensinn. Er bringt die Menschen dazu, Häuser zu bauen und diese behaglich einzurichten, so daß die Kinder in einer glücklichen Atmosphäre aufwachsen können. Meistens gewöhnen sich Mann und Frau im Laufe der Zeit aneinander, und so können diese Einrichtungen in Gang gehalten werden.

Soviel zur biologischen Funktion der Sexualität und dem, was sie im Laufe der Evolution hervorgebracht hat, angefangen von den ersten einfachen Genen, die sich im Urmeer bildeten, bis hin zu den menschlichen Gemeinschaften, die sich zu großen Gesellschaften zusammenschließen, um einander zu helfen und viele Aufgaben gemeinsam zu bewältigen. Wir Menschen geben uns jedoch keineswegs damit zufrieden, lediglich Träger für die Keimzellen zu sein. Wir verwenden die Sexualität und ihre Möglichkeiten für wesentlich komplexere und höhere Dinge.

So verdanken wir allein der Sexualität unsere Unsterblichkeit. Unsere Häuser, die Geschäfte und Fabriken, die Bücher, Gemälde – alle diese Dinge, die wir herstellen und unseren Kindern vererben, sind vergänglich, heißt es. Shelley berichtet uns von den Denkmälern des Ozymandias, die alle zu Staub zerfielen. Magere oder wohlbeleibte Priester verkünden Sonntag für Sonntag von der Kanzel, daß alles Irdische vergänglich sei, und wir selbst erleben tagtäglich, wie das, was Menschenhand geschaffen hat, von Flugzeugen und Panzern zerstört, durch Napalm verbrannt wird. Uns bleibt nur eine Hoffnung: daß unsere Kinder überleben und daß unsere Enkel und Urenkel die Erinnerung an uns bewahren.

Doch Sexualität muß nicht immer nur zukunftsbezogen sein. Sie bringt auch unmittelbaren Gewinn, bereitet uns Freude und Vergnügen. Aus diesem und keinem anderen Grund kann man sagen, daß sie sich in allen Teilen der Welt größerer Beliebtheit erfreut als Fußball, Kegeln oder Fernsehen. Für die Armen ist sie ein immer einsatzbereites Mittel, die Sorgen des Alltags zu verdrängen, für die Reichen ein allzeit heißbegehrtes Vergnügen. Sie verwandelt Stunden, die sonst langweilig oder gar trübselig wären, in die schönsten Augenblicke unseres Lebens. Einige Menschen züchten gar die Sexualität wie eine seltene Pflanze, um auch den letzten Tropfen schwindelerregender Lust auszukosten. Sie bringt uns ferner dazu, Beziehungen anzuknüpfen und solange wie möglich aufrechtzuerhalten. Sie kettet uns an unsere Partner und bewahrt uns so vor Einsamkeit und Verlassenheit.

Wir sehen, die Sexualität ist der Antriebsmotor vielfältiger und starker Lebensäußerungen, von Liebkosung und Streit, von Verführung und Verstoßung, von Zerstörung und Aufbau. Sie spendet uns Glück und Arbeitslust. Sie macht Drogen überflüssig und behebt viele Beschwerden. Die Sexualität bringt uns Freude, Vergnügen, ja höchste Wonne. Sie bindet die Menschen aneinander durch ihren Zauber, durch Dankbarkeit und Liebe. Und sie bringt uns Kinder. All das kann die Sexualität für unser Leben und unsere Liebe sein – und dies ist denn auch ihre Bestimmung.

Sexualität und Wissenschaft

Was haben wir der Sexualität, die uns soviel zu geben hat, unsererseits entgegengebracht? Bis jetzt meist nur Angst, Geringschätzung, Verachtung und Ablehnung. Es gibt eine ganze Reihe von Befragungen, die uns die Vielfalt sexueller Spielarten vor Augen führen. Anthropologen unternehmen Forschungsreisen und berichten uns von den sexuellen Sitten und Gebräuchen fremder Volksstämme. Nur allzu oft zeigt sich auch dort eine negative Einstellung zur Sexualität. Von Wissenschaftlichkeit ist dabei häufig nicht viel zu spüren. Das ist natürlich Wasser auf die Mühlen derer, die Untersuchungen über die Sexualität überhaupt als beleidigend und schamlos empfinden und sie zu hintertreiben suchen. Und so basiert das meiste von dem, was ich hier über die Sexualität berichte, auf Mutmaßungen und Intuition sowie auf einigen wenigen Berichten, von denen man nicht einmal genau weiß, ob sie die wahren Verhältnisse widerspiegeln. Dabei könnte diesem Mangel so leicht abgeholfen werden.

Nehmen wir zum Beispiel die Behauptung, regelmäßige sexuelle Aktivität habe einen besseren Gesundheitszustand zur Folge. Diese Behauptung ließe sich leicht überprüfen, etwa in einer Untersuchung, wie ich sie im folgenden kurz beschreiben möchte.

Bekanntlich hat eine große Anzahl Studenten regelmäßig

sexuellen Verkehr. Andere – vielleicht ebenso viele – haben unregelmäßig Geschlechtsverkehr. Ein weiterer Teil kennt nur die Masturbation und der zahlenmäßig wohl kleinste Teil hat keine sexuelle Erfahrung. Es wäre sicher nicht allzu schwierig, in jeder der vier Gruppen tausend Freiwillige zu finden, zur Hälfte männlich, zur Hälfte weiblich. (Die größte Mühe würde bestimmt die vierte Kategorie machen, wir müßten sicher einige Zeit suchen, bis wir die tausend Studenten ohne jede sexuelle Erfahrung zusammen hätten.) Zur Klärung der Frage, ob sexuelle Aktivität mit einem besseren Gesundheitszustand einhergeht, brauchten wir nun lediglich die Berichte über die sexuelle Aktivität und über den Gesundheitszustand bei jedem einzelnen der Teilnehmer über die gesamte Studienzeit hinweg zu vergleichen. Das Ergebnis wäre auf jeden Fall von Interesse, sowohl für den einzelnen als auch für die Medizin. Diese Untersuchung muß nicht einmal kostspielig sein. Natürlich kann man dafür einige Sekretärinnen beschäftigen und einen Computer in Anspruch nehmen, doch einige wenige hart arbeitende Wissenschaftler sollten diese Sache auch bewältigen können. Ich halte dieses Projekt jedenfalls für durchführbar. Leider hat es bislang noch niemand in Angriff genommen.

Auch für den Steuersäckel wäre diese Untersuchung keine untragbare Belastung. Von jeweils 100 000 DM Steuergeldern müßte nur der Bruchteil eines Pfennigs für eine derartige Untersuchung ausgegeben werden. Ich meine, solche Opfer sollten wir für die Klärung einer wichtigen wissenschaftlichen Frage zu bringen bereit sein.

Sexualität und Religion

Es gibt wohl kaum etwas, das religiöse Menschen so aus der Fassung bringen kann wie die Sexualität, zumindest die ungeregelte Sexualität. Jede Religionsgemeinschaft hat ihre eigenen Vorschriften, und so werden die Angehörigen der ver schiedenen Kirchen auch durch jeweils verschiedene Sachverhalte beunruhigt. Nur in einem sind sie sich alle einig: Die Sexualität ist Sache der Religion. Sie überlassen es daher ihren Priestern, Gemeindeältesten oder auch den Medizinmännern, zu bestimmen, wann Sexualität sittlich ist und wann unsittlich. Diese ‹Bestimmer› werden aber vom Establishment gestützt. Kein Wunder, daß ihre Regeln für ältere Menschen vorteilhafter sind als für jüngere, für Lehrer vorteilhafter als für Schüler.

Es gibt einige Leute – sie können auch religiös sein –, die Sexualität in jeder Form als sittlich ansehen. Sie sind der Meinung, es müsse für jeden Menschen einen Bereich geben, in den ihm niemand hineinreden oder -schauen darf. Wird ihm dieser Bereich weggenommen, so wird er langsam vor die Hunde gehen. Das andere Extrem verkörpern die Menschen, für die Sexualität immer unsittlich ist. Hier treffen sich die Bigotten und die Prinzipienreiter, etwa die russischen Skopzen, die sich sogar zum Beweis ihres rechten Glaubens kastrieren ließen. Wieder eine andere Gruppe bilden die Leute, die es sich zur Aufgabe gemacht haben, all das, was andere für heilig halten, in den Schmutz zu ziehen.

Man könnte die Sexualität auch anders unterteilen, nämlich in ehrlich oder betrügerisch. Das hängt von dem ‹Kontrakt›, dem gegenseitigen Einverständnis der Beteiligten ab. Wenn zwei in gegenseitigem Einverständnis handeln und auch zu dem stehen, was sie tun, dann ist die Sexualität ehrlich. Aber wenn irgendeine Verderbtheit, eine Ausnutzung, eine Täuschung oder etwas Derartiges mit im Spiel ist, dann ist sie betrügerisch. So ist es zum Beispiel betrügerisch, die Schwäche eines anderen Menschen auszunutzen, das ist verderbt, selbst dann, wenn ein Einverständnis vorzuliegen scheint. Es ist verderbt, mit einem Kind Sexualität auszuüben und ihm dafür Süßigkeiten zu geben. Selbst wenn das Kind zustimmt, wird es ausgenutzt, denn es hat keine Ahnung, in was es sich da einläßt und welches die Folgen seines Handelns sein können. Diese Einstellung hat den Gedanken des Gesetzgebers vom Vertrag zum Vorbild, bei dem auch bloße Zustimmung nicht genügt, bei dem die Parteien sich vielmehr über die Folgen der Zustimmung im klaren sein müssen.

Geistliche werden wohl auch der Einteilung der Sexualität einmal in sittlich-unsittlich und zum anderen in ehrlich-betrügerisch zustimmen. Versuchen wir, die beiden auf einen Nenner zu bringen, so wird betrügerische Sexualität wohl auch immer als unsittlich gelten. Doch muß ehrliche Sexualität nicht immer als sittlich angesehen werden. In diesem Punkt unterscheiden sich die beiden Klassifikationen.

Es gibt starke Bestrebungen, der Sexualität einen Anstrich von Weihe zu verleihen. Wenn sie Spaß macht, kann sie nicht geweiht sein, oder wenn jemand dabei lacht, zieht er sie in den Schmutz. Ich kann dieser Auffassung nicht zustimmen. Ist die Sexualität sittlich, sind es auch Vergnügen und Freude, die ja gleichermaßen schöne menschliche Empfindungen sind.

Vielerorts genießt die Sexualität größere Achtung als das Leben des Menschen. Das ist auch in vielen zivilisierten Ländern so. In Texas, um nur ein Land zu nennen, werden Sexualdelikte, auch solche, die keine Gewalt einschließen, mit der Todesstrafe geahndet. Man kann das Ganze auch im größeren Maßstab betrachten. Ein Soldat darf im Krieg so viele Menschen wie irgend möglich töten, ohne bestraft zu werden, vorausgesetzt, daß der richtige Mann den Befehl dazu gegeben hat. Aber es ist niemand da, der offiziell den Startschuß geben könnte für den Ausbruch sexueller Freuden.

Im Zivilleben findet der Kampfruf ‹Lieber den Tod als die Sexualität› seinen finstersten Ausdruck in unserem Gefängniswesen. Zigtausende von Häftlingen werden jeder Möglichkeit zu heterosexueller Betätigung beraubt. Man treibt diese Menschen, die zu einem großen Teil vital und energiegeladen sind, zur Homosexualität und mordet ihre Gefühle. Aber niemand hat es bislang gewagt, zu fordern, daß wenigstens die verheirateten Häftlinge mit ihren Ehefrauen schlafen dürfen. Niemand gibt ihnen diese kleine Chance, ihre Menschenwürde zu wahren.

2. Kapitel
Der Sexualakt

Die Sexualorgane von Mann und Frau

Die Sexualorgane der Frau sind komplizierter gebaut als die des Mannes. Wahrlich ein Grund zur Eitelkeit für die Frau mit ihren gerundeten Hüften, ihren Brüsten und den vier Grübchen am unteren Teil des Rückens, der Michaelis-Raute, die sich bei Bildhauern so großer Beliebtheit erfreut. In der Tat, eine gut ausgebildete Michaelis-Raute gehört zu den schönsten Gebilden der Natur, verspricht allumfassende Wärme und Fruchtbarkeit und rührt damit den Schutz- und Sorgeinstinkt im Mann tief an. Wer dieses Tal, das verheißungsvollste und schönste Tal der Erde, bisher nicht genügend beachtet und bewundert hat, dem möchte ich empfehlen, das nachzuholen. Als Gegenstand eines rein ästhetischen Genusses ist es unübertroffen, weckt es doch in uns nicht die mehr überspannten Leidenschaften, wie sie etwa die Mulden zwischen den Brüsten, den Schenkeln oder dem Gesäß wachrufen.

Die sexuelle Ausstattung des Mannes besteht aus zwei kleinen Schmelztiegeln, den Hoden. Diese haben ihre eigenen Destillationsapparate, die Nebenhoden. Der Samenstrang wirkt als Pumpe, die das Produkt durch eine hydraulische Ramme, den Penis, nach außen abgibt.

Bei der Frau liegt zuinnerst der Eierstock, in dem die Eizellen heranreifen wie Äpfel an einem Baum, um schließlich abgegeben zu werden in die Öffnungen der Eileiter, die sie aufnehmen und in einem sanften Flimmerstrom zur Gebärmutter tragen. Diese ist dazu da, das befruchtete Ei aufzunehmen und bis zur Geburt heranwachsen zu lassen. Außer den Eileitern mündet auch die Scheide in die Gebärmutter. Die Scheide wird beim Sexualakt feucht und weist dem Glied, wenn es seinen Samen für ein neues Leben bringt, den Weg zur Gebärmutter. Oberhalb der Scheide befindet sich der Kitzler. Er ist mit vielen Nervenendigungen versehen, die dazu dienen, die Lust bis zur höchsten Ekstase zu steigern. Kurz gesagt: Der Mann hat zwei kleine Produktionsstätten für kleine Zellen und ein angriffslustiges Auslieferungssystem. Die Frau besitzt die notwendige Ausstattung, um die Produkte des Mannes aufnehmen und verarbeiten zu können, und sie bettet sie in den kunstvollsten Brutapparat des Universums. Zudem verfügt sie über die passenden Einrichtungen, das neuentstandene Erzeugnis zu schützen und zu ernähren.

Ganz so ideal, wie es sich anhört, ist das Ganze doch nicht. Denn psychologisch ergeben sich Schwierigkeiten aus der Tatsache, daß Mann und Frau beim Sexualakt unterschiedliche Funktionen haben. Der Mann dringt bei der Frau ein. Anders gesagt, der Mann hat eine Röhre nach außen und die Frau eine nach innen. Diese unterschiedliche Funktion bedingt auch eine unterschiedliche Rollenverteilung. Der Mann kann seinen ‹Motor› nach Belieben in Gang setzen, die Frau kann höchstens dem Maschinisten schmeicheln, den Motor laufenzulassen. Vergleicht man die Sexualorgane des Mannes mit einem grell beleuchteten Schnellimbiß, so sind die weiblichen Sexualorgane ein elegantes Restaurant, dessen einfaches Äußeres nichts verrät über das anheimelnde Innere.

Die ersten Schritte

Vor rund siebzig Jahren stellte Sigmund Freud die These auf, daß fast alle unsere Träume sexuellen Inhalts sind und erotische Wünsche zum Ausdruck bringen.[20] Zu dieser These war er durch ein eingehendes Studium der Traumpsychologie gekommen, doch konnte er damals keine konkreten Beweise erbringen. Viele Menschen, darunter auch viele Mediziner, fanden seine These unglaubwürdig und unerfreulich, ja sogar abstoßend. Doch Freud hielt an seiner Behauptung fest. Heute ist es gelungen, die konkreten Beweise nachzuliefern. Die moderne Traumforschung hat nachgewiesen, daß Träume fast immer – zumindest bei Männern – mit einer sexuellen Erregung einhergehen, die sich in einer Erektion zeigt.[21] Das trifft vielleicht auch für Frauen zu, nur ist bei ihnen diese Erregung viel schwerer festzustellen. Dieses Ergebnis läßt erkennen, daß im Schlaf eine nicht unerhebliche Menge sexueller Aktivität entfaltet wird, und zwar bei beiden Geschlechtern. Es hat sich gezeigt, daß die ganze Nacht hindurch im Abstand von ungefähr neunzig Minuten solche Erektionen auftreten. Sie können über Jahre hinweg, ja ein ganzes Leben lang auftreten, ohne daß wir ihrer gewahr werden.

Der Geschlechtsakt beginnt für den Mann mit einer Erektion. Ohne Erektion keine sexuelle Betätigung. Das Glied ist eine ausgetüftelte Konstruktion. Die ganze Zeit fließt das Blut reibungslos und ungehindert hindurch. Bis auf einmal der Zufluß ansteigt und der Abfluß stockt. Das Blut beginnt, sich in kleinen, eigens zu diesem Zweck angelegten Hohlräumen zu sammeln. Das Glied wird größer – wie ein Schwamm, der sich mit Wasser vollsaugt. Steigt die Blutzufuhr weiter an, füllen sich alle Hohlräume mit Blut. Dadurch schwillt das Glied immer mehr an, dann richtet es sich auf, prall gefüllt und steif, und in nichts an seinen vorherigen Zustand erinnert.

Es gibt zwei Theorien darüber, wie die Erektion zustande kommt, das heißt, was dabei im Innern des Glieds abläuft. Das Blut strömt ja durch Arterien zu und wird über Venen abgeleitet. Die erste Theorie besagt nun, daß sich die Arterien stark erweitern und somit sehr viel mehr Blut zuführen als die Venen abführen. Die zweite Theorie nimmt an, daß die Hauptvene des Glieds an der Stelle, an der sie das Glied verläßt, abgedrosselt werden kann und daß sich dadurch das Blut staut. Wir wollen zunächst die zweite dieser Theorien als die elegantere unter die Lupe nehmen.

Ist die Hauptvene abgedrosselt, kann so lange kein Blut abfließen, bis der Druck weit genug angestiegen ist, um den Widerstand zu überwinden oder um eine Umleitung über kleinere Venen zu erzwingen. Diese Hauptvene ist dünnwandig und nachgiebig wie ein Gummischlauch. Nahe ihrem Austritt aus dem Glied findet sich ein kleines Muskelband, das ringförmig um die Vene herumliegt. Wenn dieser Muskel sich zusammenzieht, wird die Venenlichtung verschlossen. Das Blut kann nicht wie sonst abfließen, es staut sich vor dem Verschluß, und der Penis schwillt an wie ein – wie ein – ja eben wie ein Penis. Je mehr er anschwillt, desto härter wird er. Je größer die sexuelle Erregung des Mannes, desto größer sein Phallus. Manchmal fühlt dieser sich an, als müsse er zerplatzen, wenn er nicht augenblicklich eine Stelle findet, an der er diesen wahnwitzigen Druck wieder los wird. Doch die Gefahr des Platzens ist nicht wirklich gegeben, denn das Blut kann sich immer noch einen Weg durch die kleineren Venen bahnen. Der kleine Muskel, der den Stein ins Rollen bringt, wird von den Anatomen *Compressor venae dorsalis penis* genannt, also ‹Muskel, der die Vene auf der Oberseite des Penis verschließt›. (Es handelt sich nicht um die Vene, die man auf der Oberseite des Penis sofort erkennen kann, die *Vena dorsalis penis* verläuft in der Tiefe.) Der Muskel heißt auch kurz Houstonscher Muskel oder Houstonsche Muskelschlinge. Wenn es zutrifft, daß tatsächlich die Erektion von diesem kleinen Muskel abhängt, so ist letztlich auch die Zeugung von ihm abhängig und somit die Tatsache, daß wir existieren.

Wie jeder Muskel in unserem Körper wird sich der Houstonsche Muskel kontrahieren, wenn er über die Nerven die entsprechenden Impulse erhält. Ohne solche Impulse bleibt er schlaff. Dieser Muskel und die Nerven, die zu ihm führen, haben sich im Laufe der Evolution zu einem der verläßlichsten Mechanismen herausgebildet, die wir kennen. Er funktioniert tadellos oft über viele Jahrzehnte und braucht doch keine Wartung und keine Ersatzteile – auch nicht bei härtester Beanspruchung. Schwierigkeiten in der Erektion sind auch ganz selten auf ein Versagen dieses Mechanismus zurückzuführen, viel öfter ist es der ‹Steuermann›, der nicht richtig arbeitet. Die Anweisung zur Erektion wird dem Glied von einem bestimmten Teil des Gehirns gegeben. Dort sitzt ein kleines Männchen, das einen Knopf niederdrückt und damit eine Erektion einleitet, wenn die Signale auf ‹Freie Fahrt› stehen und alle Lämpchen grün aufleuchten. Ist unser Männchen aber einmal übermüdet oder verschüchtert, abgelenkt oder aufgeregt, so mag es auch vorkommen, daß es den Knopf nicht fest genug drückt oder ganz losläßt, obwohl die Ampeln auf Grün geschaltet sind. Da unser System narrensicher arbeitet, wird in einem solchen Fall eine Sicherung rausfliegen. Die Verbindung wird unterbrochen, alle beteiligten Elemente gehen wieder in die Ausgangsstellung zurück. Das Männchen ist natürlich niemand anderes als das Kind in uns. Wenn es einmal meutert, gibt es keine Erektion, auch wenn die Leitung intakt ist, auch wenn die Signale die freieste Fahrt zeigen, die es je gab. Merkwürdigerweise wissen nur sehr wenige Menschen, daß es den Houstonschen Muskel gibt und welche Funktion er hat. Ärzte machen da keine Ausnahme. Kein Wunder, hören sie doch in ihrer Ausbildung nichts über ihn, und kaum ein Anatomiebuch erwähnt ihn. Trifft unsere Theorie zu, so ist es der wichtigste Muskel unseres Körpers, dessen Existenz verschwiegen wird. Denn wenn tatsächlich er es ist, der auf so wundervolle Weise ein kleines, weiches Organ groß und fest werden läßt – und dies allein durch Anwendung physikalischer Gesetze –, verdanken ihm die Menschen die berauschendsten Augenblicke ihres Lebens – ja sogar dieses Leben selbst.

Es gibt weder Experimente mit Menschen noch welche mit Tieren, die diese ‹Verschlußtheorie› völlig widerlegen. Es gibt aber einige Versuche, die zeigen, daß sie nicht ausreichend ist.[22] Jeder Mann kann dazu an seinem Glied ein Experiment durchführen, das dies eindeutig zeigt. Er braucht nur das Glied so fest zusammenzudrücken – mit einem Gummiband oder auch mit der Hand –, daß wohl die Venen abgeklemmt werden, nicht aber die Arterien. Das ist gar nicht so schwer, wie es sich vielleicht anhören mag, denn der Druck in den Arterien ist normalerweise viel höher als in den Venen – das bedeutet, die Venen lassen sich leichter zusammendrücken als die Arterien. Nun heißt es nur noch warten. Aber wie lange man auch wartet – es geschieht nichts, keine Erektion kommt zustande.[23] Eigentlich ist das jammerschade, denn wenn dieses Vorgehen Erfolg gebracht hätte, hätten wir ein ganz einfaches und todsicheres Heilmittel für Impotenz ‹in der Hand› gehabt. Wieviel Unglück und Enttäuschung hätte dies so manchem Mann (und auch so mancher Frau) erspart. Natürlich genügt dieser einfache Versuch nicht allen Anforderungen, die ein kritischer Forscher an seine Experimente stellt. Aber er läßt doch ernsthafte Zweifel an der Richtigkeit der ‹Verschlußtheorie› aufkommen, zumindest in ihrer einfachen Form.

Dadurch erhält die andere Theorie, die wir eingangs erwähnten, größere Wahrscheinlichkeit. Sie besagte ja, daß sich die Arterien ausdehnen und so viel Blut zuführen, daß die Venen den Abfluß einfach nicht mehr bewältigen. Man hat aber bis heute noch kein Mittel gefunden, um die Arterien künstlich zu erweitern. Man glaubte einst ein solches Mittel im Yohimbin gefunden zu haben, einem Extrakt aus der Rinde des westafrikanischen Yohimbe-Baumes. Aber nur wenigen von denen, die es anwandten, half es wirklich. Die Kanthariden – ein anderer Name ist Spanische Fliegen – sind wohl das unter Laien verbreitetste Aphrodisiakum. Sie rufen eine nicht unbedenkliche Reizung des Nierensystems und des Geschlechtsapparats hervor, es kann sogar zu Vergiftungen kommen. Dopa (*D*ioxy*p*henyl*a*lanin), das heute bei der Behandlung des Parkinsonismus Verwendung findet, soll ebenfalls ein wirksames Aphrodisiakum sein und bei Erektionsschwäche helfen. Wegen der vielen möglichen Nebeneffekte wird es jedoch normalerweise nicht angewendet.

Wir müssen indes die Theorie, der Houstonsche Muskel bewirke durch seine Kontraktion auf so elegante Weise die

Erektion, nicht völlig aufgeben. Wahrscheinlich können beide Mechanismen gleichzeitig wirken und dadurch eine besonders kräftige Erektion zustande bringen. Das heißt, die Arterien erweitern sich, führen mehr Blut zu, und gleichzeitig wird der Blutabfluß durch Verengung der Venen gedrosselt.

Bei der Frau sind die Vorgänge bei der sexuellen Reizung noch viel verzwickter. Wenige Sekunden nach einer wirksamen sexuellen Reizung beginnt schon die Scheide schlüpfrig zu werden. Dann, nach einigen Minuten, beginnt der Kitzler zu schwellen. Man weiß auch hier nicht genau, wie das vor sich geht. Es gibt aber keinen Grund, nicht ebenso wie beim Mann das Vorhandensein des Houstonschen Muskels anzunehmen. Zumal die Anatomen über das Vorkommen von Muskelfasern in der Klitoris berichten, die denen im Penis ähneln. Auch bei der Klitoris ist es denkbar, daß zwei Mechanismen zusammenwirken, daß also einmal die Blutzufuhr ansteigt und zum anderen die Venen verengt werden. Im weiteren Verlauf des Liebesspiels kann sich die Klitoris zurückziehen (was der Penis des Mannes nicht kann), und zwar so weit, daß sie von außen nicht mehr zu sehen ist. Ist eine Frau sehr erregt, zeigt auch der Ausgang der Gebärmutter eine Bewegung und ‹sendet so eine dringende Eilmeldung an die Scheide, sich recht bald den Samen übergeben zu lassen›, so oder ähnlich würde es Amaryllis ausdrücken.

Die Sexualkraft des Mannes

Bei der männlichen Sexualkraft lassen sich drei Komponenten unterscheiden: Potenz, Stärke und Wucht. Die Potenz äußert sich im Grad der Erektion, die Stärke in der Heftigkeit der Stöße, die Wucht in der Gewalt der Ejakulation.

Es lassen sich verschiedene Grade der Potenz, das heißt der Erektion unterscheiden. Bei einer geringen Erektion wächst das Glied ein bißchen, hängt aber immer noch schlaff nach unten. Normalerweise wird der Mann eine derart geringe Erektion überhaupt nicht wahrnehmen. Auch die Menschen um ihn herum können nicht bemerken, daß sein Penis zu wachsen beginnt. Eine solche Minierektion kann entstehen, wenn der Mann ein hübsches Mädchen in einem aufreizenden Miniröckchen sieht. In einer mittleren Phase der Erektion ist der Penis schon lang und steif, läßt sich aber noch mit der Hand zusammendrücken und biegt sich, wenn er auf Widerstand stößt. Demnach ist es unmöglich, in dieser Phase eine Einführung vorzunehmen, oder höchstens dann, wenn die Frau offen und aufnahmebereit daliegt. In dieser mißlichen Lage befand sich der ‹Junge aus Hindelang›, der sich so gewinnbringend zu helfen wußte.

War einst ein Junge aus Hindelang,
Sein Pimmel war sehr dünn und lang.
Er ersann einen Trick
und faltete das Stück
Und machte so zwei Ficks pro Gang.

Zu Ehren dieses Jungen könnten wir einen solchen Pimmel ‹Hindelanger Pimmel› nennen. Doch scheint die Bezeichnung ‹Zauderschwänzchen› angebrachter. Denn meistens scheint es ein leichtes Zögern zu sein, eine Unsicherheit, ob man überhaupt weitergehen soll oder nicht, was den Penis nicht ganz steif werden läßt. Vielleicht ist der Mann von der Frau verführt worden oder er will sich mit einem weiteren Mal seine Potenz beweisen. Wie dem auch sei, der Penis spielt nicht mit. ‹In peno veritas› – der Penis ist ehrlicher als sein Träger. (Ich weiß, ‹peno› ist nicht die richtige Form, aber es paßt hier besser.)

Wann kann ein Mann in eine derart unangenehme Lage geraten? Es gibt mehrere Möglichkeiten neben den beiden schon erwähnten. Etwa wenn der Sexualakt die Versöhnung nach einem Streit besiegeln soll. Oder wenn die Pause zum vorangegangenen Sexualakt nicht lang genug war. Vielleicht zeigt sich darin auch nur eine Unsicherheit des Mannes gegenüber den Frauen (oder gegenüber dieser Frau), oder er hat irgendwelche Sorgen. Kurz gesagt handelt es sich darum, daß der Mann ängstlich ist und zögert, weil er fürchtet, zu versagen. Der Erwachsene in ihm ist bereit, darüber hinwegzugehen, aber das Kind in ihm (unter dessen Kontrolle der Penis steht) ist empfindlicher und nicht so leicht bereit, gute Miene zum bösen Spiel zu machen. Der Penis bleibt schlapp.

In der dritten Phase der Erektion hat der Phallus seine volle Länge und Stärke erreicht, es fehlt ihm nur noch die letzte Härte. Er ist steif und fest und kann auch schon eingesetzt werden. Aber manchmal tritt die Ejakulation zu schnell ein, bevor auch nur einer der beiden Partner voll auf seine Kosten gekommen ist. In der Umgangssprache heißt es, er sei ‹schnell am Drücker›. In der vierten und letzten Phase ist der Mann dann wie ein anstürmendes Einhorn. Sein Phallus ist steif und einsatzbereit, ja, mehr noch, er ist so prall und begierig, daß er Mann das Gefühl hat, sofort anfangen zu müssen, wenn ihm das Ding nicht auseinanderplatzen soll in seiner ganzen Kraft. In dieser letzten, höchsten Erregung stürmt der Mann ohne Rücksicht auf Verluste vorwärts. Das ist die Spindel der Sinnlichkeit, um die sich in der Literatur alle Fäden von Liebeslust und Leid spinnen. Hat der Mann erst einmal diesen Zustand erreicht, ist er kaum noch zurückzuhalten, er dürstet nach der Tat. Den besonderen Fall, daß sich dabei die Eichel nach oben aufwölbt, wollen wir ‹Peyronies Stolz› nennen, zu Ehren des Arztes Peyronie, der dieses Phänomen als erster eingehend untersuchte.[24] Ist die Festung erst einmal genommen, gibt es für den Mann nur noch eine Bewegung: Stoßen. Ein einziger brennender Wunsch beherrscht ihn, so tief wie möglich in die Scheide der Frau einzudringen und dort seinen Samen abzugeben. Er wird wieder und wieder stoßen und in die tiefsten Tiefen vordringen. Mit aller Kraft klammert er sich dabei an seine Partnerin, als wolle er es allen Kräften dieser Erde verwehren, sie beide jemals wieder auseinanderzubringen, obwohl er ganz deutlich den Höhepunkt herannahen fühlt, der gleichzeitig das Ende des Liebesakts bedeutet. Solche Leidenschaftlichkeit wird wahrscheinlich bei einem Mann auftreten, dessen Phallus voll erigiert ist, das kraftstrotzende und edle Zeugungsinstrument des Menschen. Doch wehe, wenn sich Unaufrichtigkeit einschleicht, dann verliert der unbewußt geführte Stoß an Kraft und braucht die Hilfe des Verstands zur Wiederherstellung der alten Stärke. Der Mann kann aus verschiedenen Gründen in einen solchen Zustand gelangen, zum Beispiel, wenn sich sein Interesse gar nicht so sehr auf den Geschlechtsakt an sich richtet als vielmehr auf den Ruhm, den er ihm einbringt, oder wenn er erschreckt ist darüber, in was er sich da eingelassen hat, oder wenn er die Frau anschwindelt, um zu seinem Vergnügen zu kommen. In diesen Fällen könnte er das Verfahren entweder beschleunigen, um sich dann so schnell wie möglich aus dem Staub zu machen, oder aber es ausdehnen, um die Seufzer der Frau zu hören. Auch wenn eine zu schnelle Entladung den Stolz des Mannes verletzen würde, erschreckt ihn das Stoßen, da jede Bewegung die Möglichkeit erhöht, daß es zu früh kommt. Er wird nur ganz sachte stoßen, in der Hoffnung, den Akt wenigstens so weit ausdehnen zu können, bis seine Partnerin befriedigt ist. Geht er danach wieder auf sein eigenes Tempo über, hat er ein gutes Gewissen, und seine Würde ist unverletzt.

Wer beim Geschlechtsakt aber nicht auf solche Gefühle Rücksicht nehmen muß, geht so sehr in seiner Tätigkeit auf – die zudem nahezu automatisch abläuft –, daß er gar nicht auf den Gedanken kommt, sich mit der Zeit oder allzu sehr mit den Reaktionen seiner Partnerin zu befassen. Die größte Befriedigung erlangt ein Mann, wenn auch seine Partnerin eine Reaktion zeigt, genau in dem beseligenden Augenblick, in dem er sein Ziel erreicht hat und seinen Samen abgibt. Es ist gerade diese auf sich selbst gerichtete Haltung des Mannes, die der Frau gegenüber fast rücksichtslos erscheint, ihr aber dennoch die höchste Erregung, den befriedigendsten Orgasmus bringt. Die Stärke der Stöße hat auch nichts mit Brutalität zu tun, obwohl sie von einem sadistischen Mann brutal gemeint sein kann oder von einer masochistischen Frau als brutal empfunden – und ersehnt werden kann.

Doch die Beschreibung einer sich völlig frei entfaltenden sexuellen Aktivität ist unrealistisch, beim Menschen gibt es so etwas nicht. Alle Gesellschaften kennen sexuelle Vorschriften. Und die dringen auch in den Augenblicken höchster Erregung durch und beeinträchtigen die Empfindungen der Partner. Diese sexuellen Vorschriften umfassen einen weiten Bereich. Auf der einen Seite finden sich Unterwürfigkeit und übermäßige Besorgtheit, auf der anderen Rebellion, Grausamkeit und Falschheit. Irgendwo in der Mitte liegt das richtige Maß, bei dem sich die Menschen wirklich näherkommen und sich die Sexualität frei entfalten kann. Sagen wir, im Idealfall sei der Geschlechtsakt ein Sprung von 10 000 Metern in die Höhe, mit einem berauschend langsamen Abstieg. Aber auch ein kleinerer Sprung kann noch mehr als genug bringen. Ja selbst ein Sprung über die Hausdächer ist belebender als ein Stehenbleiben.

Worüber wir hier schon die ganze Zeit reden, das ist der dritte Teil der männlichen Sexualkraft. Wir hatten ihn Wucht genannt und verstanden darunter die Kraft, mit der der Samen bei der Ejakulation in die Scheide geschleudert wird. Diese Kraft entsteht durch rhythmische Kontraktionen einiger Muskeln. Es ist möglich, wenn auch nicht sicher, daß die Stärke des Orgasmus, also die Höhe unseres Sprungs in unserem obigen Bild, von der Kraft der Ejakulation abhängt.

Da gibt es einmal den etwas ‹lahmen› Mann. Seine Erektion ist nicht vollständig, seine Stöße sind zurückhaltend, die Ejakulationskraft ist gering. Andererseits gibt es den ‹feurigen› Mann. Sein Phallus ist zum Zerplatzen gespannt, seine Stöße sind geballte Energie, sein Samen wird mit großer Gewalt herausgeschleudert. Doch gleichgültig, wie feurig oder lahm der Mann ist, immer kann sein Samen eine Eizelle befruchten. Und immer auch kann die Frau zu einem Orgasmus kommen, wenn sie sich nur darauf eingestellt hat.

Der Teil des Sexualakts, den der Mann am besten beeinflussen und regeln kann, ist die Kraft seiner Stöße. Er kann die Erektion auch willentlich beeinflussen, aber nur in einem Sinn: Er kann sie beenden, ganz einfach, indem er ‹Halt!› sagt. (In Witzen heißt es dann: «Leg dich, Fido!» oder: «Ab, Fido!») Leider gelingt es nicht, mit einem einfachen Befehl – etwa: «Auf, auf, Fido!» – den Phallus wieder zur Erektion zu bringen. Dazu bedarf es schon eines kräftigeren Lockmittels, sei dieses lebend oder nicht. (Einem attraktiven ‹Frauchen› etwa würde es leicht gelingen, Fido wieder ‹auf› zu bringen.) Die Ejakulation selbst läßt sich am wenigsten willentlich beeinflussen. Sie läßt sich überhaupt nicht vorverlegen und höchstens um Sekunden verzögern, wenn sie erst einmal ausgelöst ist. Die Kraft, mit der die Ejakulation erfolgt, hängt weitgehend von physiologischen Faktoren ab, das Ausmaß der Erektion und die Stärke der Stöße dagegen von psychologischen Faktoren.

Von den Frauen, die im Leben des Mannes eine Rolle spielen, üben einige einen besonderen Einfluß auf seine Sexualkraft aus. Einmal die Mutter, die in der Jugendzeit die Männlichkeit und die Sexualität eines Mannes entweder fördern oder aber hemmen kann (manchmal übernimmt die ältere Schwester diese Rolle). Zum anderen ist es die jeweilige Sexualpartnerin, die ihn durch ihre Reaktionen anreizen, aber auch bremsen kann. Besonders der ältere Mann ist stark von den Reaktionen seiner Partnerin abhängig. Fordert sie ihn allzuoft, kann es ihm widerfahren, daß seine Potenz nachzulassen beginnt. Es kann sogar zu einem ziemlich raschen Absinken kommen. Doch in fast allen Fällen kann ein erfahrener Praktiker die Potenz wiederherstellen.

Oftmals spiegelt sich die Sexualkraft des Mannes auch in seinen Handlungen wider, so behaupten es jedenfalls manche Frauen. Ein Mann, der sich im Leben durchsetzt, energiegeladen und voller Schwung ist, ist auch im Bett so. Ein anderer, der vor Schwierigkeiten leicht zurückschreckt, energielos ist und im täglichen Leben versagt, tut dies auch im Bett.

Die Sexualkraft der Frau

Mann und Frau ergänzen einander. So läßt sich auch die Sexualkraft der Frau in drei Komponenten zerlegen, die denen des Mannes entsprechen. Wir wollen sie Glitschigkeit, Kraft und Umklammerung nennen. Mit Glitschigkeit ist die Gleitfähigkeit der Scheide gemeint, Kraft äußert sich in der Gegenbewegung zum Stoß des Mannes, die Umklammerung zeigt sich in Muskelkontraktionen.

Eine gleitfähige Scheide macht es dem Glied leicht einzudringen. Eine Frau, deren Scheide kein Gleitmittel bildet, wird sich oder dem Mann einige Qualen bereiten. Andere Frauen wieder werden so stark erregt, daß sie zuviel Flüssigkeit bilden und sozusagen überlaufen. Diese Frauen erleben meist auch mehrere Orgasmen in einem Geschlechtsakt. Es kann einer Frau auch geschehen, daß sie im Alltag durch irgend etwas derart erregt wird, daß ihre Scheide naß wird, zuweilen sogar sehr stark. Sie mag erfreut darüber sein, aber sicherlich auch verwirrt. Diese Situation ähnelt der des Mannes mit einer ‹Minierektion›. Eine gleitfähige Scheide ist jedoch kein sicheres Zeichen für sexuelle Reaktionsbereitschaft. Die Frau mag einen Penis in ihrer Scheide dulden, sie mag ihn sogar gern in sich fühlen. Dennoch muß sie noch lange nicht erregt sein. Im allgemeinen folgt aber auf das Schlüpfrigwerden der Scheide das Anschwellen des Kitzlers. Diese beiden Erscheinungen sind es, die der männlichen Potenz entsprechen, Glitschigkeit der Scheide, verbunden mit einem Anschwellen des Kitzlers. Man könnte demnach den Begriff Potenz für beide Geschlechter verwenden.

Die Gegenbewegungen der Frau zu den Stößen des Mannes hießen in der Sprache des *‹Duftenden Garten› hez,* die Stöße des Mannes *dok. Dok* ist die stampfende Bewegung des Mannes, *hez* die kreisende Bewegung, die das Becken der Frau beschreibt.

Die Umklammerung der Frau ist das Gegenstück zu der Wucht des Mannes. Im Augenblick des Orgasmus – der zeitlich meist mit der Ejakulation des Mannes zusammenfällt –

kontrahiert sich die Muskulatur der Scheide wieder und wieder und schließt sich ganz fest um das Glied, gerade so, als wolle die Frau den Samen herausmelken. Diese rhythmischen Kontraktionen bewirken im Mann noch stärkere Reaktionen, treiben ihn zu noch heftigeren Stößen und zu noch größerer Wucht bei der Ejakulation. Neben den schnellen rhythmischen Umklammerungen kann es auch langsamere in der Scheide geben, die genausoviel Lust machen.

Die Sexualität zeigt sich auch in typischen Reaktionen der Frau dem Mann gegenüber. Sie versucht, ihm zu gefallen und die Reibereien des täglichen Lebens auf ein Mindestmaß zu reduzieren. Macht der Mann einen Annäherungsversuch, kommt sie ihm schon auf halbem Weg entgegen. Sie hilft dem Mann bei der Verwirklichung seiner Pläne, spornt ihn an und unterstützt ihn in seinem Bestreben, das beste aus seinem Leben zu machen. Die Frau, der es in ihrer Jugend anerzogen wurde, derartige Gefühle zu unterdrücken, wird in ihren sexuellen Beziehungen, ja, mehr noch, in allen Beziehungen zu Männern gehemmt und ungeschickt sein. Es wird schwierig, wenn nicht unmöglich sein, zu einer solchen Frau Kontakt aufzunehmen. Jeglicher Umgang mit ihr ist zermürbend, da sie im Mann immer einen Feind sieht, den sie bekämpfen und verächtlich machen muß.

Auch während des Geschlechtsakts verhalten sich die Frauen unterschiedlich. Das eine Extrem stellen die Frauen dar, die völlig passiv bleiben, teilnahmslos und bewegungslos daliegen und den Mann gewähren lassen. Sie werden gar nicht erregt, und ihre Scheide wird nicht schlüpfrig. Auf der anderen Seite gibt es Frauen, die im Geschlechtsakt hochgradig erregt werden und in ihrer Scheide Gleitmittel im Überfluß bilden. Sie reagieren auf jeden Stoß des Mannes. Bei der Ejakulation umfaßt die Scheide das Glied so fest und stramm, als wolle sie auch den letzten Tropfen aus ihm herausquetschen. Diese Extreme werden – wie immer – selten vertreten sein, die Reaktion der meisten Frauen liegt beim Sexualakt irgendwo dazwischen.

Der Orgasmus

Der Orgasmus ist ein Ereignis, bei dem das Verhalten beider Partner bis in alle Einzelheiten aufeinander abgestimmt ist. In ihm zeigt sich die meisterhafte Wirkungsweise der Evolution sowohl im Bereich der Anatomie als auch der Physiologie. Mann und Frau ergänzen sich im Geschlechtsakt vollkommen. Jede Bewegung, jede Empfindung trägt dazu bei, ‹den Kessel zum Überkochen› zu bringen, in einer plötzlichen Entladung schöpferische Energie freizusetzen. Im Normalfall wirkt der Orgasmus auf beide Partner reinigend und befreiend. Die Sorgen treten zurück und machen einem neuen und optimistischen Ausblick in das Leben Platz. Man kann es auch so sagen: Nur in den wenigen Minuten nach einem Geschlechtsakt ist der Mensch wahrhaft Mensch. Oder: Jede Nacht, die man allein verbringt, muß unter ‹verlorene Zeit› abgebucht werden.

Beide Geschlechter haben mehrere Möglichkeiten, zum Orgasmus zu gelangen. Bei den männlichen Geschlechtsorganen ist die Eichel der weitaus empfindlichste Teil. Eine Stimulation der Eichel zur rechten Zeit bringt einen raschen – und meist wenig befriedigenden – Orgasmus. Der Marquis de Sade hatte das richtig erkannt, daher seine inständige Bitte an seine Bettgenossinnen: «Finger weg von der Eichel!» Der Penisschaft ist weniger empfindlich gegen Berührungen, seine Reizung erzeugt eine mehr behagliche Lust. Am stärksten empfänglich für sexuelle Reize ist die Stelle, an der der Schaft in die Eichel übergeht. Auch hier kann ein Orgasmus ausgelöst werden. Ähnlich verhält es sich bei der Frau. Der Kitzler spricht auf sexuelle Reize stärker an als die Innenwände der Scheide. Eine Reizung der Klitoris allein kann schon zu einem Orgasmus führen. Physiologisch entspricht dieser zwar genau dem Orgasmus, den eine Frau im heterosexuellen Verkehr erlebt, aber dennoch läßt er nach Meinung mancher Frau etwas Entscheidendes vermissen: den Mann. Anders gesagt: Eine Frau kann durch Reizung der Klitoris eine ‹biologische Befriedigung› erhalten, wobei ihr die ‹soziale Befriedigung› abgeht. Die Frau hat noch weitere reizempfindliche Stellen, etwa die kleinen Schamlippen und den Scheideneingang.

Der Orgasmus des Mannes und der Frau entsprechen sich vollkommen. In demselben Rhythmus, in dem sich die Muskeln der Samenwege beim Mann kontrahieren und den Samen herausschleudern, kontrahieren sich die Muskeln der weiblichen Scheide. Beim Mann wie bei der Frau kontrahieren sich die beteiligten Muskeln etwa fünf- bis siebenmal (manchmal auch öfter) in einem Abstand von etwa 0,8 Sekunden. Ausgelöst und gesteuert werden diese Kontraktionen von dem sogenannten Orgasmuszentrum (beim Mann kann man auch Ejakulationszentrum sagen) im unteren Teil des Rückenmarks. Dadurch wird das, was auf den ersten Blick vielleicht so erstaunlich und ‹wunder›bar schien, leichter verständlich: Bei Mann und Frau sind es Nervenzentren, die den Orgasmus steuern. Es wäre verwunderlich, wenn sie das in unterschiedlichem Rhythmus machten.

Für viele Menschen stellt es das Ideal dar, wenn beide Partner den Orgasmus zur gleichen Zeit erreichen. Doch kann man sich auch vorstellen, daß sie bewußt und absichtlich zu verschiedenen Zeiten den Höhepunkt anstreben, um auf diese Weise sozusagen einen doppelten Orgasmus zu erleben, einmal den eigenen und dann den des Partners.

Psychologie der Sexualität

Die sexuelle Reaktion – sowohl des Mannes als auch der Frau – wird beeinflußt von biologischen Gegebenheiten. Unser Körper ist nun mal so und so gebaut und vermag auf bestimmte Weise zu reagieren. Daneben spielen aber auch psychologische Faktoren eine erhebliche Rolle. Es gibt so vieles, das uns sexuell erregt, aber auch so vieles, das unsere Sexualität hemmt. So haben Stimmen in uns und um uns großen Einfluß darauf, was passiert, wann es passiert, wem es passiert und wie es passiert. Wichtiger noch als diese Stimmen sind die Bilder im Hintergrund, die ursprünglichen Bilder, die die Potenz und den Grad der sexuellen Erregung bestimmen. Erst wenn der Orgasmus einmal ausgelöst ist, verlieren diese Stimmen und Bilder für kurze Zeit ihre Wirkung, und nur die einprogrammierten biologischen Abläufe rollen ab.

Die folgende Liste soll einige Beispiele aufzählen für psychologische Faktoren, für Gegebenheiten also, die auf den Kopf einwirken und sich auf den Schwanz auswirken.

1. Es spielt zum Beispiel eine Rolle, welche Einstellung und Haltung der Mann gegenüber der Sexualität hat. Hat er Angst vor ihr oder kann er sich ihr ganz hingeben? Von entscheidender Bedeutung ist die Mutter, es kommt darauf an, ob sie sagt: «Sei auf der Hut!» oder: «Los, ran!»

2. Wichtig ist auch, ob er Sexualität als anständig oder unanständig ansieht. Auf diese Einstellung hat der Vater mit Wort und Tat großen Einfluß.

3. Die Reaktion des Mannes hängt auch von seiner Partnerin ab, ob sie auf sexuelle Reize anspricht oder nicht, ob sie ihn gar entmutigt. Ihre Stimme gibt ihm Auskunft über ihre Einstellung, sie kann warm klingen oder gleichgültig oder auch abweisend und kalt. Ihr ganzer Körper kann das Spiel mitmachen in lebhaften, lustvollen Bewegungen, kann aber auch reglos und starr bleiben. Eine starke Sekretion in der Scheide kann jeden Stoß zur höchsten Lust werden lassen, ungenügende Sekretion macht ihn zur Qual.

4. Von einiger Wichtigkeit sind auch die äußeren Umstände, unter denen der Akt stattfindet. Ein Liebespaar, das ständig in der Gefahr schwebt, von irgendwelchen Quälgeistern – seien es nun Menschen oder Mücken – gestört zu werden, wird keinen Höhenflug in 10 000 Meter Höhe unternehmen.

5. Und letztens spielt sein ursprüngliches Bild von den weiblichen Geschlechtsorganen eine Rolle.

Eine ebensolche Liste für die Frau ist schnell erstellt, man braucht nur in der obigen Aufzählung statt ‹er› ‹sie› einzusetzen, statt ‹sein› ‹ihr› – schon ist sie fertig.

Kehren wir noch einmal zu den ursprünglichen Bildern zurück. Gelingt es zum Beispiel dem Mann, sich sein ursprüngliches Bild von den weiblichen Geschlechtsorganen ins Bewußtsein zu rufen, dann kann es durchaus sein, daß es sehr stark von dem abweicht, was er erwartet hat. Ein Geburtshelfer etwa, der nun wirklich die Geschlechtsorgane der Frau kennt, war sehr erstaunt über die Entdeckung, daß sich das Kind in ihm die Scheide immer noch als stockdunkles, bodenloses Loch vorstellte, in dem sich das Glied, ja der ganze Körper hoffnungslos verlor. In einem anderen Fall zeigte das ursprüngliche Bild eine enge Öffnung, die zudem noch mit Widerhaken und Stacheln bewehrt war, denen man kaum ausweichen konnte. Die Wirkungsweise solcher Bilder auf die Sexualität des Mannes kann zum Teil von dem gerade vorliegenden Zustand der Scheide abhängig sein. Fühlt der Mann, daß die Scheide eng ist, so wird er, wenn er die Vorstellung von ihr als einem großen Loch hat, beruhigt sein, denn er merkt ja nun, daß das gar nicht zutrifft, während er im anderen Fall seine Vorstellung bestätigt sieht und den dringenden Wunsch verspüren mag, schleunigst wegzukommen.

Es klingt zwar unglaublich, aber mancher Mann kann mit seinem Penis oder seinen Fingern ebenso sehen wie fühlen. Man nennt dieses Phänomen Synästhesie. Der Erwachsene im Mann weiß zwar, daß die Scheide in Wahrheit rot ist und auch rot bleibt, aber für den Phallus wechselt sie die Farbe mit dem Grad ihrer Schlüpfrigkeit. Trocken fühlt sie sich purpurn an, leicht feucht, erscheint sie braun, ist sie sehr schlüpfrig, strahlt sie in einem leutenden Blau. Synästhetische Eindrücke dieser Art sind üblich, aber jeder Penis kann seine Farbskala entwickeln.[25]

Die Frau hat entsprechend ein ursprüngliches Vorstellungsbild vom Phallus, und auch ihre sexuellen Reaktionen werden davon beeinflußt. Dem Kind in ihr mag der Phallus wie ein harter, vorspringender Gegenstand vorkommen, bereit, sie zu durchbohren. Oder wie ein scharfes Messer, das sie verletzen will. Oder wie ein dünnes, rundes Ding, das sie niemals fassen und in den Griff kriegen kann, das ihr immer wieder entschlüpft.

Es gibt aber auch angenehmere Bilder. Die Scheide kann für den Mann ein einladender und heimeliger Platz sein, sie kann auch einer streichelnden Hand gleichen. Für manche sieht der Kitzler so verführerisch aus wie eine Brustwarze. Für die Frau mag der Penis das Bild eines Lutschers oder eines Pilzes haben. Diese Vorstellungsbilder sind nicht etwa ‹unbewußt›. Sie können von jedem, der nur den Mut dazu hat, eingefangen werden. Es ist wichtig, dies zu wissen, da die Bilder einen nicht unbedeutenden Einfluß auf die Sexualkraft von Mann und Frau haben können. Man muß ihnen gar nicht lange nachjagen, um sie zu entdecken. Sie liegen sowieso immer im Hintergrund auf der Lauer.

Viele Behauptungen der Sexualpädagogen haben ihre Wurzeln in deren persönlichem Geschmack und basieren keineswegs auf wissenschaftlichen Untersuchungen.

Sexualpsychologen vertreten manchmal eigenartige Anschauungen. (Legman, den wir schon erwähnten, meint etwa: «Der Mann wird durch das erregt, was er mit der Frau tut, nicht umgekehrt durch das, was die Frau mit ihm macht. Die Frau dagegen wird durch das erregt, was der Mann mit ihr tut, nicht durch das, was sie mit dem Mann macht.»[26]) Wie puritanische Schulmeister verurteilen sie die Frau, die in der Sexualität die Initiative ergreift, oder den Mann, der allzusehr sein Vergnügen sucht. Sie bilden sich einen Standardmenschen, der in der Lage ist, alle verschiedenen Spielarten der Sexualität auszuüben. Das ist genauso unsinnig wie das Vorgehen der Gesetzgeber, die eine Einheitssexualität erfinden, die für alle Menschen passen soll. «So geht's nicht», meint Amaryllis dazu. «Gepflogenheiten ändern sich nun einmal, auch in der Sexualität. Gestern noch sah es so aus, als würde sich die Geburtenkontrolle niemals durchsetzen können, heute schon feiert die Pille einen ungeahnten Triumph.»

Biologie der Sexualität

Im Verlauf der Evolution haben die männliche und die weibliche Sexualkraft an der Ausbreitung des Menschen über die ganze Erde ihren Anteil gehabt. Zieht man Tiere völlig isoliert auf, werden sie später sehr wahrscheinlich Schwierigkeiten haben, mit ihren Artgenossen sexuelle Beziehungen aufzunehmen.[27] Sicherlich werden sie nicht viele Nachkommen haben. Für ein Lebewesen (sei es Mensch oder Tier) steigt die Aussicht, viele Nachkommen zu zeugen, in dem Maße, in dem seine Sexualkraft wächst. Wir können demnach annehmen, daß die Sexualität beim Menschen im Laufe der Jahrhunderte und Jahrtausende immer mehr in den Vordergrund trat. Die Menschen heute sind ihren Vorgängern, die noch in Höhlen lebten, an Wollust, an Sinnlichkeit und sexuellem Verlangen haushoch überlegen. Der Mensch ist wohl das Lebewesen mit dem größten sexuellen Appetit – immer bereit, Tag und Nacht, zu jeder Jahreszeit.

Beim Mann hat der Orgasmus den biologischen Zweck, den Samen an seinen Bestimmungsort zu bringen. Seltsamerweise ist das aber nicht der Gebärmuttermund, sondern der hintere Teil der Scheide. Von hier aus machen sich die Samenzellen aus eigener Kraft auf den Weg, durch die Gebärmutter hindurch bis hoch hinauf in die Tube, wo die Eizelle schon wartet. Ein wahrlich erbarmungsloses Rennen findet statt, bei dem der Sieger alles erhält, die Verlierer sämtlich zugrunde gehen. Die Samenzelle, die als erste auf die Eizelle stößt, erobert sie und schließt alle Konkurrenten sofort aus. Es gibt keinen zweiten Platz in diesem Rennen. Die Distanz beträgt – auf unsere Größenverhältnisse übertragen – mindestens dreitausend Meter. Und nicht etwa auf einer gepflegten Aschenbahn, nein, querfeldein über Hindernisse und Hürden, durch Wassergräben und über Wälle – und meistens noch bei starkem Gegenwind. Es gibt nur eine wesentliche Erleichterung in diesem Rennen: das Ziel sendet einen ständigen Leitstrahl aus, der die Teilnehmer lenkt. Anders gesagt: Die Eizelle gibt ‹Locksubstanzen› ab, die sogenannten Befruchtungsstoffe, und diese ziehen die Samenzellen an. Könnte man bei einem solchen Rennen zusehen, es wäre bestimmt spannender als hundert Pferderennen zusammen, denn an jedem ‹Spermienrennen› nehmen einige hundert Millionen Samenzellen teil. Es ist in der Tat staunenswert, welch gigantisches Rennen da abläuft, jedesmal wenn der Mann den Startschuß abgefeuert hat. Und jeder Mann kann diesen Startschuß geben, sei er nun jung oder alt, groß oder klein, nett oder garstig, stark oder schwach – ganz gleich, der Mann, der ejakulieren kann, kann ein solches Kolossalrennen in Szene setzen.

Der biologische Sinn des Orgasmus der Frau bleibt jedoch weitgehend im dunkeln. Die sexuelle Erregung hat durchaus eine einleuchtende Funktion. Sie bewirkt, daß genügend Gleitmittel für die Scheide sekretiert wird und dadurch die Lebensbedingungen für die Spermien verbessert, vielleicht sogar erst geschaffen werden. Der Orgasmus selbst scheint dazu wenig beizutragen. Eines jedenfalls ist sicher: Die Befruchtung ist nicht von dem Orgasmus der Frau abhängig. Der Orgasmus ist für die Frau beseligend, vielleicht auch hilfreich, aber nicht unbedingt für eine Befruchtung erforderlich.

Die Verbindung des Orgasmus mit höchster Lust dient wahrscheinlich in erster Linie dem Zweck, ihn erstrebenswert und anziehend zu machen. Das gilt für den Mann ebenso wie für die Frau. Psychologisch gesehen hat der Orgasmus noch eine andere wichtige Funktion: den Menschen neu zu beleben, ihn gleichsam zu erneuern. Und ich glaube, daß dies der wahre ‹Zweck› des Orgasmus ist.

Lassen wir die biologischen Ereignisse noch einmal Revue passieren. Eine starke Erektion beim Mann und eine schlüpfrige Scheide bei der Frau sichern ein tiefes Eindringen des Penis, wobei die Stöße des Mannes und die Gegenbewegungen der Frau unterstützend wirken. Im entscheidenden Augenblick wird die Wucht der Ejakulation noch durch eine kraftvolle Umklammerung verstärkt. All das trägt dazu bei, eine große Menge Samen so tief wie möglich in die Scheide zu bringen, um so eine günstige Bedingung für eine Befruchtung zu schaffen. Dagegen geben ein paar Samentröpfchen, irgendwo verloren in einer trockenen, rauhen Scheide, dem Ei kaum eine Chance zur Befruchtung. Zwischen diesen beiden Extremen liegen viele Abstufungen.

Wie verschwindend gering die Wahrscheinlichkeit auch immer ist, jeder Geschlechtsverkehr kann zu einer Befruchtung führen – vorausgesetzt, es ist ein befruchtungsfähiges Ei vorhanden –, jeder Geschlechtsverkehr kann zur Zeugung eines gesunden Kindes führen, ja sogar zu Zwillingen. (Man braucht eben nur *einmal* schwach zu werden und kann schon *zweifache* Mutter werden!)

Biologisch hochinteressant ist die Reaktion der weiblichen Geschlechtsteile während des Sexualakts. Mit wachsender Erregung weitet sich die Scheide, mehr noch – im weiteren Verlauf zieht sich die Gebärmutter zurück, so als wolle sie dem Penis aus Höflichkeit noch mehr Platz machen.

Der Geschlechtsakt ist jedoch in vielen Punkten auch ein Kampf der Geschlechter. Je stärker sein Stoß, desto kräftiger ihr Gegenstoß. Je dicker der Penis wird, desto enger umschließt ihn die Scheide, was wiederum ein Anwachsen des Penis hervorruft. Es hat ganz den Anschein, als versuche die Frau, den Penis des Mannes kleinzukriegen, und als versuche der Mann, mit seinem Penis die Scheide der Frau zu erweitern. Dieser Kampf aber ist ein ganz besonderer Kampf, denn in ihm gibt es gewöhnlich zwei Sieger. Solange die beiden ‹Kämpfer› gleich stark sind – was sie auch sein sollten –, ist es eher ein Miteinander als ein Gegeneinander. Sind sie aber nicht gleich stark, kann sich der ‹Kampf› in der Tat in einen Konflikt verwandeln oder gar in einen ununterbrochenen Streit. Denn nun fühlt sich der stärkere Partner frustriert und enttäuscht und fürchtet, nicht auf seine Kosten zu kommen. Der schwächere fühlt sich hilflos und ärgerlich und sucht die Schuld bei sich. Oder aber, was noch schlimmer ist, er ist gehässig und schadenfroh und freut sich in einem geheimen und perversen Triumph über das Unglück des anderen.

Solche unschönen Gefühle können sich auch auf die anderen Beziehungen zweier Menschen ausdehnen und ihr Leben vergiften. Sie rächen sich dafür an den Menschen in ihrer Umgebung, an ihren Kindern. Oder aber ihre Körper erliegen dem ständigen Druck, und die seelische Unausgeglichenheit findet ihren Niederschlag in Magenkrämpfen oder Magengeschwüren, in Herzbeschwerden oder hohem Blutdruck, in einem psychosomatischen Leiden, einer Krankheit des Körpers mit einer seelischen Ursache.

Menschen in dieser Situation suchen im allgemeinen nach Waffen, mit denen sie ihrem Partner schaden können. Ich hoffe nur, daß sich nichts von dem, was ich hier gesagt habe, zu diesem Zweck mißbrauchen läßt. Für die Biologie und für die Evolution ist die Sexualität das wichtigste im Leben. Doch bin ich im Zweifel, ob sie das für den Menschen ebenfalls sein sollte. Ich hielte es nicht für gut, einen Menschen nur darum zu verlassen, weil er nicht der ideale Sexpartner ist. Ein aufrechter Mann mit einem schwachen Penis ist vielleicht doch besser als ein Gauner mit einem Superding. Und eine Frau, an der alles ‹stimmt›, nur die Sexualorgane nicht, ist vielleicht doch besser als die Frau, an der nur die Sexualorgane ‹stimmen›. Diese Gedanken bringen uns zu neuen Überlegungen, nämlich wozu die Menschen ihre Sexualität und ihre Sexualorgane neben der Fortpflanzung noch verwenden können.

Diese anderen Verwendungsarten sind zwar auch typisch menschlich, aber doch oft schon anomal.

3. Kapitel

Was man mit den Geschlechtsorganen alles machen kann

Einleitung

Von einem streng biologischen Standpunkt aus könnte ma sagen, die Geschlechtsorgane hätten nur die Funktion, de heterosexuellen Geschlechtsverkehr und die Zeugung zu er möglichen. Jeder andere Gebrauch der Geschlechtsorgan wäre so gesehen irgendwie ungehörig. Demnach würde je mand, der sich rein zu seinem Vergnügen sexuell betätigt, bio logischen ‹Verrat› begehen, wenn er Verhütungsmittel an wendet – was in solchen Fällen dringend zu empfehlen is Dabei braucht keinerlei Täuschung mit im Spiel zu sein: All Beteiligten können durchaus ihre volle Zustimmung erteil haben. Doch die Menschen haben sich nicht damit zufrieden gegeben, beim Geschlechtsverkehr die Fortpflanzung zu ver hindern. Ihnen ist seit jeher eine Scheu vor öffentlich gezeigte Intimität eigen, und sie ersannen deshalb mancherlei Arte wie man die Geschlechtsorgane heimlich in oftmals verderb ten und ‹verkehrten› Beziehungen einsetzen kann. Da dies anderen Arten, die Sexualität zu verwenden – neben de Fortpflanzungsfunktion –, in unserem Leben eine so groß Rolle spielen, wollen wir an dieser Stelle näher auf sie ein gehen.

Wozu man den Penis verwenden kann

Wozu kann ein Mann seinen Penis benutzen? Nun, er kann ihn dazu benutzen, eine Frau zu schwängern. Und auch, um sich Vergnügen zu verschaffen. Und noch etwas. Er kann durch ihn einen Wasserstrahl abgeben, und zwar bis zu einer nicht unbeträchtlichen Weite. Doch diese Kunst weist einen Schönheitsfehler auf, wie die Geschichte eines Ehepaares zeigt, das folgende Wette abschloß: Wer von ihnen am weitesten pinkeln konnte, der sollte ‹Herr im Hause› sein. Der Mann machte sich sogleich siegessicher ans Werk. Von jetzt an würde er bestimmen, was wann und mit wem geschah! Er stellte sich an den Start, packte aus und wollte gerade beginnen – da schrie seine Frau protestierend: «Halt, nein! Hände weg!» Beschämt verließ der Mann die Szene. Mit einer solchen Spielregel war er natürlich ausgebootet.

Neben den bisher aufgezählten Funktionen, die man ‹natürlich› nennen könnte, hat der Erfindungsgeist der Menschen dem Penis noch manche andere Aufgabe zugedacht. Man kann ihn für sich allein als Spielzeug benutzen und sich so langweilige Stunden an verregneten Nachmittagen verkürzen. Kinder, die es müde sind, allein in ihrer Wiege zu liegen oder andere, die sich nicht minder in ihren Schulbänken langweilen, spüren die große Versuchung, die von ihm ausgeht. («Ihre Arme sind aber auch so geschaffen, daß sie gerade rankommen», sagte einmal eine Mutter vorwurfsvoll zu ihrem Pfarrer.) Erigiert stellt der Penis ein bewundernswertes Fruchtbarkeitssymbol dar, das sich häufig genug heimlicher Verehrung erfreute, zu manchen Zeiten auch öffentlicher Anbetung in feierlichen Kulthandlungen. Zuzeiten wird er auch im Minnedienst benötigt, zur Verwirklichung einer aristokratischen Höflichkeit (Noblesse oblige!), nach dem Grundsatz, daß kein Mann von einer Dame scheiden dürfe, ohne nicht auch den letzten ihrer Wünsche erfüllt zu haben: Ihr Wille ist ihm Befehl. Bei Männern von nicht so edler Abstammung kann der Penis in ähnlichen Situationen auch zum Geldverdienen benutzt werden. Er ist also ein Mittel des Trostes, Gegenstand der Verehrung, letzter Einsatz im Minnedienst und ein Gerät zum Broterwerb.

In einer zwangloseren Gesellschaft kann der Penis zum gegenseitigen Zeitvertreib dienen. Er wird so zu einem jederzeit einsatzbereiten Mittel, sich zusammen mit dem schöneren Geschlecht dem Vergnügen hinzugeben. Es gibt allerdings Männer, die reißen zweifelhafte Witze darüber, etwa, sie würden eine gute Mahlzeit vorziehen oder einen ordentlichen Stuhlgang. Lassen wir sie auf ihre Art selig werden – in der Küche oder auf der Herrentoilette. Kümmern wir uns nicht weiter um derartige Frivolitäten. Der Penis ist ein großartiges und vielseitiges Instrument für ernsthafte Spiele. Schon das Vorzeigen des Phallus kann ausreichen, ein Mädchen zu verführen – oder aber zu erschrecken. Er kann auch Ehrfurcht und Bewunderung in ihm auslösen. Er ist wie eine Trumpfkarte, mit der man Müdigkeit und Gleichgültigkeit vertreibt. Stolze Männer sehen in ihm eine Trophäe. Wenn Sie ihn einmal einer Frau ‹überlassen›, so ist dies ein Geschenk, eine Gnade, deren sie sich würdig erweisen muß. Der habgierige Mann benutzt ihn dazu, den Frauen sozusagen sein Brandzeichen aufzudrücken, um zu zeigen, daß sie einmal in seinem Besitz waren und bis zu einem gewissen Grade für immer bleiben werden, vor allem dann, wenn der Mann die Frau entjungfert hat.

Für einen nicht sonderlich zartfühlenden Mann kann der Penis auch bloß eine Art Zauberstab sein, der ihm Lust bringt (wenn er will), ja sogar Lust raubt, sich unter Vorspiegelung falscher Tatsachen einschleicht und nimmt, was er haben will, und dann ohne viel Aufhebens dahinschwindet. Ein Mann kann seinen Penis auch dazu gebrauchen, um in boshafter und gemeiner Weise seinen Haß gegen Frauen auszudrücken, vor allem gegen Frauen, die ihm weit überlegen sind, indem er ihnen in die Gebärmutter ‹spuckt›. Frauen, die sich ihm nicht freiwillig hingeben, nimmt er sich dabei einfach mit Gewalt. Ein verständnisvoller Mann dagegen setzt seinen Penis unter Umständen dazu ein, einer Frau, die Kummer hat, Linderung oder gar Heilung zu verschaffen. Er beweist sich und der Frau, welch großartiges ‹Heilmittel› der Phallus ist, den seine magischen Kräfte allen medizinischen Behandlungsmethoden weit überlegen machen.

Wie ich schon sagte, man kann seinen Penis auch zur Schau stellen, ihn anpreisen. Oft genug ist ein Badestrand oder eine Tanzveranstaltung geradezu eine ‹Messe›, eine Ausstellung hübsch verpackter ‹Spatzen›. Enge Badehosen oder noch engere Jeans wirken durchaus erregend auf weibliche Teenager und Twens, die an der Bar herumhocken. Selbstbewußtere junge Damen jedoch reagieren da leicht anders. Eine von ihnen stellte einmal einem jungen Burschen, der ihr gegenübersaß und die Beine in aufreizender Weise gespreizt hielt, die Frage: «Sieht ja ganz nett aus! Aber was kannst du denn damit machen?» – Woraufhin er verwirrt von dannen zog. Bei Homosexuellen, bei denen es in erster Linie auf ein ‹großes Gehänge› oder einen ‹dicken Sack› und nicht dessen Träger ankommt, ist dieses Zurschaustellen eher am Platze und zahlt sich auch eher aus.

Schließlich kann der Phallus auch dazu dienen, Liebe zum Ausdruck zu bringen und einer Frau Vergnügen und Lust zu bereiten. Er hat Zugang zu ihren geheimsten und empfindsamsten Stellen und streichelt sie dort – wie könnte man Liebe besser zum Ausdruck bringen. Diese Liebe kann zu einer Schwangerschaft führen, einer beabsichtigten und gewünschten Schwangerschaft, aus der ein Kind entsteht, das beide Partner gewünscht haben, das zur Hälfte sein und zur Hälfte ihr Kind ist. Daran ist nichts Geheimnisvolles und nichts Falsches.

Wozu man die Scheide verwenden kann

Wie der Penis vom Mann kann auch die Scheide von der Frau dazu benutzt werden, sich die Zeit zu vertreiben, sich zu beruhigen und Wohlbehagen zu verschaffen. Sie wird auch als

Fruchtbarkeitssymbol verehrt, gelegentlich offen, meist aber in symbolischer Form. Sie verheißt Fortpflanzung und Schutz. Sie wird von der Göttin der Liebe als letzte, schönste Gabe geboten, sei es aus reiner Freundlichkeit, sei es, weil die Göttin den in Erregung versetzten Mann nicht herzlos zurückstoßen will. Der Kitzler macht als ständiger Begleiter der Scheide den Hof und versüßt alle Wonnen. Doch in einer Beziehung ist die Scheide sowohl dem Penis als auch dem Kitzler überlegen: Man kann ihr die seltsamsten Kunststücke beibringen – wie einer kleinen Katze. Etwas dieses: einen Geldschein vom Boden aufzuheben – ein alter Trick, der in gewissen Nachtlokalen gezeigt wird. Wo ist der Penis, der diese Nummer lernen könnte?! Das ist eine der vielen Arten, wie eine Frau mit ihren Geschlechtsorganen Geld verdienen kann. Es gibt noch eine Menge anderer Arten – und anderer Tricks. Je mehr Tricks eine Frau beherrscht, desto höher wird sie im Kurs stehen, desto mehr werden ihr ihre Geschlechtsorgane einbringen.

Im täglichen Leben kann die Scheide in einer Unzahl von neckischen Spielen zur Entspannung und zum Anbahnen sozialer Beziehungen eingesetzt werden. Diese Spiele sind nur zum Teil respektierlich. Eines der primitivsten dieser Spiele geht so: Die Frau ist eingehüllt in Spitzen und Schleier, die nur selten einen flüchtigen Blick auf ihre Geschlechtsorgane freigeben, in unregelmäßigen Abständen oder im Takt einer rhythmischen Musik – wie ein greller Lichtstrahl, der kurz aufblitzt und die Bewegungen der Tänzer im Licht erstarren läßt. Oder aber die Geschlechtsteile sind hinter einem ‹Feigenblatt› verborgen, um so die zahlenden Kunden in dem Glauben zu wiegen, dahinter verberge sich ein wertvoller und seltener Diamant. Auf diese Weise bieten sich die billigen Frauen an, die sich schon für einen Schnaps oder ein Trinkgeld hinlegen.

Bei anderen Frauen ist der Einsatz höher. Er kann auch in Geld bestehen – aber mehr als ein Trinkgeld – oder in einer Ehe. Manche Frauen geben sich einem Mann hin, um schwanger zu werden und ihn auf diese Weise zu gewinnen. Frauen, die bescheidener und empfindsamer sind, sehen die Wonnen, die ihnen die Scheide bringt, als wohlverdiente Belohnung für geleistete Dienste an, die Scheide ist für sie der trostreiche Freudenbringer, auf den man sich in der Not verlassen kann. Mehr noch, die Scheide ist auch in der Lage, eine schwache Erektion des Mannes auszugleichen, ein Heilmittel für Potenzschwäche und andere Gebrechen des Mannes.

Der Kitzler kann schmeicheln, anreizen und durch sein Anwachsen den Grad der Leidenschaft anzeigen. Für die Frauen, die sich betrogen fühlen, weil sie keinen Penis haben, mag der Kitzler ein Ersatz sein, wenn auch ein sehr dürftiger. Eine äußerst interessante Rolle spielt der Kitzler bei der Masturbation der Frau. Viele Mädchen, denen von der Mutter oder dem Vater verboten wurde, sich ‹zu berühren›, tüfteln einen Weg aus, dieses Verbot legal zu umgehen: Sie lassen ihre Finger von der Scheide – so wie es ihnen befohlen wurde – und begnügen sich mit dem Kitzler, der ihnen ebensoviel Freude und Befriedigung bringt. Das Verbot ist eingehalten worden, wenngleich sich oftmals doch ein Gefühl des Ungehorsams einschleicht.

Die Scheide bietet auch die Gewähr für fortdauernde Liebe. Leidenschaftlich umfaßt sie den Penis und drückt ihn zärtlich. Ohne Aussicht auf Erfolg und doch immer wieder voller Hoffnung versucht sie, den Penis und mit ihm den ganzen Mann in sich aufzunehmen. Aber schließlich nimmt sie nicht, sondern gibt her – nämlich das Erzeugnis dieses Liebesakts.

Viel mehr als beim Mann haben bei der Frau auch andere Teile ihres Körpers einen starken Bezug zur Sexualität. Etwa die Brüste, die offen und mit Stolz gezeigt werden – manchmal jedoch auch, um Nebenbuhlerinnen auszustechen. Die aber auch dazu mißbraucht werden können, einen Mann einzufangen, auszunutzen und übers Ohr zu hauen. Die Hinterbacken üben eine ähnliche Wirkung wie die Brüste aus. Nur sind ihre Bewegungen oft noch aufreizender als ihre Form.

Manche Frau, die ihre Hände hinter den Kopf legt und dadurch ihre Brüste vorstreckt, ahnt gar nicht, was sie da macht, wie aufreizend diese Bewegung auf einen Mann wirken kann, ebensowenig sind sich Frauen, die beim Sitzen hin- und herrutschen und dadurch Hüften und Hintern voll zur Geltung kommen lassen, ihrer Wirkung bewußt. Genau diese verführerische Haltung meinte Rabelais mit dem Zweizeiler:

Folle à la messe / est molle à la fesse.

(Mädchen, die viel auf Kirchenbänken herumrutschen, haben die weichsten Hintern.)

Die Rolle der Geschlechtsorgane bei der Einteilung der Zeit

Bevor wir davon reden, wozu die Menschen den Orgasmus einsetzen können, möchte ich hier aufzeigen, nach welchem Schema ich die letzten beiden Abschnitte gegliedert habe und warum ich sie so gegliedert habe.

Viele Menschen verbringen ihre Zeit damit, auf etwas oder jemanden zu warten. Eines der größten Probleme des Lebens ist es, die Zeit bis zum Eintreffen des Erwarteten auszufüllen. Wie ich schon weiter oben gesagt habe, kann man unter anderem die Geschlechtsorgane dazu einsetzen, die Zeit sinnvoll zu nutzen. Dabei lassen sich die Methoden, wie die Menschen ihre Zeit einteilen, in sechs verschiedenen Kategorien fassen, gleichgültig, welche Mittel dabei benutzt werden. Ob sich die Menschen mit der Sexualität befassen oder mit Geld oder Kunst oder Religion, immer lassen sich ihre Beziehungen einer der sechs Kategorien zuordnen. Diese Kategorien heißen ‹Zurückgezogenheit›, ‹Rituale›, ‹Tätigkeit›, ‹Zeitvertreib›, ‹Spiele› und ‹Intimerlebnisse›. Die Reihenfolge der Kategorien ist nicht beliebig, ihre Ordnung richtet sich nach dem wachsenden Maß, in dem Gefühle beteiligt sind.[28]

Diesem Plan folgte ich in den vorhergehenden Abschnitten, was manches erklären mag, was sonst womöglich absonderlich erschienen wäre. Warum, zum Beispiel, folgte die Abhandlung über die Verehrung des phallischen Symbols unmittelbar auf die Masturbation? Warum kam danach der Minnedienst zur Sprache? Ganz einfach: Sie waren nach diesem Schema geordnet. Die einfachsten Dinge, die die Menschen tun, sind die, die sie allein tun. Die kompliziertesten menschlichen Handlungen sind die, die eine enge Bindung an einen oder an mehrere andere Menschen zum Ausdruck bringen, mit all den Verflechtungen der Gefühle und Empfindungen. Die Masturbation mußte demnach an erster Stelle stehen, die Intimität an der letzten. Ich will das an weiteren Beispielen klarmachen. Wenn wir über den psychologischen Aspekt des Geldverdienens reden würden, müßten wir zuerst über den Geizhals reden, der allein in seinem Kämmerlein sitzt und sein Geld zählt. Das Paar, das sich abmüht, um für sich und seine Kinder den Lebensunterhalt zu verdienen, käme an letzter Stelle. In der Kunst stünde der Maler, der sich von aller Welt zurückgezogen hat, an erster Stelle. An letzter Stelle stünde der verliebte junge Mann, der seiner Angebeteten ein selbstverfaßtes Gedicht vorliest. In der Religion fände sich die geringste Bezogenheit zu anderen Menschen in dem, der einsam für sich meditiert und betet. Die höchste Stufe würde eine mystische Vereinigung vieler Menschen darstellen oder der Kampf gegen die Versuchungen durch einen geliebten Menschen.

Kehren wir wieder zurück zu unserem eigentlichen Thema, der Sexualität. Die erste unserer Kategorien, ‹Zurückgezogenheit›, also Einteilung der Zeit ohne andere Menschen zu berücksichtigen, würde bedeuten, daß man seine Sexualorgane als ein privates Spielzeug ansieht. Hier tritt die Sexualität an die Stelle eines Menschen. Es ist ja auch viel einfacher, allein zu bleiben und sich mit Spielsachen, gleich welcher Art, zu beschäftigen, als aus seinem Schneckenhaus herauszukommen und Kontakt zu anderen Menschen zu suchen. So etwas ist immer mit einem Risiko verbunden, ganz besonders auf dem Gebiet der Sexualität, das so stark vom Gefühl beherrscht wird. Hat man aber schon einmal mit anderen zu tun, so sind Tradition und Höflichkeit die sichersten Wege, wie man zurechtkommt. Jeder kennt die Rolle, die er zu spielen hat. Solange er sich an die Regeln hält, die ihm diese Rolle vorschreiben, kann nichts schiefgehen. In diese Kategorie – es war unsere zweite – gehören die Verehrung der Sexualorgane und der Minnedienst, von denen ich vorhin sprach.

Unter ‹Tätigkeit›, der dritten Kategorie, wollen wir alles das verstehen, was wir auf Grund eines Planes oder eines Abkommens machen und was zu einem bestimmten Ziel führen soll. Die Verwendung der Sexualorgane zum Gelderwerb würde in diese Kategorie fallen. Durch das vorher getroffene Abkommen wird das Zusammentreffen so unverbindlich wie möglich gestaltet. Ist die vereinbarte Leistung erbracht, gehen beide wieder ihrer eigenen Wege, ohne jede weitere Verpflichtung. In den folgenden Kategorien sind die Bindungen mehr oder weniger stark gefühlsbetont.

Im einfachsten Fall ist das Gefühl noch nicht sehr stark einbezogen. So etwa bei einer Bekanntschaft, die nicht sehr tief geht und jederzeit abgebrochen werden kann. Die Bekanntschaft würde in unsere vierte Kategorie, ‹Zeitvertreib›, fallen. Eine recht unterhaltsame Art, Mußestunden auszufüllen, besteht in gegenseitiger sexueller Anregung. Die nächste Kategorie, ‹Spiele›, bedingt eine wieder etwas stärkere persönliche Bindung. Diese Beziehungen gehen tiefer; hinter dem offen ausgesprochenem Zweck steckt noch ein Hintergedanke, und es ergeben sich vielfaltige Möglichkeiten, den Gefühlen Ausdruck zu verleihen. Im Leben der meisten Menschen machen Spiele einen beträchtlichen Teil aus, oft den Teil, der große Bedeutung für sie hat. Wir werden darauf in dem Kapitel über die sexuellen Spiele noch zurückkommen. Die vielen, vielen Formen vorgetäuschter Liebe, die Verführung, aber auch unverblümte Gaunerei sind ebenfalls zu den sexuellen Spielen zu zählen. Nur wenigen Menschen aber gelingt es, in der Sexualität wahre Intimität zu finden. Meist sind dies Paare, die sich Kinder wünschen.

Auf was auch immer die Menschen warten – auf Fortunas Füllhorn oder auf den Tod –, sie können ihre Zeit mit den verschiedensten Dingen ausfüllen, die anregend oder gar erbaulich sein können. Die Sexualorgane sind nur Hilfsmittel zu diesem Zweck, ein Mittel unter vielen anderen. Wer sie aber einsetzt, wird wohl versuchen, dies so gewinnbringend wie möglich zu tun. Und um Ideen, wie man die Geschlechtsorgane dazu verwenden könnte, sich die Zeit angenehm zu vertreiben, waren die Menschen nie verlegen.

Wozu man den Orgasmus verwenden kann

Einem Orgasmus sollte man sich ohne alle Vorbehalte hingeben und ihn genießen. Doch viele Menschen, die zum Beispiel nie auf die Idee kämen, die Musik zu irgend etwas anderem als zu ihrem eigenen Vergnügen anzuhören, können es nicht lassen, Nutzen aus dem Orgasmus zu ziehen, ihn ‹auszuschlachten›.[29] Meist verwenden sie ihn dazu, sich erneut ihre Männlichkeit – oder ihre Weiblichkeit – bestätigen zu lassen. Aber mehr noch, um im Wettbewerb um die Männlichkeit oder Weiblichkeit mit mehr und schöneren Orgasmen protzen zu können. Wieder andere sehen ihn als ein Erlebnis an, das man einzufangen suchen sollte, dem man sich aber nicht einfach hingibt. Es gibt auch einige, die betrachten den Orgasmus als ihr eigenes Werk. Sie versuchen etwa, durch akrobatische Bewegungen beim Geschlechtsakt einen luxuriösen Orgasmus mit allem Drum und Dran zu erzielen. Manche dagegen sehen den Orgasmus als Siegesbeute oder als Geschenk an. Das hört sich dann so an: «Ich hatte einen Orgasmus mit ihr», oder: «Ich verhalf ihr zu einem Orgasmus.» Viele ‹Fachleute› sprechen in ihren Artikeln vom Orgasmus als etwas, das man sich erarbeitet. Etwa in dem Stil: «Wenn die Frau diesen Anweisungen folgt, wird sie mit großer Wahrscheinlichkeit zum

Orgasmus kommen.» Manche betrachten ihn als Labsal und Trost. Sie vermeiden es dabei sehr sorgsam, das Vergnügen mit in Betracht zu ziehen. Manche sehen den Orgasmus als bloßen Reflex an, dessen Auslösung unabhängig ist vom sexuellen Anreiz, der vielleicht ein Fetisch oder eine Eroberung sein kann. Da sind mir die Zyniker schon lieber, gleich, ob männlichen oder weiblichen Geschlechts. Sie nehmen den Orgasmus einfach als aufmunterndes und aufpulverndes Ereignis. Aber der Orgasmus hat eine derart belebende und erfrischende Wirkung, daß sich solche Einstellungen, wie ich sie eben beschrieben habe, oft genug mit der Zeit verlieren oder doch an Bedeutung abnehmen.

Schwieriger wird die Sache, wenn es darum geht, *keinen* Orgasmus zu haben. Es gibt nämlich Frauen – und auch einige Männer –, die es als besondere Leistung ansehen, keinen Orgasmus zu haben. Sie fühlen sich dadurch vollkommen und den anderen überlegen. Für eine puritanische Frau ist der Geschlechtsverkehr vielleicht auch annehmbarer, wenn sie dabei keinen Orgasmus hat. Sie wird dann ein Gefühl der Rechtschaffenheit bekommen, das sie der Lust und dem Vergnügen des Geschlechtsverkehrs vorzieht. Oftmals mag sie dabei ihren Gatten oder Liebhaber aus Rache oder Boshaftigkeit foppen, quälen oder belügen. In einigen Fällen wird der Orgasmus wohl auch aus Angst oder aus Sparsamkeit vermieden. Manche Frauen haben Angst, sie könnten sterben, wenn sie sich gehenlassen. Diese Angst kann sie völlig frigide machen. Solche Frauen gehen nur selten das vermeintliche Wagnis ein und naschen ein klein wenig von der Lust und der Freude, wobei sie ängstlich darauf bedacht sind, es nur nicht zu weit kommen zu lassen. Das gibt ihnen das Gefühl, dem Tod ein Schnippchen geschlagen zu haben – ein zusätzlicher Kitzel zu ihrem bißchen Vergnügen.

‹Sparsamkeit› kommt dann ins Spiel, wenn man an die absonderliche – aber nichtsdestotrotz weitverbreitete – Theorie glaubt, jedem Menschen werde nur eine begrenzte Anzahl Orgasmen ‹zugeteilt›. Diese Menschen sehen den Orgasmus als ein Kapital an, mit dem man sorgfältig umgehen muß, da es knapp ist. Manche Anhänger dieser Theorie versuchen auch, dieses ‹Kapital› so schnell wie möglich aufzubrauchen, denn es könnte ja mal etwas schiefgehen und es wäre doch schade, wenn dann viel übrigbliebe. Andere wieder bewahren es auf und knausern damit, um so lange wie möglich davon zehren zu können. Es ist fast nicht zu glauben, bei wie vielen Leuten sich diese Theorie, versteckt in den hintersten Windungen des Gehirns, vorfindet. Fragt man einmal, wie viele Orgasmen ein Mensch im Laufe seines Lebens haben kann, so wird man fast immer (von Experten vielleicht abgesehen) als Antwort eine Zahl erhalten, die irgendwo zwischen hundert und zwanzigtausend liegt. Doch auch bei den Fachleuten bin ich mir nicht so ganz sicher. Mancher Psychiater und mancher Sexologe wird eine ähnliche Antwort geben, wenn er unvorbereitet gefragt wird. Sicher, der ‹Erwachsene› in ihm weiß, daß es eine solche Begrenzung nicht gibt, aber trotzdem kann das ‹Kind› in ihm noch immer in dem Irrglauben befangen sein.

Ganz allgemein kann man sagen, daß die Menschen vier verschiedene Einstellungen zum Orgasmus haben können.

Erstens können sie frigide sein, also nicht fähig, einen Orgasmus zu erleben. Frigidität wird meistens entschuldigt mit einem ‹Wenn nur›: ‹Es wäre alles in Ordnung, wenn nur mein Mann kein Schlappschwanz wäre – mich besser behandeln würde – ein feurigerer Liebhaber wäre – und wir uns richtig lieben würden.›

Zweitens können die Menschen auf den Orgasmus mit Zurückhaltung reagieren. Das beruht auf einer fadenscheinigen ethischen Grundlage: Sexualität ist erlaubt, doch nur, wenn man nicht allzuviel Freude dabei empfindet. Auf diese Einstellung trifft man beim Petting-Fan und bei einer Frau, die sich ‹rumkriegen› läßt. Diese Einstellung hatten auch die Prostituierten in Frankreich gegen Ende des vorigen Jahrhunderts. Bei der Beichte erhielten sie immer wieder die Absolution, weil sie die Sexualität nur dazu benutzten, um Geld zu verdienen.[30] Manchmal zwingen die Zuhälter den Prostituierten auch eine solche Haltung auf, wohl seitdem dieses ‹älteste Gewerbe der Welt› existiert. Wenn eine Prostituierte Vergnügen beim Geschlechtsverkehr empfinden will, so doch gefälligst nur bei ihrem Zuhälter – sonst kann sie sich auf was gefaßt machen. Diese Art der ‹Treue› ist wohl die Quelle jeder Art von ‹Zurückhaltung›. Wenn eine Frau keinen Orgasmus beim Geschlechtsverkehr hat, glaubt sie, treu geblieben zu sein, entweder ihrem Mann oder ihrem Liebhaber oder irgend jemandem sonst, vielleicht dem Vater oder einem Idol (das wahrscheinlich nichts davon ahnt). Manche Frauen glauben auch, sich eine gewisse Art Jungfräulichkeit zu bewahren, wenn sie zwar bis zum Orgasmus kommen, aber nicht in der Stellung Gesicht gegen Gesicht. Diese Stellung heben sie sich auf für den Liebhaber, gleich, ob sie ihn schon haben oder noch auf ihn warten.

Die dritte Einstellung zum Orgasmus könnten wir ‹Aufschub› nennen. ‹Aufschub› bedeutet, daß die Frau wohl duldet, daß der Mann beim Geschlechtsverkehr zum Orgasmus kommt, daß sie ihren eigenen Orgasmus aber aufschiebt. Diese Frauen brauchen zum Orgasmus ganz besondere Umstände, entweder ein bestimmtes Vorgehen des Mannes beim Akt, oder aber sie sind auf einen besonderen Liebhaber angewiesen, mit dem allein sie zum Orgasmus gelangen können. Manche Frauen können auch nur durch Masturbation zu einem Orgasmus kommen.

Die vierte Einstellung, die ‹Lösung›, ist wohl die, die man am ehesten als normal bezeichnen könnte. Der Orgasmus ist hier der Abschluß eines Geschlechtsakts. Dieser Orgasmus kann dabei eine einfache, klare und durchschaubare Sache sein, es können sich jedoch auch Hintergedanken hinzugesellen und Gefühle hinzukommen wie Schuld, Ärger, Triumph oder verletzter Stolz. Er kann sogar zum Betrug ausarten, wenn nämlich eine dritte Person sich unsichtbar dazwischendrängt: «Ich kann mit meiner Frau nur dann zum Orgasmus kommen, wenn ich dabei an eine andere Frau denke.»[31]

Abweichendes sexuelles Verhalten

Abweichende sexuelle Verhaltensweisen – gewöhnlich nennt man sie Perversionen – sind Irrwege, die als abnorm angesehen werden von denen, die sich selbst als normal ansehen – was sie vielleicht auch sind. Solche abweichenden Verhaltensweisen sind sicherlich unerfreulich, wo sie nicht zwischen Erwachsenen auftreten, die ihre volle Zustimmung dazu geben. Wird ein unschuldiges Opfer hineingezogen, dann sind sie auf jeden Fall ärgerlich, lästig, schädlich oder gar verwerflich. Von der Bevorzugung bestimmter Reize, die keineswegs unästhetisch zu sein brauchen (nicht unerfreulich) auf der einen Seite reichen diese Abweichungen über Kleiderdiebstähle (ärgerlich) und obszöne Telefonanrufe (lästig) bis zu Belästigungen von Kindern (schädlich) und Lustmord (verwerflich). Einige Leute, die gut informiert sind, wie zum Beispiel die Ärzte von Anstalten für Sexualpsychopathen, betrachten die Vergewaltigung als ein Verbrechen gegen die Person und nicht als sexuelle Abweichung, wenn die Scheide das Ziel des Angriffs ist.

Es gibt drei Möglichkeiten, sexuelles Verhalten als abweichend zu bestimmen: durch juristische Normen, durch moralische Normen oder durch statistische Normen. Die juristischen Normen finden sich in den Gesetzen. Sie haben den Vorteil, daß sie durchsetzbar sind. Gesetzesfanatiker scheuen sich auch nicht, diesen Gesetzen mit Gewalt Geltung zu verschaffen. Einige dieser Gesetze dienen dem Schutz der Allgemeinheit, sie schützen vor Schaden oder vor Beleidigung oder vor Gewalttätigkeiten. Aber andere Gesetze sind arrogant und voller Haß. Sie sagen oft mehr über die, die sie verfechten, als über die, die mit ihrer Hilfe geschnappt werden. Eine Festlegung durch moralische Normen ist sinnvoller. Leider liegen diese Grundsätze häufig völlig schief und beruhen auf absolut unzutreffenden Voraussetzungen. Dummerweise können sich auch bei Festlegungen durch statistische Normen unvorhergesehene Schwierigkeiten ergeben. Was heißt eigentlich Abweichung? Doch etwas, was die Mehrheit (also mehr als 50 Prozent) der Bevölkerung nicht tut. Eine solche Definition ist aber nicht immer sinnvoll. Nur allzu viele werden dadurch zu ‹Abweichlern›. Das Wort ‹pervers› schließt ein, daß es einen normalen, wenn man so will, natürlichen Verlauf der Entwicklung gibt und daß jemand, der pervers ist, sich gegen das Natürliche wendet. Für manchen Menschen Grund genug, die Behauptung aufzustellen: «Ich bin normal, du bist es nicht.» Aber das ist wohl lediglich eine Ansichtssache. Außerdem ist der, der sich ein derartiges Zeugnis ausstellt, selten sachkundig genug dazu. Zudem verwechselt er vielleicht seine Wunschvorstellung mit den tatsächlichen Gegebenheiten, und vielleicht verhält sich das Ganze genau umgekehrt.

Betrachtet man die Sexualität unter dem Gesichtspunkt der Fortpflanzung, wären alle die sexuellen Handlungen pervers, bei denen die Fortpflanzung ausgeschaltet wird. Nach einer solchen biologischen Definition könnte man in all den Fällen, in denen ein Samenerguß in die Scheide erfolgt, nicht von Perversion sprechen. Diese Definition würde die Benutzung von Kondomen ausschließen, ebenso ein Zurückziehen des Penis vor dem Samenerguß (Coitus interruptus). Die Verwendung von Pessaren, chemischen Mitteln oder Pillen wäre dagegen nicht pervers. Doch dieser Definition haften noch weitere Mängel an. So wäre ein Analverkehr nicht pervers, wenn der Mann kurz vor der Ejakulation in die Scheide überwechselt. Medizinisch wäre ein solches Vorgehen aber sicherlich unerwünscht, da es mancherlei Gefahren in sich birgt. Es können etwa Krankheitskeime vom Darm zur Harnblase gelangen und zu einer Entzündung führen, mit der eine Frau dann oft jahrelang zu tun hat.

Die beste und befriedigendste Lösung bietet wohl eine humanistische Definition. Sie müßte folgende Punkte einbeziehen:

1. daß die Beteiligten ohne Zwang handeln;

2. daß der Geschlechtsverkehr eine Vereinigung zweier Menschen ist und

3. daß es keine körperlichen Verletzungen geben darf – sieht man einmal von der Zerreißung des Jungfernhäutchens bei der Defloration ab.

Nicht pervers wären nach einer solchen Definition alle sexuellen Handlungen, zu denen die Beteiligten frei und in Kenntnis der Folgen ihre Zustimmung gegeben haben, die zu einer körperlichen Vereinigung führen und bei denen keiner der Partner körperlich geschädigt wird. Was darf aber nun nicht mit im Spiel sein? Zunächst Gewalt, wie bei der Vergewaltigung. Dann ein Ausnutzen von Unwissenheit, was der Fall wäre, betätigte man sich sexuell mit Kindern. Weiterhin darf der Sexualakt nicht in der ‹Vereinigung› mit einem Schuh oder mit einem Godemiché (Olisbos) gipfeln, denn wir hatten ja gesagt, er müsse zur Vereinigung zweier Partner führen. Die Anwendung von Gewalt, auch wenn die Beteiligten ihre Zustimmung gegeben haben – wie zum Beispiel beim Sadismus –, wäre auf jeden Fall pervers. Es zeigt sich, daß es gar nicht übermäßig viele Verhaltensweisen gibt, die nach dieser Definition als pervers anzusehen wären. Eine ganze Reihe von Praktiken, die sexuelle Erregung hervorrufen, sind von unserer Definition betroffen, darunter eine Menge wahrlich verrückter Dinge, wie das Anziehen von Windeln oder das Kotessen – was ich für bedauerlich halte.

Vielleicht gelingt uns eine Definition eher von der anderen Seite her, wenn wir uns also fragen, was denn eigentlich normale Sexualität sei. Normale Sexualität ist das Genießen des Körpers eines Menschen, wenn dieser Mensch sein Einverständnis gegeben hat und mehr noch, wenn er mitmacht. Eingeschlossen ist dabei nur die normale ‹Ausstattung› dieses Körpers. Ich halte eine solche Definition für ethisch voll vertretbar, aber dennoch gibt es Menschen, die das eine oder andere stören würde, zum Beispiel, daß sie den Inzest nicht ausschließt. Aber das kann keine derartige Definition, denn Inzest ist keine Frage der Perversion, sondern eine Frage der Moral. Vielleicht kann man das Fazit unserer Definitionsversuche etwa so ziehen: Alles das, was man nicht tun will oder was man für verrückt hält, das soll man eben nicht tun. Dann gibt es noch einiges, das tut man nur, wenn man betrunken ist, meist nicht, ohne sich nachher deswegen selbst zu verachten. Da kann ich nur einen guten Rat geben, nämlich sich nicht zu betrinken.

Zugegeben, gelegentlich können die sexuellen Abweichungen Schaden anrichten. Dennoch halte ich eine andere Art von Abweichung – ich möchte sie einmal ‹Perversion des Denkens› nennen – für entschieden besorgniserregender, zumal sie weitere Kreise erfassen kann. Eine dieser Abweichungen, die mir Sorgen bereiten und für die ich nur schwer Verständnis aufbringen kann, ist das Vorurteil gegenüber langen Haaren, gegenüber Bärten oder gegenüber Sandalen. Viele berühmte Männer wie Dürer, Hölderlin, Novalis, George Washington und Karl Marx trugen ihre Haare lang, Sigmund Freud hatte einen Bart und Christus ging in Sandalen – ja, er machte sich sogar aller drei Vergehen schuldig. Es gibt keine Möglichkeit, dieses Vorurteil gegen lange Haare zufriedenstellend zu erklären, es sei denn, man geht davon aus, daß die langen Haare bei denen, die daran so heftig Anstoß nehmen, perverse Wünsche wachrufen. Auch andere Vorurteile können als Beispiele perversen Denkens angesehen werden. Auf die Frage: «Was würdest du tun, wenn du dem Vetter Christi begegnen würdest?» würde wohl kaum einer, der sich Christ nennt, antworten: «Ich würde ihn zur Hölle jagen mit Frau und Kind.» Und doch ist es genau das, was so viele Christen in den letzten Jahrhunderten getan haben. Das alte Palästina war derart dünn besiedelt, daß nahezu jeder Bewohner auf irgendeine Weise mit Jesus verwand gewesen sein muß. Deren Nachkommen, die Juden, können daher mit Fug und Recht als die Vettern und Basen Christi angesehen werden.

Zweiter Teil

Die Sexualität und der Mensch

4. Kapitel
Formen zwischenmenschlicher Beziehungen

Die Persönlichkeit

Es ist äußerst zweckmäßig, sich die Persönlichkeit eines Menschen als aus drei Teilpersönlichkeiten bestehend vorzustellen, oder – vielleicht noch besser – sich vorzustellen, daß jeder Mensch aus drei verschiedenen Personen besteht, die in ganz verschiedene Richtungen streben ... so daß es erstaunlich ist, daß überhaupt jemals etwas zustande kommt. Und wenn die drei auf dem Gebiet der Sexualität gegeneinander arbeiten, kommt auch nichts zustande, oder doch nichts Sinnvolles. Wir können das ganz einfach durch drei untereinander gezeichnete Kreise darstellen wie in Abbildung 1. Sie repräsentieren die drei Personen, die im Denken eines jeden von uns zu finden sind. Oben stehen die Eltern, zwei ganz verschiedene Menschen, aber in diesem Diagramm vereinigen wir sie in einem Kreis und nennen diesen Eltern-Ich-Zustand (EL). Manchmal sagen wir auch ‹Elternteil› oder ‹Eltern in uns› dazu. Der Elternteil sagt uns, was wir tun sollen, wie wir uns benehmen sollen, wie gut oder wie schlecht wir sind, wieviel besser oder wieviel schlechter die anderen. Kurz gesagt, er macht kritische Anmerkungen zu allem, was wir tun, genau wie es ja Eltern so oft machen. Wir wissen genau, wann die Eltern in uns oder durch uns sprechen. Sie gebrauchen nämlich Wörter wie ‹lächerlich›, ‹unreif›, ‹kindisch› und ‹bösartig›, und zwar nicht nur uns gegenüber: Durch uns sprechen sie auch so zu fremden Menschen. Der ‹Elternteil› kann jedoch auch ganz anders sein, liebevoll und teilnahmsvoll, wie richtige El-

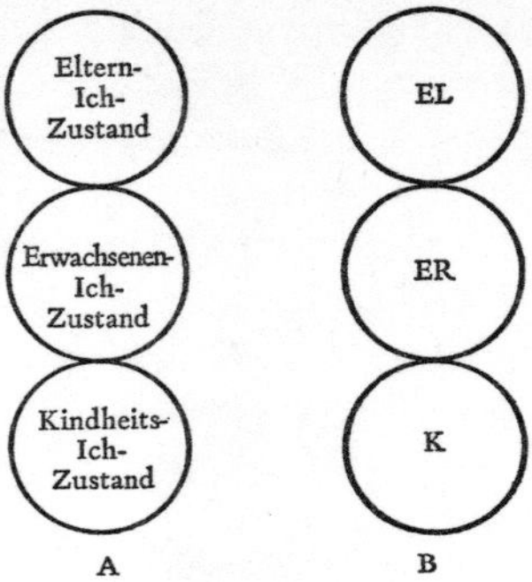

Die menschliche Persönlichkeit

ABBILDUNG 1

tern. Sie sagen dann: «Du bist mein Augapfel», «Überlaß das mir, ich werde mich darum kümmern», oder auch: «Armes Kind.»

Der mittlere Kreis mit dem ‹Erwachsenen-Ich-Zustand›, kurz als ‹der Erwachsene›, ER, bezeichnet, repräsentiert die Stimme der Vernunft. Er arbeitet wie ein Computer, nimmt Informationen auf und entscheidet auf Grund der erkennbaren Entwicklungsmöglichkeiten, wie und wann eine Handlung ablaufen soll. Dies hat nichts mit ‹Reife› zu tun, denn schon Säuglinge können solche Entscheidungen treffen, auch nichts mit ‹Aufrichtigkeit›, denn viele Diebe und Betrüger entscheiden unübertrefflich sicher darüber, was sie wann zu tun haben. Der Erwachsene in uns sagt uns, wann und wie schnell wir die Straße überqueren müssen, wieviel wir beim Roulette wohin setzen sollen, wann der Kuchen aus dem Backofen genommen werden muß und wie man ein Fernrohr scharf einstellt. Beim Überqueren der Straße arbeitet der Erwachsene in uns wie ein sehr exakter und komplizierter Computer. Er schätzt die Geschwindigkeit sämtlicher Autokolonnen auf den Fahrbahnen ab und zeigt uns dann den frühestmöglichen Zeitpunkt zum Überqueren der Straße, ohne daß wir Gefahr laufen, unser Leben zu verlieren oder auch nur unsere Würde durch überhastetes Laufen. Der Erwachsene in uns ist immer sehr besorgt um unsere Würde, es sei denn, wir wären vom Schicksal zum Clown ausersehen. Alle guten Computer arbeiten so: Sie wählen die eleganteste Lösung, und sie vermeiden nach Möglichkeit behelfsmäßige oder gar irreführende Entscheidungen. Auch den Erwachsenen erkennen wir an seinem Wortschatz, denn er gebraucht gern Ausdrücke wie ‹Fertig?›, ‹Los!›, ‹Viel zuviel!›, ‹Reicht nicht!› und ‹Hier, nicht dort!›

Der untere Kreis, mit ‹Kindheits-Ich-Zustand› oder ‹K› bezeichnet, läßt erkennen, daß in jedem Mann noch der kleine Junge steckt, der er einst war, in jeder Frau das kleine Mädchen. Dies ist der Kind-Anteil der Persönlichkeit. Nun ist jedes Kind anders, und so ist auch der Kindheits-Ich-Zustand eines jeden Menschen anders, da er sich auf das Kind in einer ganz bestimmten Zeit seines Lebens bezieht. Wenn das Kind in uns die Regie übernimmt, handeln wir kindlich, wie wir als Kind in einem bestimmten Alter handelten. Bei dem einen mag das Kind vier Jahre und drei Monate alt sein, bei dem anderen zwei Jahre und sechs Monate, und es ist zweifelhaft, ob es jemals älter als sechs Jahre ist. Wir nennen diesen Kindheits-Ich-Zustand nicht ‹kindisch›, wir sagen einfach ‹wie ein Kind› oder ‹kindlich›. Das Alter des Kind-Anteils in der Persönlichkeit eines jeden Menschen wird durch besondere Faktoren bestimmt, über die sich jeder, der Interesse daran hat, in einem anderen Buch informieren kann.[32] Man muß sich darüber im klaren sein, daß das Kind nicht als Prügelknabe dienen darf, ist es doch der beste Teil der Persönlichkeit. Es ist der Teil in uns – oder kann es doch sein, bei entsprechender Einstellung –, der schöpferisch und spontan ist, klug und liebenswürdig, so wie eben Kinder sind. Unglücklicherweise können Kinder auch mürrisch, unverschämt und rücksichtslos, ja sogar grausam sein, so daß es einem nicht immer leichtfällt, mit dieser Seite der Persönlichkeit fertig zu werden. Da der Kindheits-Ich-Zustand uns das ganze Leben hindurch be-

gleitet, ist es das beste, man akzeptiert ihn und versucht, mi
ihm auszukommen. Es richtet mehr Schaden an als daß e
hilft, wenn man irrigerweise glaubt, durch hartnäckiges Leug-
nen oder rauhe Behandlung würde er von selbst verschwin-
den.

Sie haben bereits bemerkt, daß ich die drei Schichten de
Persönlichkeit – Eltern, Erwachsener, Kind – als ‹Ich-Zu-
stände› bezeichnet habe: Das ist ihr wissenschaftlicher Name
Diese Ich-Zustände bestimmen, was ein Mensch erlebt, was e
anderen antut, was er für andere tut. Die beste Methode -
und insoweit auch die sauberste und wissenschaftlichste –, di
sozialen und sexuellen Beziehungen eines Menschen zu analy
sieren, ist immer noch die, herauszufinden, welche Ich-Zu
stände beteiligt sind. Jemand, der seine Gefühle und sein Ver
halten in bestimmten Situationen verstehen will, muß jede
Ich-Zustand getrennt untersuchen. Manche Leute versuchen
‹eine ganze Persönlichkeit› zu werden, indem sie das Vorhan
densein dreier Teilpersönlichkeiten leugnen. Besser ist e
wohl, man bemüht sich, so viel wie möglich über die einze
nen Schichten herauszufinden – zumal keine von ihnen sic
auslöschen läßt –, um dann ein möglichst harmonisches Zu
sammenwirken anzustreben.

Das Diagramm der Beziehungen

Es gibt Hunderte von Wörtern zur Beschreibung der verschie
densten Freundschafts- und Liebesbeziehungen unter de
Menschen. Bemerkenswerterweise gibt es sehr viel wenig
Wörter, mit denen man Haß und Feindschaft ausdrücke
kann. Wir wollen uns hier jedoch nicht damit befassen, s
viele Ausdrücke wie möglich zu sammeln. Wir wollen d
Wörter näher betrachten, die die allgemeinsten zwische
menschlichen Beziehungen bezeichnen, und von diesen beso
ders solche, die verschiedene Ich-Zustände einbeziehen. D
früheste Klassifizierung der menschlichen Beziehungen wur

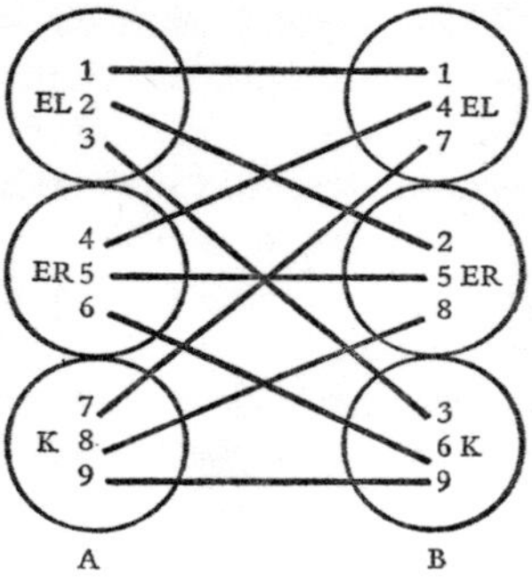

Diagramm der möglichen Beziehungen zwischen zwei Menschen

ABBILDUNG 2

n Bereich des Rechts vorgenommen; hier wurde erstmals der ersuch unternommen, ihren wesentlichen Kern herauszurbeiten. Jahrhundertelang kannten die Gesetze hauptsächch die folgenden vier Beziehungsarten: Ehemann und Eherau, Eltern und Kinder, Vormund und Mündel, Herr und necht (oder Meister und Lehrling). Da diese Beziehungsrten aber nur Unter- bzw. Überordnungsverhältnisse festgen, in denen einer immer seine Stellung zu halten versucht nd der andere um seine Rechte kämpft, sind sie für uns elanglos.

Weiter kommen wir da mit einem Diagramm der Beziehungen, das alle möglichen Verbindungen zwischen zwei lenschen darstellt, unter Berücksichtigung aller ihrer Ichustände (Abb. 2). Es gibt neun einfache Beziehungen, bei enen von jeder Person immer nur *ein* Ich-Zustand angesproien wird. Dann kommen die vielfältigen Kombinationsmögchkeiten. So gibt es zum Beispiel 72 Beziehungen, an denen wei sich kreuzende Pfeile oder Vektoren beteiligt sind (die ntwort geht in die umgekehrte Richtung wie der Anreiz), 32 Beziehungen, an denen drei Vektoren beteiligt sind usw. enn wir das Ganze noch komplizierter gestalten wollen, dann können wir noch positive Vektoren für positive Gefühle, negative Vektoren für negative Gefühle einsetzen und dann alle möglichen Kombinationen aufstellen. Ein solches Diagramm könnte man ohne weiteres dazu benutzen, den vielen Ausdrücken, die positive, negative oder auch gemischte menschliche Beziehungen bezeichnen, ihren Platz in einer Skala zuzuweisen.

Aber das wollen wir hier nicht tun. Wir wollen hier zehn geläufige Wörter heraussuchen, die in ihrer Aufeinanderfolge immer ernsthaftere und dauerhaftere Beziehungen zwischen Mann und Frau beschrieben. Wir wollen darüber hinaus versuchen, Ausdrücke zu finden, die in der ganzen Welt die gleiche oder doch eine ähnliche Bedeutung haben und wollen dabei einmal örtliche Sitten und Gesetze und überhaupt alles außer acht lassen, was nicht ausschließlich zwischen diesen beiden Menschen geschieht. Wir werden dann prüfen, ob diese Beziehungen in unser Diagramm passen. Wir werden herausfinden, daß einige sich leicht, andere sich nur schwer einfügen lassen, aber nichtsdestotrotz halte ich es für eine gute Methode, mit der man erforschen kann, wie sich die Sexualität in das Leben der Menschen einfügt.

Bekanntschaften

Bekanntschaften bieten tausenderlei Möglichkeiten. Aus ihnen werden sich einige ernsthaftere Beziehungen entwickeln, solche, an die man sich gern erinnert. Jeder Bekannte kann zum Freund oder zum Feind werden, und beide sollte man sorgfältig aussuchen. Je mehr Bekanntschaften, desto größer die Auswahl, warum also nicht zu jedermann ‹Hallo› sagen. Bekanntschaften sind normalerweise wenig veränderlich, man kann sie über Jahre hinweg in der gleichen Form aufrechterhalten. Um eine Veränderung herbeizuführen, muß einer den ersten Schritt tun und der andere ihn akzeptieren.

Die Beziehungen zwischen Bekannten sind im allgemeinen

rituell. Diese Rituale haben einen beträchtlichen Eigenwert, sie sind quasi ein Streicheln mit Worten und wirken auf Erwachsene wie das Tätscheln auf den Säugling. Wenn jemand zu Ihnen sagt: «Guten Tag, wie geht's?», oder: «Was gibt's Neues?», oder auch: «Ist es Ihnen auch nicht zu kalt?», so fühlen Sie, wie sich Ihre Muskeln straffen, Ihr Verstand klarer wird, Ihr Herz sich beruhigt und Ihre Bauchmuskulatur sich entkrampft – wodurch Ihre Verdauung gefördert wird. Dafür sollten Sie dankbar sein und Ihrem Bekannten die gleiche Wohltat erweisen. Lehnen Sie aber diese Wohltat ab, vielleicht weil Sie übel gelaunt sind, dann müssen Sie beide darunter leiden. Sie selbst werden noch mürrischer werden, bei Ihrem Bekannten wird der Magen zu schmerzen anfangen, ein Schleier wird sich über seinen Verstand legen und erst wieder verschwinden, wenn er jemandem begegnet, der höflicher ist und sich über seine Gegenwart freut.

Was Bekannte einander so im Laufe eines Tages sagen – wobei sie sorgfältig vermeiden, in die Privatsphäre des anderen einzudringen –, ist weder den Eltern noch dem Erwachsenen, noch dem Kind in uns zuzuschreiben. Der Ursprung liegt vielmehr in dem Schutzschild, den jeder Mensch zwischen sich und seine Umwelt hält. Manche Psychiater nennen ihn ‹Persona›. In der ‹Persona› ist die Art und Weise begründet, wie man sich gibt. Sie läßt sich am besten mit einem Eigenschaftswort beschreiben: bärbeißig, gesellig, nett, niedlich, geschäftig, bezaubernd, herablassend oder höflich. Mit jedem dieser Wörter verbindet sich eine andere besondere Art, ‹Guten Tag› zu sagen oder überhaupt den Tag zu verbringen. Zur Ausformung der ‹Persona› kommt es im Alter zwischen sechs und zwölf, in der Zeit also, in der die Kinder meist zum erstenmal allein nach draußen gehen und dort Menschen begegnen, die weder sie selbst noch ihre Eltern ausgesucht haben. Jedes Kind erkennt bald, daß es einen Weg finden muß, unerwünschte Begegnungen zu meiden und erwünschte zu fördern in dieser Welt, die es nicht geschaffen hat. So entwickelt es seine eigene Art, sich der Umwelt zu zeigen. Gewöhnlich versucht es, nett und höflich zu sein, rücksichtsvoll und nachgiebig zu erscheinen. Es kann diese Haltung sein ganzes Leben beibehalten oder sie auch auf Grund von Erfahrungen ändern. So ist die ‹Persona› in Wirklichkeit ein Kindheits-Ich-Zustand, beeinflußt durch elterliche Anleitung und abgewandelt durch die Besonnenheit des Erwachsenen gegenüber seiner Umwelt. Die Hauptanforderung, die man an die ‹Persona› stellt, ist die, daß sie reibungslos funktioniert. Ist das nicht der Fall, dann befindet sich der betreffende Mensch entweder in einem dauernden Angstzustand, sobald er mit Menschen zusammen ist, aus Furcht, seine ‹Persona› könnte nicht standhalten, oder er geht allen Menschen aus dem Weg und wird zum Einzelgänger.

Die Persona ist tatsächlich ein spezieller Ich-Zustand, nämlich der eines zehnjährigen Kindes, das sich in der Welt unter Fremden zurechtfinden muß. In unser Beziehungs-Diagramm läßt es sich als besonderer Aspekt des Kindheits-Ich-Zustandes einfügen. Dieser Ich-Zustand zeigt sehr schön, wie ein Mensch sich an eine Situation anpassen kann und in einer erwarteten, vorhersagbaren Weise zu handeln vermag. Dieser Ich-Zustand wird als das ‹angepaßte Kind› bezeichnet.

Arbeitskollegen

Fast genauso harmlos und unverbindlich wie die Beziehungen zwischen Bekannten sind auch die zwischen Arbeitskollegen Bekannte halten den nötigen Abstand voneinander durch den Gebrauch wohlerprobter Formeln beim Grüßen und im Ge spräch. In vergleichbaren Situationen sagen sie immer da gleiche, sie wählen dabei mit Bedacht völlig unverfängliche Redensarten, um auf keinen Fall jemandem zu nahezutreten ja, vielleicht benutzen sie gar schmeichelhafte Ausdrücke. Ar beitskollegen erreichen das gleiche Ziel durch einen anderen Trick: statt direkt, sprechen sie auf Umwegen zueinander. Si sprechen über etwas, ihre Worte sind auf dieses Etwas gerich tet und prallen erst von dort ab in Richtung Hörer. Transaktionsanalytiker bezeichnen jede berufliche Arbeit als Tätigkeit und das, woran gearbeitet wird, als Gegenstand der Betätigung. Befindet sich ein solcher Gegenstand direkt vor zwei Arbeitern, so werden sie während einer Unterhaltung häufig, statt einander anzuschauen, eben diesen Gegenstand ansehen.

Hilfsarbeiter (auf den Rahmen schauend): «Der Rahmen ist bestimmt angerostet.»

Autoschlosser (auf den Rahmen schauend): «Ja, das kommt bei diesen in Serie hergestellten Mercillacs immer wieder vor. Das sind bloß Volkolets im Großformat.»

Hilfsarbeiter (weiter auf den Rahmen schauend): «Ja, bei einem Maserrari sieht man so was nie.»

Auf diese Weise können der Autoschlosser und sein Gehilfe monatelang Tag für Tag zusammenarbeiten, ohne sich auch nur einmal direkt anzuschauen.

Kartenspieler verhalten sich genauso. Alte Hasen unter den Spielern wissen sehr gut, daß irgend etwas im Gange ist, wenn ein Mitspieler ihnen direkt in die Augen sieht (oder umgekehrt). Wenn Spieler miteinander reden, blicken sie in ihre Karten und nicht einander ins Gesicht. Auch Kaufleute und Akademiker verhalten sich neuen Kunden oder Klienten gegenüber wie Arbeitskollegen.

Arbeitskollegen sind also Leute, die mit Hilfe eines Gegenstands zueinander reden und die über diesen Gegenstand sprechen. Diese Beziehung besteht nur zwischen den Erwachsenen (ER), wie Abbildung 3 zeigt. Bricht ein Vorgesetzter diese Vereinbarung und spielt die Elternrolle (EL), dann gibt er dem Arbeitnehmer damit das Recht, ihn mit einem ‹Wort seiner Wahl› zu belegen. Er wird seinen Vorgesetzten ‹hilfreich›, ‹geschäftig› oder ‹genau› nennen, wenn er nett dabei war, ‹schäbig›, ‹unverfroren› oder ‹unmöglich›, wenn er nicht nett dabei war. Übernimmt der Arbeitnehmer die Elternrolle, gibt er dem Arbeitgeber damit das Recht, ihn mit einem ‹Wort seiner Wahl› zu belegen: Er wird ihn verständnisvoll, an der

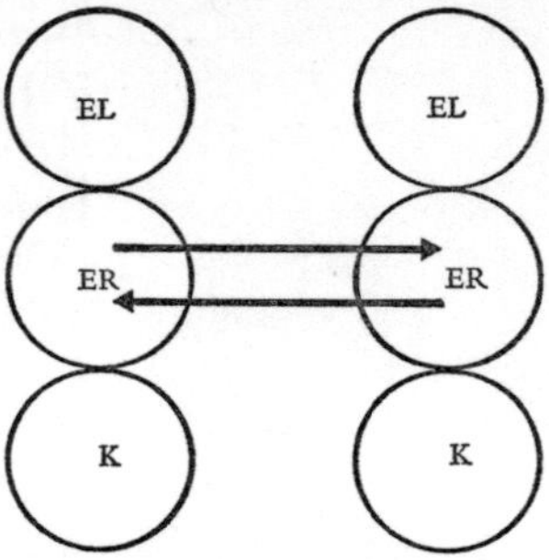

Vorgesetzter Arbeitnehmer

Arbeitskollegen

ABBILDUNG 3

Arbeit interessiert oder unverschämt und frech nennen. Wenn einer von beiden die Kind-Rolle spielt, fühlt sich der andere berechtigt, den Missetäter ‹lächerlich›, ‹würdelos›, ‹unfein›, ‹taktlos›, ‹kokett› oder ‹dufte› zu nennen. Das heißt also, daß zwei Arbeitskollegen in dem Augenblick, in dem sie sich direkt ansehen und unmittelbar zueinander sprechen, ohne den Umweg über den Gegenstand zu wählen, alles andere, nur keine Arbeitskollegen mehr sind.

Vereinsmitglieder

Abbildung 2 zeigt uns drei waagerechte Querverbindungen, und zwar die Beziehungen Eltern–Eltern, Erwachsener–Erwachsener und Kind–Kind. Obwohl nun Kollegen in der Arbeitswelt in ihren Unterhaltungen den Umweg über den Gegenstand nehmen, weil sie ‹die dort bestehenden Realitäten› diskutieren, stellen sie doch die Beziehung Erwachsener–Erwachsener dar, wie Abblidung 3 gezeigt hat. Seltsamerweise gibt es kein Wort, das auf einfache Weise die Eltern–Eltern-Beziehung beschreibt. Dabei ist sie in der ganzen Welt

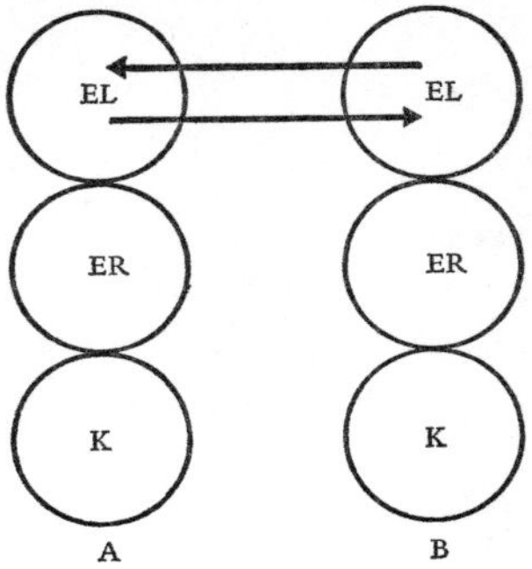

Beziehung zwischen Vereinsmitgliedern

ABBILDUNG 4

sehr häufig vertreten. Am ehesten trifft man Menschen mit solchen Beziehungen in einem Ausschuß oder einem Verein an, deshalb will ich sie in Ermangelung eines besseren Ausdrucks ‹Vereinsmitglieder› nennen.

Ich denke allerdings nicht an Ausschüsse, in denen etwas geleistet wird, sondern an solche Vereinigungen, in denen die Leute zusammenkommen und darüber reden, wie man dies und jenes unterdrücken könne. Meist handelt es sich um irgend etwas, das gar nicht existiert oder um etwas Abstoßendes, worüber niemand so recht Bescheid weiß, vielleicht auch um etwas, das für das Gedeihen der Gesellschaft unerläßlich ist. Sie offenbaren in ihren Diskussionen einander nur eine als Information getarnte Entrüstung und lassen sich nur von ihren Vorurteilen leiten, nicht von Fakten. Hier betätigen sich ‹Eltern›, wie in Abbildung 4 dargestellt. Wie unter Arbeitskollegen muß sich jeder, der die Übereinkunft bricht, Beschimpfungen gefallen lassen. So wird vermutlich jeder, der es wagt, in einer solchen ‹Elternversammlung› in einer Angelegenheit die vorurteilsfreie Meinung eines Erwachsenen zu vertreten, mit den verschiedensten Schimpfnamen belegt werden. Nur eines macht diese Eltern-Vereinsmitglieder noch nervöser als ein Erwachsener mit seinen Tatsachen, das ist ein mutwilliges ‹Kind›. Man kann Anhänger von Verboten irgendwelcher Art wohl in einige Aufregung versetzen, wenn man durch eine vernünftige Untersuchung zu beweisen versucht, daß das, was sie verbieten, letzten Endes gar nicht so schlimm ist. Sie werden wahrscheinlich versuchen, dem Untersucher Steine in den Weg zu legen. Wenn aber jemand dasselbe in einer spielerischen, kindlichen Art zu beweisen versucht, setzt man seinem Unterfangen schnell und mit drastischen Mitteln ein Ende, wirft ihn vielleicht sogar ins Gefängnis. Komödianten kennen sich auf diesem Gebiet gut aus. Sie wissen, daß ‹Eltern›, die sich unberufen in fremde Angelegenheiten mischen, durch Scherze sehr viel mehr beunruhigt werden als durch nackte Tatsachen.

Neben den formellen, sozusagen eingetragenen Vereinen und den Ausschüssen, in denen einige oder auch alle Mitglieder ihre Zeit damit verbringen, als ‹Eltern› ihre Entrüstung zu äußern und über Dinge zu reden, von denen sie nichts verstehen, gibt es viele informelle Vereinigungen, die in der gleichen Weise arbeiten. Sie setzen sich aus Personen zusammen, die sich im geselligen Kreis treffen und über Dinge klagen, die sie gar nicht richtig beurteilen können – und auch nicht wollen. Wozu braucht man schließlich auch Urteile, man hat ja seine Vorurteile. Eine hochinteressante derartige Gruppe stellen die Hausbesitzerinnen mittleren Alters dar, die sich allmorgendlich bei Kaffee, Bier oder Cocktail ganz frei, zwang- und formlos treffen. Sie sind in der Tat ganz formlos, während sie Formen ersinnen, wie man die Gastfreundschaft eindämmen und die Steuern senken könnte. Sie sind in der Tat ganz zwanglos, während sie sich Zwangsmaßnahmen ausdenken zur Bekämpfung der Jugendkriminalität und zur Disziplinierung boshafter Mieter. Sie sind in der Tat ganz frei, während sie größere Freiheiten für Hausbesitzerinnen und höhere Mieten fordern. Ähnliche informelle Vereinigungen, einzig zu dem Zweck, der Empörung Luft zu machen, sind auch häufig unter Jungverheirateten anzutreffen.

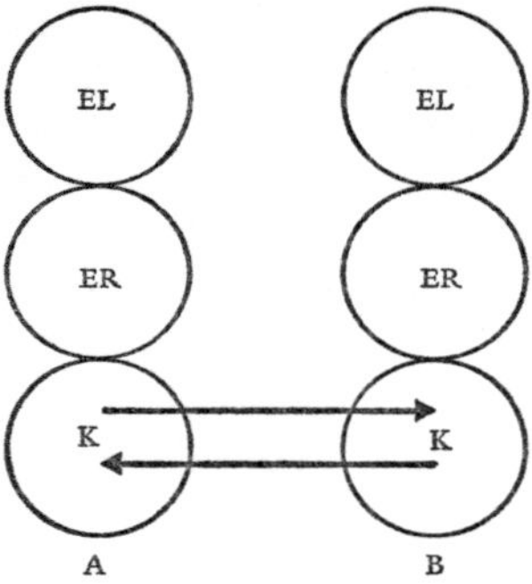

Eine Beschwerde-Kommission

ABBILDUNG 5

Es gibt aber nicht nur Vereine, deren Mitglieder ‹Eltern› sind, sondern auch ‹Erwachsenen›-Vereine. Sind sie ineffektiv, dann reden sie nur über Mißstände, sind sie effektiv, dann sorgen sie für Abhilfe des Übelstands. Zu erwähnen sind auch noch die Kind–Kind-Vereine, sowohl förmliche als auch informelle. Gewöhnlich handelt es sich hierbei um Beschwerdekommissionen. In diesen Gremien verkehren die Mitglieder auf der Ebene des Kindheits-Ich-Zustands miteinander, wie Abbildung 5 zeigt. Gegenstand der Beschwerde ist ein ‹elterlicher› Zwang. In Beschwerdegremien der ‹Erwachsenen› werden die Untersuchungen fair geführt, und es wird offen über alles gesprochen. ‹Kind›-Beschwerde-Gremien neigen oft zu Spielereien, manchmal auch zu Schabernack, denn sie sehen es nicht als ihre Aufgabe an, aufgedeckte Mißstände zu beseitigen, vielmehr sind sie bestrebt, die Autoritäten, über die sie Klage führen, aus der Fassung zu bringen. Die bislang angeführten Beziehungen spielen sich nicht immer zwischen Mann und Frau ab, aber ich habe sie hier erwähnt, um zu zeigen, wie man Verbindungen in die einzelnen Ich-Zustände zerlegt.

Wir sind in unseren Überlegungen zu der Erkenntnis gelangt, daß für alle Beziehungen eine stillschweigende Vereinbarung gilt: Beziehungen entstehen nicht zwischen den Menschen, sondern zwischen ihren Ich-Zuständen. Beide Partner wissen auf irgendeine Art und Weise, welche Ich-Zustände sich in der jeweiligen Situation äußern dürfen. Dieses Verstehen hat die Wirkung eines Vertrags. Jeder, der den Vertrag bricht, indem er einen nicht erlaubten Ich-Zustand einsetzt, kann daher mit Recht beschimpft werden oder, wird er auf frischer Tat ertappt, zum Abbruch der Beziehung gezwungen werden.

Um noch einmal klarzustellen, worüber wir sprechen: Eine Beziehung kann man definieren als eine fortgesetzte Reihe von Transaktionen, die zwischen zwei oder mehr Menschen stattfinden, besser noch: zwischen ihren verschiedenen Ich-Zuständen. Wenn jemand von einer solchen ‹Beziehung› redet, sie aber nicht überzeugend in einem Diagramm darstellen kann, so lohnt es sich nicht, ihm weiter zuzuhören, denn er wird niemals genau erklären können, was er sich vorstellt.

Respekt

Die nächste Sorte von Beziehungen, mit denen wir uns nun beschäftigen wollen, möchte ich ‹Respekt› nennen. Hier handelt es sich wieder um eine Beziehung zwischen ‹Erwachsenen› (ER). Als Hauptmerkmale dieser Beziehungen sind zu nennen die direkte Anrede und die Erfüllung abgeschlossener Verträge in Familie, Beruf und Gesellschaft, ohne Ausflüchte oder persönliche Vorbehalte oder irgendeinen faulen Zauber. Die direkte Anrede ergibt sich aus der Glaubwürdigkeit des einzelnen, die Erfüllung von Verträgen aus einer eingegangenen Verpflichtung. Glaubwürdigkeit und Pflichtgefühl ergeben zusammen Vertrauenswürdigkeit, und das Vertrauen ist es, das den Respekt hervorruft. Wenn überhaupt Vertrauen entsteht, so früh in der Kindheit.

Wir haben bereits gesehen, daß das ‹Kind› in mannigfacher

Hinsicht der beste Teil einer Person ist. Es ist der begeisterungsfähige, schöpferische und impulsiv handelnde Teil im Menschen, jener Teil, der Frauen charmant und Männer geistreich sein läßt, so daß das Zusammensein mit ihnen ein Vergnügen ist.

Es ist jener Teil, der sich an der Natur und an den Menschen erfreut. Leider muß der Mensch, um in dieser Welt leben zu können, es zulassen, daß das ‹Kind› sich den Einflüssen und Geboten des ‹Erwachsenen› und der ‹Eltern› unterwirft. So muß der Mensch zum Beispiel lernen, sein Essen nicht voller Begeisterung über den ganzen Tisch zu verkleckern oder gar schöpferisch in der Öffentlichkeit zu urinieren, er muß weiterhin lernen, die Straße nicht impulsiv zu überqueren, sondern vorher nach links und rechts zu schauen. Zu viele solcher Einschränkungen können jedoch zu Verwirrung führen, und das Kind im Menschen kann dann an überhaupt nichts mehr Gefallen finden.

Die wohl wertvollste Eigenschaft des ‹Kindes› ist sein Scharfsinn. Der ‹Erwachsene› muß alle möglichen Sachverhalte kennenlernen, wie man ein Auto lenkt, warum man Rechnungen bezahlen soll, wann man einen Arzt rufen muß, alles Dinge, die für das Überleben in einer Welt der Erwachsenen notwendig sind. Will das Kind jedoch überleben, muß es die Menschen genau kennen, und so studiert es sie sorgfältig: Wem kann man trauen, vor wem muß man sich in acht nehmen? Von wem ist eine liebevolle Behandlung zu erwarten? Von wem eine unfreundliche oder stiefmütterliche Behandlung? Kinder durchschauen die Menschen viel besser als Erwachsene, und zwar auch besser als die Erwachsenen, die das menschliche Verhalten erforschen und einigermaßen gut kennen. Diese Fachleute tun nichts weiter, als noch einmal das lernen, was sie einst schon beherrschten. Doch wie fleißig sie auch studieren mögen, niemals werden sie wieder so gute Psychiater oder Psychologen werden wie in ihrer Kindheit.

Der Grund ist wohl darin zu suchen, daß die meisten

Eltern ihren Kindern anerziehen, nicht zu impulsiv zu handeln und den Menschen nicht direkt ins Gesicht zu sehen, um zu erforschen, was sie gerade denken, denn das gilt als unfeines Benehmen. Man erwartet von den Kindern, daß sie die Menschen mit dem ‹Erwachsenen-Ich-Zustand› beurteilen und nicht mit dem ‹Kindheits-Ich-Zustand› erfühlen. Die meisten Kinder, auch die späteren Psychiater und Psychologen, folgen gehorsam diesen Anweisungen und verbringen dann fünf oder gar zehn Jahre auf der Universität und dann noch einmal fünf Jahre bei einem Therapeuten oder Psychoanalytiker, nur um ihre Fähigkeit, Menschen zu beurteilen, wiederzuerlangen. Bestenfalls wird sie halb so groß sein wie sie in ihrem vierten Lebensjahr einmal war. Aber das ‹Kind› im Menschen bleibt auch weiterhin anwesend, obwohl es sich vielleicht nur unklar oder sehr leise verständlich machen kann, und bei ihm liegt die Entscheidung darüber, wer vertrauenswürdig ist. Das ‹Kind› spricht das Vertrauen aus, der ‹Erwachsene› empfindet Respekt – mit des ‹Kindes› Genehmigung. Wenn man jemandem Respekt entgegenbringt, so heißt das, daß das ‹Kind› ihn eingeschätzt und als vertrauenswürdig bezeichnet hat. Es sagt dann zum ‹Erwachsenen›: «Du kannst ihm trauen, los! Ich werde alles auch weiterhin im Auge behalten und von Zeit zu Zeit überprüfen.» Der ‹Erwachsene› verwandelt diese Anweisung dann in eine respektvolle Haltung und handelt dementsprechend. Manchmal jedoch mischen sich die ‹Eltern› ein. ‹Erwachsener› und ‹Kind› sind sich schon einig über ihr weiteres Vorgehen, da greifen die ‹Eltern› ein und erheben Einspruch, führen vielleicht ein Vorurteil ins Feld: «Wie kannst du nur einem Mann mit langen Haaren trauen!?» oder: «Wie kannst du nur einem fetten Weib trauen?!» Für das ‹Kind› sind natürlich lange Haare oder Fettleibigkeit belanglos als Kriterien für Vertrauenswürdigkeit, und es würde lieber mit einem langhaarigen Mann oder einer dicken Frau leben, die ihm Liebe entgegenbringen, als mit einem kurzhaarigen Mann und einer dünnen Frau, die ihm keine Liebe schenken. Nichts behindert die kindliche Intuition mehr als elterliche Vorurteile.

Das erste Vertrauensverhältnis entsteht zwischen dem Kind und seiner Mutter, wenn seine Ernährung ihre Zuverlässigkeit und ihr Pflichtgefühl auf die Probe stellen. Das Überleben des Säuglings hängt davon ab und auch seine spätere Einstellung zum Leben und zu den Menschen.

Wird das Kind auf Verlangen gefüttert, so zeigt es seinen Hunger durch Schreien an. Kommt die Mutter sofort, ist sie zuverlässig. Bringt sie kurz darauf die Milch, zeigt sie Pflichtgefühl. Aber wenn es so seine Zeit dauert, bis sie erscheint, und das Kind dann auch noch auf das Essen warten muß, wird es niemals Vertrauen zu ihr fassen. Es entsteht aber auch kein Mißtrauen, denn das wäre gebrochenes Vertrauen, es ist einfach überhaupt nichts da.

Wird das Kind nach einem festen Plan gefüttert, zum Beispiel alle vier Stunden, dann sieht die Sache ganz anders aus. Die meisten Säuglinge kommen anscheinend mit einer inneren Uhr auf die Welt. (Vielleicht ist es dieselbe Uhr, die manche Erwachsene benutzen, wenn sie um 7 Uhr 15 aufwachen wollen und tatsächlich um 7 Uhr 15 aufwachen.) Der Säugling stellt seine Uhr auf vier Stunden ein, und wenn die Alarmglocke schrillt, erwartet er das Erscheinen seiner Mutter und seine Abfütterung. Erfüllt sie beide Erwartungen, faßt er Vertrauen zu ihr, erfüllt sie sie nicht, bildet sich kein Vertrauensverhältnis aus.

Mit zunehmendem Alter wird das Kind in beiden Fällen größere Verzögerungen hinnehmen, auch Entschuldigungen, vorausgesetzt, sie nehmen nicht überhand. Ist das der Fall, wird es entweder niemals Vertrauen gewinnen oder Mißtrauen entwickeln. Im Grunde erwartet das Kind nicht nur Zuverlässigkeit von seiner Mutter, also rechtzeitiges Erscheinen, sondern auch Pflichterfüllung, also baldiges Stillen seines Hungers. Es ist gut möglich, daß die Mutter damit die Vertrauenswürdigkeit des Kindes selbst festlegt: ob es später zuverlässig ist *und* pflichtbewußt, oder nur eines von beiden oder keines.

Vertrauen ist die Grundlage des Respekts. Für den Säugling heißt das, seine Mutter kommt, wenn er sie ruft (Zuverlässigkeit), sie tut das, was von ihr erwartet wird (Pflichterfüllung). Später, wenn er erwachsen ist, erwartet er, daß jemand, der sich verspätet, Nachricht gibt (Zuverlässigkeit), und daß jeder die abgeschlossenen Verträge fristgerecht erfüllt (Pflichterfüllung). Er mag Unzuverlässigkeit entschuldigen, wenn Pflichtbewußtsein vorhanden ist und ebenso einen Mangel an Pflichtbewußtsein hinnehmen, wenn die Zuverlässigkeit nicht fehlt, beides aber nur unter Protest. Eines wird er jedoch bestimmt nie tun: jemanden respektieren, der weder zuverlässig noch pflichtbewußt ist.

Nun zu einem anderen, vertrauten Beispiel. Ein zuverlässiger Ehemann berichtet seiner Frau von jeder Affäre, ganz gleich, wie sie für ihn auslief. Ein pflichtbewußter Ehegatte macht seiner Frau klar, daß jede Affäre, die er hat, völlig harmlos ist. Ein vertrauenswürdiger und Respekt heischender Ehegatte hat überhaupt keine Affären, wenn er dieses bei der Trauungszeremonie versprochen hat, denn er meinte es dann so, wie er es sagte.

Die tatsächlichen Beziehungen zwischen zwei Menschen, die Respekt offenbaren, sind die zwischen Erwachsenen, wie in Abbildung 3 dargestellt. Sie sind jedoch von anderer Art als die vorher beschriebenen. Sie brauchen keinen Gegenstand als Mittler. Das Gespräch wird Auge in Auge geführt, von Mann zu Frau, getragen vom gegenseitigen Vertrauen auf Zuverlässigkeit und Pflichtgefühl, das so lange besteht, bis erwiesen ist, daß es fehl am Platze ist.

Bewunderung

Alle Beziehungen, über die wir bislang gesprochen haben, waren Querverbindungen, also zwischen ‹Eltern› oder zwischen ‹Erwachsenen› oder zwischen ‹Kindern› (Abb. 2 bis 5). Nun kommen wir zu einer Beziehung, die ‹unten› mit ‹oben› verbindet, eine ‹Kind›–‹Eltern›-Beziehung (Abb. 6, aufwärts).

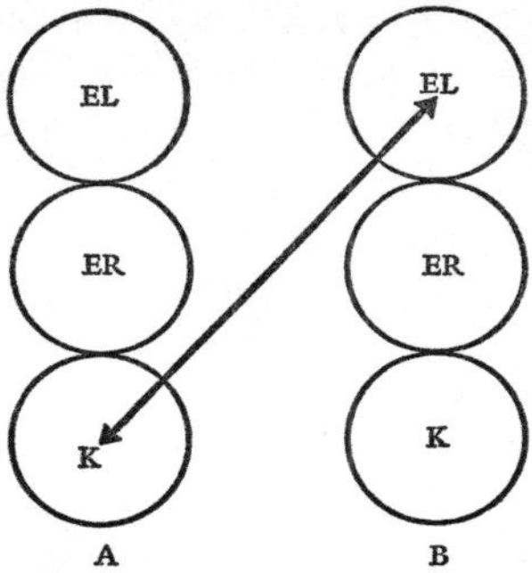

↑ *Bewunderung und Zuneigung* ↓
↑ *Auslösung*

ABBILDUNG 6

Das Wort Bewunderung wird für vieles verwandt, aber in seiner Grundbedeutung meint es ‹sich wundern›. Bewunderung kommt auf umgekehrte Weise wie der Respekt zustande. Beim Respekt nimmt der Kind-Ich-Zustand die Überprüfung der Person vor und gibt dem ‹Erwachsenen› dann das Startzeichen. Bei der Bewunderung beurteilt zuerst der ‹Erwachsene› die Person und fordert dann das ‹Kind› auf, weiterzumachen. Der ‹Erwachsene› sagt: «Junge, der hat's raus, wie man ...!», worum es sich auch handeln mag – Schwimmen, Tanzen, Gedichte rezitieren –, was immer man auch am meisten bewundert, und das ‹Kind› im Menschen übernimmt die Bewunderung von ihm. Die Sexualität kann beteiligt sein, wenn sich zum Beispiel ein Schulmädchen in einen Jungen oder in eine Lehrerin verknallt. Zunächst beginnt der ‹Erwachsene› in diesem Mädchen die Lehrerin zu bewundern wegen einer bestimmten Tat oder Eigenschaft, doch dann übernimmt das ‹Kind› die Führung, und es kann geschehen, daß das Mädchen sich an die Lehrerin hängt, ihren Spuren folgt und sogar sexuelle Phantasien von ihr hat. Handelt nun die Lehrerin weiterhin als ‹Erwachsener›, wird sie wie eine gute Mutter die Anhänglichkeit des Mädchens in die richtige

Bahn lenken, ändert sie jedoch den ‹Vertrag›, dann wird sich das, was durchaus eine fruchtbare ‹Eltern›–‹Kind›-Beziehung sein könnte, in ein Possenspiel zweier verlegener ‹Kinder› verwandeln.

Ich glaube, so wie das Vertrauen aus dem Verhältnis des Säuglings zu seiner Mutter entsteht, so ist die Bewunderung auf den Vater zurückzuführen, einfach deshalb, weil der Vater der ‹Wunderknabe› in der Familie ist. Der Mutter wird vertraut, weil sie immer da ist, wenn man sie braucht. Wenn der Vater auch nur gelegentlich und zu ganz verschiedenen Zeiten auftaucht, so erregen doch seine beeindruckende Stimme und seine Erscheinung, seine Stärke und Kraft die Bewunderung des Kleinkindes. Tatsächlich wird echte Bewunderung vor allem Männern zuteil, aber auch Frauen, wenn sie Bewunderungswürdiges in ihrem Handlungsbereich leisten. Vor allem in späteren Jahren lernen die Kinder die Mutter nicht nur als Persönlichkeit zu respektieren, sondern auch ihre Fertigkeiten wie Kochen oder Malen zu bewundern. Ebenso lernen sie umgekehrt, ihrem Vater zu vertrauen, nicht nur ihn zu bewundern. Die Menschen verhalten sich sehr unterschiedlich, wenn ihnen Bewunderung entgegengebracht wird. Einige sind davon nicht sehr erbaut oder vermeiden tunlichst so etwas, wehren sich sogar ärgerlich dagegen. Andere nutzen diese Situation zu ihrem Vorteil aus. Das tut zum Beispiel ein Lehrer oder eine Lehrerin, wenn sie eine Affäre mit einem verliebten Schulmädchen oder einem verliebten Schuljungen anfangen oder auch ein Verbrecher, der sich eines unerfahrenen Bewunderers annimmt, um ihn möglichst vollständig auszubeuten. Am besten ist es, man nimmt die Bewunderung dankbar entgegen und verwandelt sie in ein wertvolles Erlebnis für sich und für die anderen.

Zuneigung

Zuneigung ist eine andere ‹ungleiche› Verbindung, diesmal von der Eltern- zur Kindebene (Abb. 6, Pfeilrichtung nach unten). Bei der Bewunderung beeindruckt der Erwachsene in einem Menschen das Kind in einem anderen. Jemand, der Zuneigung empfindet, verhält sich ungefähr so wie ein Vater oder eine Mutter gegenüber einem liebenswerten Kind, das Objekt der Zuneigung antwortet in einer einfachen, kindgemäßen Weise. Dies sind jedoch keine Rollen. Es handelt sich hier um echte Gefühle, die ganz bestimmten Ich-Zuständen entspringen, und Ich-Zustände sind nun mal etwas anderes als Rollen. Ich-Zustände sind psychologische Realitäten, genaugenommen sind sie die einzigen psychologischen Realitäten, allerdings können sie sehr leicht zu Unwahrheiten verfälscht werden. Ihnen sind ganz bestimmte Gefühle zuzuordnen, die das ganze Leben hindurch in dieser Zusammensetzung vollkommen unabhängig von Rollen bestehen bleiben, obwohl sie von Rollen überlagert und dadurch entstellt werden können.

In einer zärtlichen Beziehung können auch von Zeit zu Zeit Transaktionen vom ‹Erwachsenen› zum ‹Erwachsenen› stattfinden, aber die Zuneigung selbst kommt von dem Eltern-Ich-Zustand und weckt eine Antwort im Kindheits-Ich-Zustand des anderen. Viele Eltern glauben, sie müßten ganz ernst bleiben, wenn sie ihre Zuneigung zeigen. Viele Kinder übernehmen diese Haltung und sind von ihrer Notwendigkeit fest überzeugt. Eine mit ernstem Gesichtsausdruck gezeigte Zuneigung nennt man Anteilnahme. Es gibt keinen Grund, einander Zuneigung nicht auch in unbeschwerten Zeiten zu zeigen. Anteilnahme erscheint häufig allzu betont aufrichtig und nicht wirklich hilfsbereit. Hier liegt die Antwort auf eine der rätselhaftesten Fragen, die das Leben – oder der Tod – stellt. Wie kommt es, daß Krebspatienten wissen, daß sie Krebs haben, auch wenn die Menschen, in deren Obhut sie sich befinden, diese Tatsache angestrengt zu verheimlichen suchen? Manchmal stellen sie sich so, als wüßten sie über ihren Zustand nicht Bescheid, oft aus Rücksicht auf die anderen, denn Krebspatienten sind, wie andere Kranke auch, im allgemeinen keine Spielverderber und machen mit. Aber gewöhnlich kennen sie ihren Zustand.

Wie aber findet der Patient das heraus? Und welches Ich in ihm weiß es? Ich glaube, er orientiert sich an einem bestimmten Verhalten: Wie natürlich die Menschen in der Umgebung eines Kranken sich auch geben mögen, einen Fehler machen sie alle – entweder lachen sie gar nicht, wenn es etwas zu lachen gibt, oder sie hören zu schnell wieder auf. Da ist der falsche Ton, der sich einschleicht, wenn Leute unbedingt Anteilnahme ‹demonstrieren› wollen, und das bedeutet etwas anderes, als jemandem jede nur erdenkliche Hilfe geben. Diese Leute sind durch etwas so Grausames wie Krebs aus der Fassung gebracht, und ihre Scheu zu lachen oder ihre Unbehaglichkeit beim Lachen verrät die Diagnose, selbst wenn sie sie aus echter Anteilnahme verbergen wollen. Ihre Anteilnahme stolpert über ihre Besorgnis, nur ja teilnahmsvoll genug auszusehen, wodurch ihre gute Absicht zunichte gemacht wird. Es kostet sehr viel Kraft, so weit zu kommen, daß man Krebspatienten gegenüber nicht mehr teilnahmsvoll ‹aussieht›, aber es ist möglich und zahlt sich aus, wie Versuche mit Krebspatienten zeigen.

Wir wollen jetzt zeigen, wie die Menschen in der Umgebung eines Krebskranken sich selbst verraten. Nehmen wir einmal an, Frau C. unterzieht sich einer Unterleibsoperation, um die Ursachen ihrer Schmerzen feststellen zu lassen, und der Chirurg findet eine stark wuchernde Krebsgeschwulst, die in wenigen Monaten zum Tode führen wird. Um ihr unnötige Angst zu ersparen, tun alle, die mit ihr zusammenkommen, so als habe sie eine ganz harmlose Krankheit, obwohl sie noch weiter im Krankenhaus bleiben muß. Die Patientin selbst ist sehr beunruhigt und möchte gern wissen, ob ihr ein baldiger Tod bevorsteht. Sie fürchtet sich aber andererseits vor der Antwort, so fragt sie wohl, besteht aber keineswegs auf einer direkten Antwort. Vielleicht würde sie auch mit der Wahrheit gar nicht fertig werden. Dennoch würde sie gern wissen, ob sie am Leben bleiben wird.

Während der Erwachsene in ihr also eine offene Antwort vermeidet, scheut das Kind in ihr keine Mühe, die Wahrheit herauszufinden und beobachtet die Menschen sehr sorgfältig, um Anhaltspunkte zu gewinnen. Bemerkt Frau C. erst einmal, daß die Leute anders als früher lachen, beginnt sie aufzupassen. Und sie stellt einiges fest. Leute, die vordem voll lärmender Fröhlichkeit waren, machen nur noch kleine Späßchen, und auch die werden noch so entschärft, daß sie auf keinen Fall brüllendes Gelächter hervorrufen. Auch die gelassene Heiterkeit des Arztes kann anders sein als vor der Operation, oder sein Verhalten ihr gegenüber kann sich von dem anderen Patienten gegenüber unterscheiden. Anteilnehmende Geistliche beispielsweise hören auf, die üblichen Witze vom Priester und vom Rabbi, vom heiligen Petrus und anderen zu erzählen. So kann Frau C. jeden Tag ein dutzendmal erleben, wie ein Lachen zu einem Lächeln schrumpft. Und sie wird sehr bald wissen, daß es sehr schlecht um sie steht, und sie wird auch wissen weshalb.

Anteilnahme befriedigt in solchen Fällen zwar oft den Menschen, der sie zeigt, aber die sie begleitende übertriebene Besorgtheit hilft dem Kranken nicht viel. Derartige ‹demonstrative Anteilnahme› bei der Betreuung von Krebskranken über einen längeren Zeitraum hinweg erschöpft Patienten und Pflegepersonal und bringt niemandem Gewinn. Betrachtet man die Krebskranken als Todkranke, dann wird die Krebsstation schnell zu einer ‹Siechenstation› mit dem ungeschriebenen Motto über dem Eingang «Was kann man von einem Krebskranken kurz vor dem Tod noch erwarten?» Werden dieselben Kranken jedoch als äußerst lebendige, von Selbstachtung erfüllte erwachsene Menschen angesehen, dann heißt das Motto: «Was können wir heute für Sie tun?» Und alle, Patienten, Ärzte und Schwestern, behalten ihre Lebenskraft und Munterkeit.[33] An diesem Fall zeigt sich der Unterschied zwischen Anteilnahme und herzlicher Zuneigung.

Echte Zuneigung sucht und findet Hilfe, wenn Hilfe gebraucht wird, und sie zeigt Anteilnahme in schweren Zeiten. Aber wenn das ‹Handeln mit Anteilnahme› vor dem Denken Vorrang hat, wird es oft mehr schaden als helfen, gleich ob die Besorgnis echt ist oder nicht. Die einfache Feststellung ‹Ich mache mir Sorgen› (ein einziges Mal gesagt oder geschrieben) ist wirkungsvoller als der angestrengte Versuch, besorgt auszusehen. Ein Grund für die ausführliche Erörterung dieses Themas ist der, daß zwar die Eltern und der Erwachsene in uns ernsthaft besorgt sein können, das Kind in uns in der Regel jedoch völlig unberührt bleibt, es sei denn, es sei selbst in Gefahr. Wegen dieser Ungewißheit über uns selbst sollten wir auf Anteilnahme oder Besorgnis, die wir empfinden, nicht stolz sein oder gar selbstgefällig reagieren, was leider häufig der Fall ist.

In nicht ganz so schweren Situationen hilft Zuneigung einem Menschen, über seine eigenen Sorgen zu lachen. Wird ihnen aber ‹Anteilnahme› entgegengebracht, so ist es ihre Pflicht, ernst zu bleiben, und dadurch die Hilfeleistenden glücklich zu machen. Hier hilft ein Scherz oft mehr als ein Stirnrunzeln.

Der Auslöser

Bei unserer Beschäftigung mit den zwischenmenschlichen Beziehungen waren wir bereits in den verschiedensten Räumen: in der Werkhalle, im Sitzungsraum, im Kinderzimmer, in der Schule und im Krankenzimmer. Wenden wir uns nun dem Schlafzimmer zu. ‹Auslösen› heißt genau das, was das Wort vermuten läßt: Die richtige Person betätigt einen Schalter, und der ganze Körper entflammt, der Schlag geht von den Augen ins Gehirn und von dort abwärts durch die Brust zum Bauch und noch ein Stück tiefer. Kein gesellschaftliches oder elterliches Vorurteil zerschneidet die Drähte, und weder die Vernunft noch der kluge Erwachsene in uns zieht den Stecker heraus. Es ist nur das Kind im Menschen, das entbrennt, und wenn das geschieht, brennt es lichterloh. Es ist auch eher eine Reaktion der Sinne als der Persönlichkeit eines Menschen, hauptsächlich der Gesichtssinn ist beteiligt. Andere Sinnesreize können unterstützend wirken, Tagträume und vorangegangene Frustrationen mögen dem Ganzen einen gewissen Glanz verleihen, aber der ‹Blitz› trifft einen nahezu immer durch die Augen.

Bei der ‹Prägung› geschieht etwas Ähnliches.[34] Dabei werden junge Vögel auf ein Objekt von bestimmter Form und Farbe fixiert, und sie reagieren darauf, auch wenn es nur ein Stück Pappe ist, wie auf ihre Mutter. Der Vogel hat weder eine Entscheidungsmöglichkeit noch gar eine freie Wahl, er spricht auf einen bestimmten Reiz an und reagiert automatisch. Selbst wenn das Objekt nur eine Silhouette ist, wird die Wirkung dadurch nicht beeinträchtigt. Viele Menschen, die auf einen ‹Auslöser› treffen, müssen erkennen, daß ihre Gefühle keineswegs der Vernunft gehorchen und ihrer Persönlichkeit entsprechen, einfach weil die Reaktion eben automatisch abläuft – sogar entgegen sonstigen Neigungen oder entgegen der Vernunft der Eltern oder des Erwachsenen in ihm. Manager, die immer auf der Suche nach Filmtalenten sind, halten nach solchen Menschen Ausschau, die die Fähigkeit besitzen, derartige automatische Reaktionen hervorzurufen. Diese Fähigkeit hat bisher schon viele Namen erhalten von ‹es› bis ‹Sex-Appeal›, und Sex-Appeal ist es wohl auch.

Fetische sind eine spezielle Art von ‹Auslösern›. Hier wird der Mann von einem bestimmten weiblichen Körperteil oder einem bestimmten Gegenstand aus dem Besitz einer Frau angesprochen: von den Haaren oder einem Schal, den Händen oder den Handschuhen, den Füßen oder den Schuhen. Es gibt Menschen, die behaupten, diese Körperteile oder Gegenstände der Frau seien ein symbolischer Ersatz für die geliebte Person. Viel wahrscheinlicher ist jedoch, daß der Fetischismus eine Prägung aus frühester Kindheit darstellt und sich zurückführen läßt auf Ereignisse, die genau im richtigen Zeitpunkt geschahen, um ständig wirksam bleiben zu können. Fetischismus läßt sich nur schwer heilen, vor allem deshalb, weil nur wenige Fetischisten geheilt werden wollen. Viele von ihnen erzielen durch den Anblick oder die Berührung oder den Geruch ihres Fetisches die gleiche Wirkung wie ein Süchtiger durch sein Heroin oder sein LSD. Die Aussicht, alle diese Erregungen gegen eine normale Leidenschaft einzutauschen, hat nur wenig Anziehungskraft für sie, es sei denn, ihr Fetisch bringe sie so sehr mit den Normen und Gesetzen in Konflikt, daß sie in ernsthafte Schwierigkeiten geraten könnten.

Ein Fetisch ist nicht nur ein Symbol, ebensowenig wie ein Gewehr. Der Fetisch ist für den Fetischisten das einzig Wahre, so wie das Gewehr für den Schießwütigen. Das Gewehr ist kein Symbol für den Penis, sondern wird statt seiner oder zusätzlich zu ihm verwendet, denn es ist tödlicher als Fleisch und Knochen und gerade nach dem Tödlichen sehnt sich der Schießwütige. Deshalb geht er lieber auf die Jagd als heim zu seiner Frau, um die Zeit mit ihr zu verbringen. (Das trifft jedoch nicht für rechtschaffene Meisterschützen zu. Ich habe einige davon in meiner Familie. Einer meiner Söhne, der als Cowboy arbeitet, kann auf hundert Meter Entfernung mit einer Elefantenbüchse einen Floh vom Kopf einer fliehenden Klapperschlange schießen.) Sogar eine Spielzeug-Wasserpistole ist mehr als ein Phallus-Symbol. Sie erfüllt ihre Aufgabe, nämlich mit einem Wasserstrahl aus einer bestimmten Entfernung genau zu treffen, besser als der Penis. Der zugrunde liegende Plan kann durchaus der Natur abgesehen worden sein, und das ‹Kind› mag an der Ähnlichkeit seine Freude haben, aber es spielen noch einige andere Faktoren eine erhebliche Rolle.[35] Einer davon ist die Kunstfertigkeit; der ‹Erwachsene› schätzt die Eigenschaften des Gegenstands, ganz gleich, ob es sich um ein Gewehr, eine Wasserpistole, einen alten Pantoffel oder um einen Handschuh handelt.

Manche Menschen, deren Fetischismus nicht sehr ausgeprägt ist, haben möglicherweise mehr Freude als die meisten ‹normalen› Leute (bei Cocktailparties zum Beispiel), wenn sie nicht durch Schuldgefühle gehemmt werden. Menschen, die stärker von ihrem Fetisch abhängig sind, erleiden in ihren Liebesverhältnissen, soweit sie überhaupt welche eingehen, häufig einige Verwirrung, und ihre Neigung vereitelt oft ernstere Absichten. Sie gehen unter Umständen auch entwürdigende Verhältnisse ein, nur wegen ihres Fetisches, und leiden dann darunter. Sie sind in der Tat durch ihre Prägung versklavt, denn sie folgen ihrem Fetisch und nicht einem Menschen, und so hängt es vom Zufall ab, mit welchen Personen sie sich einlassen oder gar verbinden. Gewöhnlich ist ein Fetischist kein guter Ehemann, es sei denn, er findet rein zufällig lie passende Frau.

Und hier kommen wir zu einem häufig vernachlässigten ›roblem: den Ergänzungs-Fetischisten, den ich am liebsten Fetischistin› nennen würde. Beinahe alle Fetischisten sind Männer. Aber für jeden Mann, der in Schuhe vernarrt ist, gibt s eine Frau, die ihn damit versorgt und so befriedigt, und ür jeden Mann, der durch Haare erregt wird, gibt es eine 'rau, die durch das Kämmen ihrer Lockenpracht dieselbe Eregung verspürt. Havelock Ellis berichtet über viele Fälle eines olchen Zusammentreffens zweier Seelen: Der Mann, der sich lanach sehnt, durch hohe Absätze entflammt zu werden, rifft früher oder später auf eine Frau, die ihr ganzes Leben ang davon geträumt hat, einen Mann durch hohe Absätze zu ntflammen. Diese Frauen sind in Wahrheit Fetischisten, nur t so wenig über sie bekannt, weil ihr Fetischismus sehr selten den Blickpunkt des Interesses rückt. Es gibt genauso viele 'rauen, die sich auf Haare, Handschuhe, Schuhe oder Unteräsche spezialisiert haben, wie es Männer gibt, die voller 'erlangen nach ihnen suchen und nach den Freuden, die sie ewähren. Das geht nicht nur aus den Geschichten hervor, die Iavelock Ellis und andere Sexualforscher gesammelt haben, ondern auch aus den Anzeigen, die von Fetischisten in beimmten Zeitungen aufgegeben werden.

Doch nun zurück zu ‹normalen› Auslösern. Es gibt Männer, die werden durch weibliche Brüste entflammt, andere wieder durch Beine – ‹Brustmann› und ‹Beinmann› wollen wir sie nennen –, beide gelten durchaus als normal. Genaugenommen jedoch sind solche Neigungen Ausflüge in das Vorland des Fetischismus. Ein echter Fetischist kann ohne das Vorhandensein seines Fetisches keine Erektion zustande bringen, wie sehr er seinen Partner auch begehren mag. Wenn nun ein Brustmann oder ein Beinmann keine Gelegenheit hätte, diese seine bevorzugten Regionen anzuschauen oder zu berühren so könnte auch er leicht in Schwierigkeiten geraten. Normale ‹Auslöser› dagegen sind Größe, Gewicht, Gestalt, Haltung beim Gehen und Sitzen, Gesichtsausdruck und Haut der Fra – das also, was man gewöhnlich unter ‹äußerer Erscheinung versteht: ihre Körperformen, ihre Art, sich zu bewegen, ih Aussehen. Aber jeder ‹Auslöser›, sei er nun durch einen Fe tisch, durch Brust oder Bein oder durch die äußere Erschei nung einer Frau hervorgerufen, ist durch Prägung fixiert, un in den meisten Fällen ist die Mutter die prägende Person.

Deshalb ist das ‹Auslösen› eine Beziehung zwischen ‹Kind und ‹Eltern›, wie in Abbildung 6 dargestellt (Pfeil nach oben) Das Phänomen des ‹Auslösens› ist in den Menschen so tie verwurzelt, daß man annehmen kann, daß es in der Evolu tion durch die sexuelle Auswahl eine besondere Rolle gespiel hat. Weibliche Vögel werden in der Paarungszeit ohne Zweife durch das farbenprächtige Federkleid der männlichen Vög angeregt, und je leuchtender das Federkleid des Hahnes, dest größer seine Wirkung. Ähnlich verhält es sich mit der Fär bung des Hinterteils bei den Affen. Die ‹Auslösung› wird au der Ferne eingeleitet: durch Ansprechen des Gesichtssinns un des Gehörs, manchmal auch des Geruchssinns. So wird ei männliches Stachelschwein durch den Urin eines läufige Weibchens angelockt. Weibliche Motten scheiden einen Duf stoff aus, auf den männliche Motten noch in einem Kilomete Entfernung reagieren. Die Frage ist, ob männliche Motte tatsächlich etwas riechen, oder ob nur ein chemischer Proze stattfindet, der sie reagieren läßt, ohne daß der Duft selb eine Rolle spielt. Es gibt chemische ‹Auslöse-Stoffe›, die der Mensch bewußt einsetzt, etwa Parfums, aber Schweiß leistet manchmal auch die gleichen Dienste. Aber es ist auch denkbar, daß einige Männer oder Frauen Stoffe absondern, die das Nervensystem anderer Menschen ansprechen, ohne daß diese etwas riechen oder ahnen, was sie angeregt hat.

Um das zu untermauern: einige Leute glauben, Hunde könnten auch solche menschlichen Geruchsabsonderungen wahrnehmen, die für andere Menschen gar nicht vorhanden sind, einen bestimmten Geruch bei Angst etwa. Nun mag es ja zutreffen, daß Menschen diesen Geruch der Angst nicht wahrnehmen, aber sie können dennoch durch dieselben Chemikalien, die der Hund riecht, in irgendeiner Weise beeinflußt werden. Genauso könnte es auch beim Anknüpfen sexueller Beziehungen sein. Nichts spricht dafür, daß Männer nicht so empfindlich sind wie Motten. Warum sollte ein Mann nicht die Nähe einer Frau mit Sex-Appeal erfühlen können (oder umgekehrt), vielleicht gar auf einen Kilometer im Umkreis. Man kann diese Möglichkeit nicht so ohne weiteres verwerfen, auch wenn es zur Zeit keine einleuchtende Erklärung dafür gibt. Eine weitere Tatsache sollte uns zu denken geben: Menschen einer Rasse behaupten oft, die Angehörigen einer anderen Rasse am Geruch erkennen zu können. Das behaupten etwa Kaukasier von den Negern, Chinesen behaupten das gleiche von den Kaukasiern, die Angehörigen der eigenen Rasse nehmen dagegen angeblich keinen Geruch an sich wahr. All dies weist darauf hin, daß geruchlose chemische Stoffe als sexuelle ‹Auslöser› von Bedeutung sein können.[37] Ob ein Duftstoff für uns geruchlos ist oder ob er nicht mehr wahrgenommen wird, weil er immer um uns ist, ändert nichts an der Wirksamkeit dieser chemischen Substanzen oder Signalstoffe. Sie haben die gleiche mächtige Wirkung auf das Nervensystem des anderen Geschlechts und in einigen Fällen auch des gleichen Geschlechts.

Jedes Gewerbe hat seine Tricks, nirgendwo jedoch gibt es so viele wie im Handel mit sexuellen Reizmitteln, werden dabei doch alle Sinne und der ganze Mensch erfaßt. Die Ausstattung der Frau, ihr schlanker Körper, ihre wohlgeformten Beine, ihre Brüste, ihre Hüften, ihre hübschen Haare sind ein guter Anfang. Jeder Mann hat bestimmte Neigungen, und womöglich genügt schon der Anblick eines Teils, den er besonders attraktiv findet, ihn sexuell zu erregen. Das hängt davon ab, wie seine Mutter ihn in einem bestimmten Alter behandelte: einmal, als er vier Jahre alt war und sich für das Aussehen verschiedener Frauen zu interessieren begann und die Entscheidung traf, welche Art von Mädchen er später heiraten würde; zum anderen, als er etwa dreizehn war und die ersten Regungen der Erwachsenensexualität verspürte. Für gewöhnlich wird er zuerst nach den Merkmalen Ausschau halten, die in seiner Familie betont werden. Das sind vermutlich solche Dinge wie Hände, Füße oder Ohren und keine größeren Proportionen. Manche Frauen geben sich ganz natürlich, andere betonen ihre Erscheinung in einer von der Gesellschaft noch gebilligten Weise, doch gibt es auch Frauen, die zu Tricks greifen, um aufreizend auszusehen. Entweder haben sie eine besonders erregende Art zu sitzen oder sie stehen mit gespreizten Beinen, womöglich noch über der Austrittsöffnung einer Warmluftheizung, so daß sich ihre Röcke leicht bauschen. Manche wieder beugen sich gern und oft nach unten, um irgend etwas aufzunehmen, oder sie wackeln beim Gehen mit den Hüften, oder sie falten ihre Hände hinter dem Kopf. All dies sind Dinge, die wohlerzogene junge Damen nicht tun sollten, solche Verhaltensweisen fallen in die Rubrik ‹unlauterer Wettbewerb› und rufen unter Umständen Ärger und Verachtung bei anderen Frauen hervor.

Zusammen mit visuellen Auslösern kann das Fundament für einen fetischistischen Auslöser gelegt werden. Dies hängt in hohem Maße von der Kleidung ab. Wieder zeigt sich beim Mann die Tendenz, von den Dingen gefangengenommen zu werden, denen in seiner Familie, besonders von der Mutter, große Aufmerksamkeit geschenkt wird. Man könnte in der Tat folgende Hauptregel über Fetische aufstellen: der Fetisch eines Mannes stimmt mit dem Fetisch des ‹Kindes› in seiner Mutter überein. Sammelt sie in kindlicher Begeisterung einen Haufen Schuhe in einem Schrank, so entwickelt auch ihr Sohn unter Umständen eine kindliche Begeisterung für Frauenschuhe. Und ihre Tochter vielleicht auch. Er wird ein Schuhfetischist und sie eine Schuhfetischistin. Ich hätte vielleicht besser gesagt, kann werden, denn das muß nicht zwangsläufig der Fall sein. Aber wenn ein Fetischist seiner Fetischistin begegnet und zu ihr sagt: «Meine Mutter hat einen ganzen Schrank voller Schuhe», so wird sie wahrscheinlich antworten: «Meine auch!» Er will in Wahrheit sagen: «Meine Mutter liebt Schuhe, ich liebe sie auch, deshalb ziehen mich Schuhe so sehr an.» Sie will in Wahrheit sagen: «Mein Vater liebt die Schuhe meiner Mutter, deshalb haben sie eine solche Anziehungskraft für mich, und ich bin glücklich, daß du meine Schuhe auch liebst.» Das gleiche trifft für viele andere Dinge zu, wie besonders stattliche Brüste oder schwellende Hüften, lange Haare, enge Hosen, weite Röcke, Petticoats, Pelze, Wanderschuhe. Die Verbindung von Prägung und Familiengeheimnissen auf sexuellem Gebiet wird offenbar. ‹Auslöser›, die mit der Stimme zu tun haben, haben vermutlich dieselbe Basis wie der Fetischismus. Ein bestimmter Oberton kann den Mann für das ganze Leben binden. Das trifft auch für andere Töne und Geräusche zu. Manche Männer werden sexuell erregt durch Frauen, die husten oder weinen, früher hatte der Seufzer eine nicht unerhebliche Wirkung. Leidet die Mutter eines Mannes an Asthma, so hat seine Frau vielleicht dieselbe Krankheit – welch seltsames Zusammentreffen! Eine derartige ‹Auslese› kann sogar Folgen für die Nachkommenschaft haben, denn dadurch werden bestimmte Krankheiten von Generation zu Generation weitergereicht.

‹Auslöser›, die mit Gerüchen zusammenhängen, setzen sich gleichfalls in den ersten Lebensjahren fest. Die häufigste Gruppe bilden die Gerüche aus Mutters Küche. Dann folgen Parfum und Schweiß, schließlich andere Gerüche, über die die Menschen nur ungern sprechen.

Die Auslösemechanismen, von denen wir bisher gesprochen haben, liegen sämtlich im sozialen Bereich: Aussehen, Ton, Geruch und Fetisch. Sie können überall wirksam werden, auch wenn man nicht im entferntesten an so etwas denkt. Im Schlafzimmer können die Auslöser durch den mächtigen Einfluß der Mode oder regionaler Gepflogenheiten noch verstärkt werden. Jeder Mann bevorzugt beim Geschlechtsverkehr gewisse Stellungen, die Frau desgleichen, bietet sie sich doch immer in einer bestimmten Weise an. Ich brachte schon am Anfang dieses Buches eine Liste von Büchern, die neue Positionen für solche Leute anbieten, die nur zwei oder drei Positionen kennen und ihrer längst überdrüssig geworden sind, jedoch zu phantasielos sind, sich selbst neue auszudenken. Weiterhin hat jeder Mann besondere Stellen an seinem Körper, deren Reizung ihm höchste Erregung verschafft. Auch die Frau weiß ganz genau Bescheid über die Zonen ihres Körpers, deren Berührung ihr am liebsten ist. In einigen Staaten der USA erlaubt das Gesetz nur den vaginalen Beischlaf. Aber viele Autoritäten des religiösen Lebens sehen jede Art von Vorspiel als erlaubt an, solange nur die Ejakulation selbst in der Vagina stattfindet, so daß Frauen, die eine Stimulierung ihres ganzen Körpers lieben, auch voll auf ihre Kosten kommen können.

Die ideale Sexualpartnerin für einen Mann ist demnach die Frau, die genau die richtigen Körpermaße und die richtige Stimme hat, das richtige Parfum benutzt, sich in einer bestimmten Art kleidet, beim Geschlechtsverkehr bestimmte Positionen bevorzugt und bestimmte Bereiche ihres Körpers freizügig anbietet oder einsetzt. Es ist auch von Bedeutung, inwieweit sie die Initiative ergreift und handelt bzw. inwieweit sie nachgiebig oder passiv ist. Der Auslöser selbst ist so mächtig und so tief verwurzelt, daß eine Ehe, die auf einem perfekten Auslösersystem aufbaut, alle Krisen und Belastungen überdauern kann. Eine Ehe nur auf der Grundlage eines einzigen Auslösers kann jedoch genausogut schiefgehen. Das müssen häufig Männer erfahren, die ein Callgirl heiraten und dann in Geldschwierigkeiten geraten. Trotzdem sollte man seinen Ehepartner unter den Menschen suchen, die einen in besonders starke sexuelle Erregung versetzen.

Bislang haben wir über unmittelbare oder auch primäre Auslöser gesprochen. Es gibt noch zwei Möglichkeiten verzögerter Auslösemechanismen. Ist der ursprüngliche Auslöser schwach, so kann auch der verzögerte Auslöser eine Ehe festigen. Da ist einmal der konditionierte verzögerte Auslöser. Liebt ein Mann zum Beispiel gutes Essen und seine Bequemlichkeit, wird er immer dann angeregt, wenn er in die Küche kommt und seine Frau am Herd stehen und das Essen kochen sieht.[38] Je öfter er auf diese Weise angeregt wird, desto größer wird die Wahrscheinlichkeit, daß dieser Auslöser ihn ins Bett drängt. Es gibt noch viele andere Situationen, die nicht unmittelbar etwas mit der Sexualität zu tun haben und doch als Auslöser bei zwei Partnern wirken können. Und je häufiger das geschieht, desto häufiger werden beide die versteckten sexuellen Anreize beim anderen entdecken. Diesen Vorgang nennen die Psychologen Konditionierung, das heißt Verbindung eines Reizes mit einer Reaktion, mit der er ursprünglich gar nichts zu tun hat, die er aber nach der Konditionierung auslöst.[39]

Der zweite verzögerte Auslöser spielt die Rolle bei Paaren, die einander nicht durch einen Blick, ein Wort oder eine Berührung in höchste sexuelle Erregung versetzen, die aber dennoch ein zärtliches Verhältnis zueinander haben. Durch Zufall, Kühnheit, Neugier oder im Laufe einer psychotherapeutischen Behandlung finden sie im anderen etwas, was sie anregt, die verborgenen sexuellen Attraktionen also, die ich vorhin bereits erwähnte. Diese Attraktionen können bestimmte Wünsche sein, die zwar jeder von ihnen hatte, aber sorgfältig vor dem anderen versteckte, vielleicht sogar vor sich selbst. Offenbart jedoch ein Partner einen solchen Wunsch und trifft beim anderen nicht auf Verständnis, dann können daraus Schwierigkeiten entstehen, so daß die Frage, ob man einen kühnen Vorstoß wagen oder bestimmte Wünsche lieber weiterhin geheimhalten sollte, nur schwer zu entscheiden ist. Im ganzen gesehen wirken verzögerte Auslöser positiv, wenn sie nur Zeit genug haben, sich zu entfalten. Sie sind scharf zu trennen von fingierten Auslösern oder einseitiger Unzucht, diese beiden führen letzten Endes immer zu gegenseitiger Abneigung und Abstumpfung; dann verzichtet man besser ganz.

Der Auslöser gibt einer Beziehung zwischen zwei Menschen Schwung und Kraft, er wiegt das eintönige Alltagsleben mit seinen Streitereien um Haushaltsgeld und Hausarbeit, mit dem Ärger im Beruf und den langweiligen Abendgesellschaften voll auf. Manche Menschen versuchen, sich durch Alkohol oder Drogen zu stimulieren, aber dann wirken Alkohol oder Drogen, nicht der Partner, und das kann sich auf die Dauer negativ auswirken. Die meisten Frauen wissen, daß sie ihren Mann besser aufmöbeln können als Martini, Marihuana oder eine Dosis LSD es je vermögen.

Fehlt der Auslöser in einer Ehegemeinschaft vollkommen, dann wird immer die Gefahr bestehen, daß einer der beiden Partner außerhalb der Ehe auf ihn stößt. Nehmen wir einmal den typischen Fall, die Frau tut ihre Pflicht und kommt den Wünschen ihres Gatten in mancher Beziehung nach, ist aber unfähig, alle seine Wünsche zu befriedigen. Er seinerseits wagt nicht, sich ihr ganz zu offenbaren, nicht einmal sich selbst gesteht er alles ein. Die Frau gibt sich große Mühe und erwartet dafür von ihm Dankbarkeit. Um ihr Gerechtigkeit widerfahren zu lassen, versucht er Dankbarkeit zu empfinden. Trifft dieser Mann eine andere Frau, die mehr für ihn tut, als er sich je erhofft hatte, ohne sich viel Mühe geben zu müssen und ohne Dankbarkeit dafür zu erwarten, dann hält ihn seine Ehefrau, die so viel von ihrem Stolz für seine Befriedigung geopfert hatte, für einen erbärmlichen Lumpen. Es kann allerdings auch geschehen, daß die Frau sich von einem anderen Mann angezogen fühlt, weil sie bei ihrem Ehemann nicht die volle Befriedigung finden kann. In jedem Fall können ernste Eheschwierigkeiten aus diesem Widerstreit zwischen Erziehung und Biologie entstehen.

Einer Frau in den Vierzigern fällt es sehr schwer, einzusehen, daß sie ihrem Mann das gleiche geben könnte wie seine junge Freundin, wäre sie nur imstande, ihre Erziehung über Bord zu werfen. Die meisten Frauen entscheiden sich in einer solchen Situation jedoch für eine Trennung, nur um ihre Eltern nicht zu verraten. Denn Verrat wäre es ja, gäben sie ihren eigenen sexuellen Wünschen oder denen ihres Mannes nach. Derartige Wünsche, die sie ein Leben lang unterdrückt hatten, erscheinen ihnen fremdartig und sündhaft, auch abstoßend und schlicht unzüchtig. Deshalb wollen wir uns im nächsten Abschnitt mit dem Wesen der Unzucht befassen.

Unzucht

Unzucht kennt nicht die Spontaneität des echten Auslösers, sie ist viel komplizierter. Genauer gesagt, sie ist etwas künstlich Entstandenes. Ein intelligenter und aufmerksamer Mensch, der der Unzucht verfallen ist, hört tatsächlich die Stimmen in sich, jene Stimmen, die uns den Ursprung seiner Leidenschaft verraten. Es ist dies die Stimme der korrupten ‹Eltern›, die sagen, dies und jenes sei erregend, und dann dem ‹Kind› befehlen, dies ebenfalls erregend zu finden und sich entsprechend zu verhalten (siehe Abb. 18 c). Das Kind folgt dieser Aufforderung, denn zunächst ist es tatsächlich erregend. Aber die Lasterhaftigkeit des Elternteils treibt es über die Grenzen der normalen, tolerierbaren Sexualität. Das Ende vom Lied sind Erschöpfung und Verbitterung. Dieser Sachverhalt wird ganz klar in de Sades *‹Die Philosophie im Boudoir›* dargelegt.[40] Dort stachelt die korrupte Sippschaft ein junges Mädchen wieder und wieder an, und da dies ihr erstes Erlebnis in diesem Bereich ist, ist ihr Eifer beinahe, wenn auch nicht ganz unerschöpflich. Dann stellt sich heraus, daß ihr Vater der Urheber dieser hartnäckigen Beharrlichkeit ist: Es genügt ihm nicht, daß seine Tochter von diesen ‹Fachleuten› zur Unzucht verleitet wird, er schickt ihnen auch noch seine Frau und fordert die Bande auf, mit ihr ein gleiches zu tun. Im Grunde ist de Sade trotz seiner lauthals verkündeten Prahlereien ein Feigling, er versagt im entscheidenden Augenblick: Er gestattet keinen Inzest mit der Mutter, sondern bemüht Hilfe von außen, um sie zu schänden und zu verderben. Er geht auf diese Abweichung von seiner Philosophie, mit der er die Zeit bis zur nächsten Erektion auszufüllen pflegte, auch nicht weiter ein.

Unzucht ist also eine Beziehung von ‹Kind› zu ‹Kind›, eine Beziehung zwischen zwei Menschen, bei der jeder nur an den technischen Fertigkeiten des anderen interessiert ist. Denn sie gehorchen in Wirklichkeit dem Elternteil in ihnen, der immer wieder sagt: «Mehr! Mehr! Genieße, verdammt noch mal! Das ist das wahre Vergnügen!» Zuerst sagt das Kind: «Du hast recht!», dann: «Ich glaub schon», dann: «Ich bin mir nicht so ganz sicher . . .» und schließlich: «Es macht überhaupt keinen Spaß!» Dann fängt es wie alle heißblütigen Kinder an zu rebellieren, doch hier drückt sich die Rebellion in Reue aus. Daher rührt es, daß Reue immer aufregender ist als die Tugend. Tugend ist Unterwerfung, Reue dagegen Rebellion gegen den korrupten Elternteil in uns.

Gefährten

Das Wort ‹Gefährte› bezeichnet im wörtlichen Sinn jemanden, mit dem man zusammen ‹fährt›. Ein Kamerad ist jemand, mit dem man denselben Raum teilt (vom spanischen Wort *cámara*, ‹Raum›, abgeleitet). Ein Gefährte ist jemand, mit dem man sich ausgezeichnet amüsieren kann, mit dem man sich unterhält, mit dem man ausgeht. Alle Ich-Zustände beider Partner sind mit im Spiel. Gefährten offenbaren sich gegenseitig ihre elterlichen Vorurteile, geben einander sachliche Ratschläge wie unter Erwachsenen üblich, und genießen kindliche Freuden miteinander (Abb. 7). Gefährten bilden

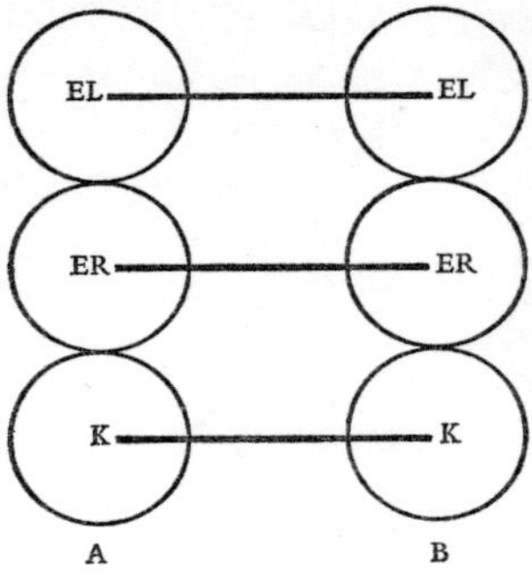

Gefährten

ABBILDUNG 7

immer eine Zweiheit, die Sexualität kann darin eine Rolle spielen, kann aber auch ohne Bedeutung sein. Gefährten sind jedoch nicht notwendigerweise am Wohlergehen des anderen interessiert, zudem kann die Verbindung durchaus zeitlich begrenzt sein, zum Beispiel auf die Sommerferien, eine Kreuzfahrt oder auf die Kriegszeit. In diesen zwei Punkten unterscheidet sich diese Verbindung von der Freundschaft. Gefährten bringen dem Partner gewöhnlich ein gewisses Maß an Respekt und Zuneigung entgegen, aber sie können sich genausogut gegenseitig verachten und trotzdem miteinander ausgehen, einfach deshalb, weil sie dieselben psychologischen Spiele bevorzugen.

Freunde

Die nächste Stufe in unserer Skala der Beziehungen ist die Freundschaft. Das Wesentliche an der Freundschaft ist, daß unter normalen Umständen der Eltern-Ich-Zustand nicht mit von der Partie ist. Das heißt, Freunde kritisieren einander nicht in der Art, wie es die ‹Eltern› mit den ‹Kindern› tun,

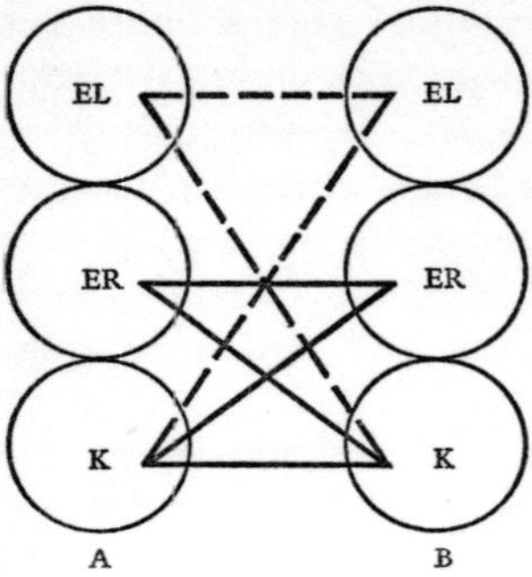

Freunde

ABBILDUNG 8

wenn sie einander auch mit Rat und Tat zur Seite stehen. Die Ratschläge werden auch nicht mit erhobenem Zeigefinger erteilt, sie haben vielmehr eine sachliche Begründung. Es finden also Begegnungen zwischen den Erwachsenen in ihnen und zwischen ‹Kind› und ‹Erwachsenem› statt, wie in Abbildung 8 dargestellt. Ein Freund sagt nicht: «Das Rauchen von Marihuana hat entsetzliche Folgen, wer so etwas tut, der degeneriert. Ich erzähle dir das nur als dein Freund», denn dann spräche der Elternteil aus ihm. Ein wahrer Freund sagt: «Du weißt, du kannst zwanzig Jahre dafür bekommen, wenn du das öffentlich tust. Ich würde dich sehr vermissen, wenn du so lange fortbliebest.»

Freunde akzeptieren einander. ‹Akzeptieren› ist eines jener Wörter, die die meisten Leute benutzen, ohne sich genau über deren Bedeutung im klaren zu sein, wie etwa auch über ‹Zusammensein›, ‹teilen›, ‹Feindseligkeit›, ‹Abhängigkeit› und ‹passiv›. Fragt man sie, was sie damit meinen, antworten sie: «Sie wissen schon, was ich meine» und werden ärgerlich, wenn man erklärt, man wisse das keineswegs. Sie werden deshalb ärgerlich, weil sie in Wirklichkeit nicht wissen, was sie meinen, und sich darauf verlassen, daß ihr Gegenüber es weiß. Wenn der Gesprächspartner nun sagt, er wisse es nicht, so läßt er sie auf dem trockenen sitzen, und sie geraten in Wut. Die einzige Möglichkeit, einen abstrakten Begriff dem Verständnis näher zu bringen, besteht darin, ein Diagramm zu zeichnen oder auch ein Schaubild, in das wir die Beziehungen eintragen. Abbildung 8 zeigt, was ‹akzeptieren› bedeutet. ‹Akzeptieren› heißt in diesem Fall, daß die kritischen Eltern durchgestrichen und entlassen sind.

In zwei Ausnahmefällen können an einer Freundschaft auch die Eltern-Ich-Zustände beteiligt sein. Einmal in jeder Notlage: Hier tritt der sorgende und nicht der kritische Elternteil in Aktion. Ist jemandem ein Unglück widerfahren, so kann sein Freund ihm durchaus seine Anteilnahme zeigen und sich um ihn kümmern, ohne daß darunter die Freundschaft leiden müßte. Mischt sich der sorgende Elternteil aber dauernd ein und bietet seine Hilfe an, wenn sie gar nicht erwünscht ist, dann kann die Freundschaft nicht gedeihen. Auf eben diese Art verhindern die meisten Mütter eine Freundschaft mit ihren Kindern. Selbst wenn sie mit der Kritik zurückhalten, machen sie sich zu viele Sorgen und wollen immer helfen, auch wenn die Hilfe abgelehnt wird.

Die andere Möglichkeit, wie eine Freundschaft die Aktion der ‹Eltern› – und sogar kritischer ‹Eltern› – überleben kann, besteht darin, nur andere Leute, niemals jedoch einander zu kritisieren. Ein klassisches Beispiel dafür bieten die ‹Ausschußmitglieder›, die gut Freund miteinander sein können, gerade weil ‹heute alle so schlimm sind› (außer uns natürlich!). Sie tun nichts anderes, als sich gegenseitig das vorzusagen, was ihre Väter und Mütter sie lehrten, und wenn der Elternteil in ihnen einer Sache zustimmt, dann tun sie das auch, selbst dann noch, wenn das, was sie sagen, jeglichen Sinn verloren hat bzw. nicht kritisch durchdacht worden ist. Deshalb braucht man auch nicht unbedingt vernünftige Dinge von sich zu geben, wenn man einen Freund gewinnen will, es genügt, daß zwei an den gleichen Unsinn glauben.

Freund sein heißt eine dauerhaftere Bindung eingehen als

nur bei Gefährten. Auch Freunde leben zusammen, sprechen miteinander, gehen zusammen aus und amüsieren sich zusammen. Darüber hinaus aber halten sie ein ganzes Leben lang zusammen und helfen einander in der Not.

Proust hat das einmal so gesagt: Ein Freund ist jemand, der dieselben Illusionen hegt wie ich, so daß er meine Gefühle nicht verletzen wird, wenn er herausfindet, daß ich sie auch habe.

Intimität

Je näher zwei Menschen sich kommen, desto selbstgenügsamer und unabhängiger von der Umwelt wird ihre Beziehung. Das ist auch der Grund, warum wir so wenig über die intimen Beziehungen wissen. Die Menschen versuchen schon seit 5000 Jahren zu definieren, was Intimität ist, bislang ohne wirklichen Erfolg. Wenn wir uns aber der Ich-Zustände bedienen, glaube ich doch, daß wir mehr über Intimität sagen können als jemals ein Mensch zuvor.

Intimität ist eine aufrichtige ‹Kind›–‹Kind›-Beziehung ohne jeden Hintergedanken und ohne Ausbeutung. Zuerst treffen die Erwachsenen-Ich-Zustände der beteiligten Personen eine Abmachung. Sie sind sich sehr wohl über ihren Vertrag und ihre Verpflichtungen im klaren, zuweilen sogar, ohne daß ein Wort darüber verloren wird. Wird das gegenseitige Verstehen tiefer, verschwindet der ‹Erwachsene› gewöhnlich von der Bildfläche, und wenn dann nicht die ‹Eltern› eingreifen, wird das ‹Kind› immer sorgloser und freier. Der tatsächliche Austausch von Intimitäten findet zwischen den Kindheits-Ich-Zuständen zweier Menschen statt. Der ‹Erwachsene› bleibt jedoch als eine Art Aufsicht im Hintergrund, um sicherzustellen, daß die Verpflichtungen eingehalten und die von beiden anerkannten Grenzen nicht überschritten werden. Dem ‹Erwachsenen› fällt auch die Aufgabe zu, den ‹Elternteil› davon abzuhalten, sich einzumischen und Schaden anzurichten. In der Tat hängt das Vermögen, Intimitäten austauschen zu können, von der Fähigkeit sowohl des ‹Erwachsenen› als auch des ‹Kindes› ab, die ‹Eltern› im Notfall in Schach halten zu können. Noch besser ist es natürlich, wenn die ‹Eltern› freiwillig ihre Zustimmung geben, ganz ideal wird es, wenn sie die Verbindung fördern. Die Unterstützung von seiten der ‹Eltern› hilft dem ‹Kind›, seine Furcht vor der Intimität zu verlieren und gibt ihm die Sicherheit, daß es nicht durch eine ständige Belastung oder mögliche Schuldgefühle behindert wird.

Wer sich beim Eingehen einer solchen Beziehung aufmerksam genug beobachtet, kann den Ablauf eines solchen Dialogs zwischen den drei Ich-Zuständen ohne weiteres überprüfen. Lauscht er aufmerksam den Stimmen in sich, so wird er das ‹Kind› den Wunsch äußern hören, einen bestimmten Menschen näher kennenzulernen, er wird den ‹Erwachsenen› sagen hören: «Ich glaube, du hast den richtigen Menschen gefunden», er wird die ‹Eltern› in ihm entweder irgend etwas über soziale Stellung oder Religion brummen hören oder aber ihre Zustimmung vernehmen, etwa in der Art: «Du hast es verdient, dich während deiner Ferien zu amüsieren, du mußt ja auch hart arbeiten, wenn du wieder zu Hause bist.» Bei diesen Worten pflegt das ‹Kind› eifrig zu nicken und verspricht, den erwarteten Fleiß zu zeigen.

Ist das ‹Kind› einmal von der Vorsicht des ‹Erwachsenen› und der Nörgelei der ‹Eltern› befreit, setzt sich in ihm ein Gefühl der Begeisterung und des Selbstbewußtseins durch. Das ‹Kind› beginnt so zu sehen, zu hören und zu fühlen, wie es schon immer wollte, und wie es dies in seiner Kindheit auch getan hat, bevor es von seinen richtigen Eltern verfälscht wurde. In diesem Zustand der Selbständigkeit braucht es nicht mehr alle Dinge beim richtigen Namen zu nennen, wie es der Erwachsene von ihm gewöhnlich verlangt, es muß über sein Benehmen nicht mehr Rechenschaft ablegen, wie es seine ‹Eltern› von ihm fordern. Es hat die Freiheit, direkt und spontan auf das zu reagieren, was es sieht, hört oder fühlt.

Da die beiden Partner einander vertrauen, offenbaren sie sich willig die geheime Welt ihrer Phantasie, ihre Erfahrungen und ihre Verhaltensweisen. Als Gegenleistung erwarten sie nichts. Die Freude, sich ohne jede Furcht offenbaren zu können, genügt ihnen.

Um zu einer solchen Beziehung zu gelangen, muß sich das ‹Kind› von den inneren Eltern genauso lösen wie jedes Kind von seinen leiblichen Eltern, und zwar aus denselben Gründen. Sorgloses sexuelles Vergnügen und intime Beziehungen wären nahezu unmöglich, stünden immer der Vater oder die Mutter hinter dem Kind. Die gleichen Schwierigkeiten entstehen, wenn die inneren Eltern sich im Schlafzimmer einmischen. Das ‹Kind› muß sich auch vom ‹Erwachsenen› lösen, denn dieser erwartet von ihm vernünftiges Verhalten. Mit dieser Forderung beginnen in der Regel auch die Eltern, ihre Kinder zu unterdrücken. So gestatten sie ihnen nur eine kurze Zeitspanne, mit reiner und spontaner Freude zu lauschen. Angenommen, das kleine Kind lauscht dem Gesang der Vögel, so wird ihm sein Vater oder seine Mutter früher oder später vorsagen ‹Vögelchen, Vögelchen›, und das Kind soll nachsagen ‹Vögelchen, Vögelchen›. Später wird man ihm beibringen, den Unterschied zwischen einem Spatzen und einem Eichelhäher zu erkennen. Diese Erwachsenen-Geschäftigkeit lenkt das ‹Kind› vom Hören ab. Natürlich ist solch eine Belehrung notwendig und wertvoll, ohne sie würde das Kind schwerlich das Erwachsenenalter erreichen. Leider ist der Mensch nach diesem Drill fast nie mehr in der Lage, diese Datenverarbeitungsmechanismen der ‹Erwachsenen› einmal beiseite zu schieben – er ist nach seiner frühen Kindheit nie mehr wirklich in der Lage, einen Vogel singen zu hören.

Dasselbe spielt sich beim Sehen ab. Die Eltern bringen ihren Kindern bei, daß es unhöflich ist, andere Leute anzustarren, es sei denn, es gebe einen besonderen Anlaß, wie zum Beispiel in gewissen Berufen, beim Haareschneiden, bei einer ärztlichen Untersuchung, in einem psychiatrischen Gespräch. Und so sieht kaum ein Mensch, wenn er erst älter als fünf

Jahre ist, einen anderen an. (Die Angehörigen bestimmter Berufe dürfen ihren Klienten anstarren, weil er ihnen stillschweigend die Erlaubnis dazu gibt, wenn er ihre Dienste in Anspruch nimmt. Mit anderen Worten, die Verträge gewisser Berufszweige bergen in sich eine eingebaute Erlaubnis, andere Menschen anzuschauen. Die ‹Eltern› im Angehörigen eines solchen Berufs setzen die Regel, niemanden direkt anzuschauen, so lange außer Kraft, wie das Schauen ein Teil der Berufsausübung ist. Aber manchmal nutzt das ‹Kind› diese Zeitspanne, um auch einen Blick zu erhaschen. Verdorbene ‹Eltern› sind zuweilen sogar mit diesem Mißbrauch einverstanden, ein interessantes Beispiel für den Unzuchtmechanismus, der in Abb. 18c dargestellt ist. Deshalb hängt ein Schuldgefühl des betrügerischen ‹Kindes› davon ab, ob der gleichgeschlechtliche ‹Elternteil› unzüchtig ist oder nicht.)

In einer intimen Beziehung jedoch kehren beide Partner zu ihrem ursprünglichen, naiven Kindheits-Ich-Zustand zurück, dort ist das ‹Kind› frei von solchen Verboten der ‹Eltern› und den Anforderungen des ‹Erwachsenen› und kann in voller Klarheit das sehen, hören und fühlen, was die Welt zu bieten hat. Dieses Freisein des ‹Kindes› ist der wesentlichste Teil der Intimität, es verwandelt das ganze Universum – Sonne, Mond und Sterne eingeschlossen – für beide Partner in einen goldenen Apfel, an dem beide ihre Freude haben.

Es gibt aber auch die nur einseitige Intimität, bei der ein Partner Bereitschaft zeigt, der andere jedoch nicht. Hier erkennen wir die für Balzac typische Situation, nämlich daß der eine liebt, der andere lediglich erlaubt, daß er geliebt wird. Solche Situationen werden von gewissenlosen Leuten leicht ausgenutzt. Viele Prostituierte und Kurtisanen (unter Berücksichtigung der zur Zeit geltenden Preise kann man, über den Daumen gepeilt, folgendes sagen: eine gewöhnliche Prostituierte ist eine, die bis zu hundert Mark im voraus erhält, eine Edelnutte erhält für ihre Dienste jedesmal über hundert Mark, in Geld oder Geschenken, doch nimmt sie nichts im voraus, eine Kurtisane hat so hohe Einkünfte, daß sie einen Rechtsanwalt zur Vermögensverwaltung braucht), wissen, wie sie das offene und nach Intimität verlangende Kind im Mann ansprechen und befreien können, ohne ihrerseits Schranken abzubauen. Zuhälter und habgierige Männer können Frauen auf die gleiche Art und Weise ausbeuten.

Das ‹Intimitäts-Experiment›, in dem zwei Menschen sich ganz nahe ‹Auge in Auge› gegenübersitzen und direkt miteinander reden, enthüllt viele interessante Aspekte der Intimität.[41] Diese Methode wurde zum erstenmal vor ungefähr zehn Jahren in San Francisco in einem Seminar für Transaktionsanalyse systematisch untersucht. Seither ist sie zu einem festen Bestandteil des Programms von Gruppen für ‹Begegnung› geworden. Zuerst zeigt sich, daß zwei Menschen, gleich welchen Geschlechts, die zu Beginn des Experiments sich nur entfernt kennen oder sich gar völlig fremd sind, unter geeigneten Bedingungen innerhalb von fünfzehn Minuten sehr intim miteinander werden können. Zweitens zeigt sich, daß zwei Menschen, die einander wirklich anschauen und einander wirklich sehen und direkt zueinander sprechen, immer Sympathie füreinander entwickeln[42] (jedenfalls für die Zeit ihres Zusammenseins). Diese Ergebnisse lassen den Schluß zu, daß eine Abneigung entstehen kann, wenn die Menschen erstens einander nicht wirklich ansehen und/oder wenn sie zweitens nicht direkt zueinander sprechen. Das stärkste Hindernis für das Entstehen von Intimität bilden anscheinend kritische ‹Eltern›, an zweiter Stelle ist das verdorbene ‹Kind› zu nennen. Dies ist soweit ganz lehrreich, aber weitere Untersuchungen sind notwendig, um eine fundierte Aussage machen zu können.

Liebe

Für die Liebe gibt es zahlreiche Definitionen, ich will sie hier nicht alle aufzählen. Schon die alten Griechen kannten *eros*, *philos* und *agape*, das Verlangen, die Freundschaft und die

Zuneigung. Da unser Thema hier die Sexualität ist, werde ich nur über *eros* sprechen, über das Verlangen und den Rausch der sexuellen Liebe.

Sexuelle Liebe ist – als Teil der Sexualität – voller Wollust, oder besser noch, voller Lebenskraft, als Teil der Liebe enthält sie das, wodurch wahre Liebe sich gegenüber allen anderen Beziehungen auszeichnet, nämlich daß das Wohlergehen und das Glück des anderen dem eigenen vorgehen. Liebe ist die vollkommenste und edelste Beziehung zwischen den Menschen und birgt in sich das Beste aller anderen – Respekt, Bewunderung, Auslösung, Freundschaft und Intimität –, fügt aber alldem noch den eigenen Reiz und Zauber hinzu. Eine solche Beziehung kann jedoch nur dann lebensfähig sein, wenn die ‹Eltern› mit ihren wachsamen Augen und guten Ratschlägen und der ‹Erwachsene› mit seiner langweiligen Klugheit beurlaubt sind, und das ist genau die Situation, in der die Menschen sich verlieben. In diesem Augenblick hören sie auf, einander mit nüchterner Voreingenommenheit zu betrachten und ihr gesundes Verlangen mehr als es die Vernunft erfordert zu unterdrücken. Liebe ist eine Verbindung von ‹Kind› zu ‹Kind›. Dieses ‹Kind› handelt noch ursprünglicher als bei der Intimität, denn in einer intimen Beziehung sieht das ‹Kind› die Dinge, wie sie sind, in all ihrer ursprünglichen Schönheit, das liebende ‹Kind› fügt dem noch etwas hinzu, verschönert die Lilie mit einem strahlenden Glorienschein, der nur Liebenden sichtbar ist. Mit dieser ursprünglichen, visionären Kraft sieht das Kind seine Mutter: nicht nur als das Schönste überhaupt auf der Welt, sondern auch von einem Glanz umgeben, der alles andere überstrahlt.

In seiner Art ähnelt dieser Glorienschein dem Leuchten, das manche Menschen bemerken, wenn sie LSD genommen haben. Der Unterschied besteht darin, daß in der beiderseitigen Liebe zwei Menschen miteinander verbunden sind, daß sie mehr auf den anderen konzentriert sind als auf das, was in ihrem Kopf vorgeht. Drogen sind ein Ersatz für einen Menschen, allerdings ein schlechter Ersatz. Ein Mensch, der LSD genommen hat, ist von diesem Gift berauscht, während der liebende Mensch sich im Zustand äußerster Klarheit und Reinheit befindet: sowohl das Gift elterlicher Korruption als auch die Befürchtungen des ‹Erwachsenen› sind ausgeschaltet, und das Kind ist frei und kann es wagen, sich in das größte Abenteuer zu stürzen, das die Menschheit kennt (nach der Eroberung des Mondes). Bei der Einnahme von Drogen überantwortet sich der Mensch der Gewalt einer unpersönlichen und nichtmenschlichen Macht, die nicht auf ihn hört und auch nicht an seinem Wohlergehen interessiert ist. Bei der Entgiftung durch die Liebe befindet er sich dagegen in der Gewalt der höchsten persönlichen Wirklichkeit, die es gibt, in der Gewalt eines Menschen, dessen größtes Vergnügen darin besteht, nicht nur seinen Worten, sondern auch der Melodie seiner Stimme zu lauschen und der das stärkste Interesse an seinem Glück und seinem Wohlergehen hat. Liebe ist eine süße Falle, aus der sich keiner ohne Tränen befreien kann.

Manche Leute behaupten, einseitige Liebe sei immer noch besser als gar keine. Sie wird aber wie ein halbierter Brotlaib schneller alt und schimmelig.

Die Klassifikation von Beziehungen

Wenn eine Beziehung rein auftritt, ist sie leicht zu klassifizieren, aber meistens treffen mehrere Beziehungen zusammen, und dann fällt eine Einordnung schwer. Zerlegt man diese Verbindungen jedoch, kann man auch sie klassifizieren. Das nachfolgende Beispiel will einige Schwierigkeiten und Fallstricke aufzeigen und dann demonstrieren, wie sie durch Beziehungsdiagramme überwunden werden können.

Susan war eine junge Dame in den Zwanzigern. Sie liebte kleine Kinder und zeigte einen stark ausgeprägten Familiensinn. Von Männern hielt sie sich fern, denn sie fürchtete sich vor ihnen und ihrer Sexualität. Immer zog sie sich von Bekannten, mit denen sie Spiele spielte, zurück, sobald Gefahr drohte, daß sich ihre Beziehung zur Intimität oder gar Liebe entwickelte. Einst hatten wir folgende Unterhaltung:

SUSAN: Ich komme ganz gut mit Roger aus, aber es ist keine Liebe, nur Vögelei. Wir sind wirklich gute Freunde, aber er könnte genausogut mein Bruder sein. Er repariert alles mögliche im Haus, und dann gehen wir ins Bett. Ich fürchte mich nicht mehr vor der Sexualität, aber sie bietet mir nicht viel.

DOKTOR: Zu dumm, daß am andern Ende des Penis immer ein Mann sein muß.

SUSAN: Ja, es wäre für mich viel einfacher, wenn es nicht so wäre. Wenn ich einen Penis zum Spielen hätte und einen Mann, der für mich sorgt, dann wäre alles in Ordnung.

In der Sprache der Transaktionsanalyse heißt das, Susan wünscht, daß Roger ständig die Rolle wechselt, immer zwischen den sorgenden ‹Eltern›, dem hilfreichen ‹Erwachsenen› und einem sexuell erregenden ‹Kind› hin und her pendelt, während sie immer im Kindheits-Ich-Zustand verbleibt. Nach ihrer Beschreibung könnte man die Beziehung zwischen ihr und Roger als eine zwischen Gefährten oder Freunden klassifizieren, aber es zeigen sich Unterschiede zu beiden. Eine Beziehung zwischen Gefährten (Abb. 7) ist eine gerade Querverbindung entweder zwischen ‹Eltern› oder zwischen ‹Erwachsenen› oder zwischen ‹Kindern›. Die Beziehung, von der wir hier sprechen, hat jedoch einige verborgene Vektoren. Eine Beziehung zwischen Gefährten ist symmetrisch dadurch, daß sie sich immer auf der gleichen Ebene treffen. Von der Beziehung zwischen Susan und Roger kann man das nicht sagen. Die Freundschaft kennt zwar auch geheime Vektoren, doch werden sehr selten die Eltern mit hineingezogen, während in der Beziehung zwischen Susan und Roger die ‹Eltern› ein wesentlicher Bestandteil sind. Zudem ist auch die Beziehung zwischen Freunden symmetrisch, anders als die zwischen Susan und Roger.

Wir wollen diese Beziehung jetzt einmal in die drei Aspekte zerlegen, die Susan geschildert hat. Sie befindet sich immer im Kindheits-Ich-Zustand (Abb. 9, 10 und 11), während Roger von einem Ich-Zustand zum anderen wechselt. Fassen wir die drei Diagramme zu einem einzigen zusammen, so erhalten wir ein Bild von der Gesamt-Beziehung (Abb. 12). Hieraus lassen sich die verschiedenen Möglichkeiten ablesen. Es sieht nicht aus wie ein vielversprechendes Diagramm für Arbeitskollegen, auch nicht für Eheleute (für eine Ehe sind mehr als drei Vektoren erforderlich, wenn sie funktionieren soll), und eine Zuordnung zur Gruppe der Beziehungen zwischen Gefährten oder Freunden bereitet ebenfalls Schwierigkeiten, wie wir gesehen haben. Der Intimität und der Liebe ähnelt ihre Beziehung auch nicht wegen ihrer Asymmetrie. Die Folgerung: Susan muß sich ändern, entweder durch eine psychotherapeutische Behandlung oder durch die Begegnung mit einem anderen Mann, so daß sie ihre kindliche Furcht überwinden und ihm auf gleicher Ebene begegnen kann. So konnten wir voraussagen, daß die Beziehung zwischen Susan und Roger nicht von Dauer sein kann (und auch nicht sein sollte), was sich bald bestätigte. Obwohl diese Verbindung Roger einigermaßen befriedigte, auch auf sexuellem Gebiet, nutzte Susan ihn im Grunde in hohem Maße aus, denn sie nahm alle seine Ich-Zustände zur Befriedigung ihrer eigenen Wünsche in Anspruch, während er nur das bekam, was er ergattern konnte.

Es ist klar, daß die Sexualität in jeder der bisher erwähnten Beziehungen einen Platz finden kann, wie die nachfolgende Aufstellung zeigt, in der ich einzelne Punkte noch näher erläutern werde.

1. *Sexualität zwischen Bekannten oder bei Gelegenheit.* Dazu mag es durch Zufall kommen, aus einem Impuls heraus, gegen Bezahlung, um etwas zu beweisen, um es jemandem zu zeigen, oder als Kurzweil in bestimmten langweiligen Situationen.

2. *Sexualität zwischen Arbeitskollegen.* Sie wird allgemein zwischen Berufstätigen der gleichen sozialen Stufe gepflegt.

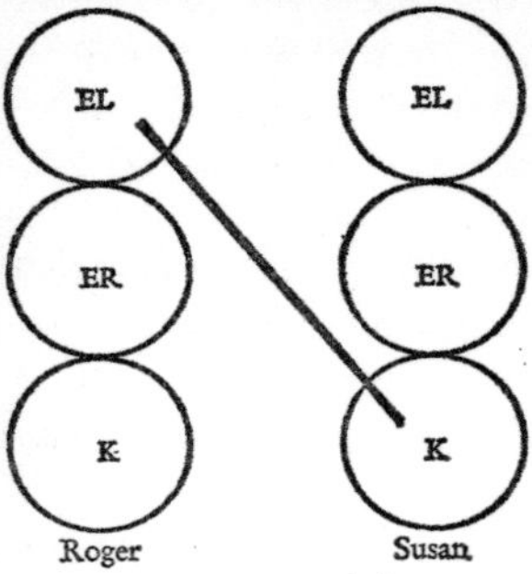

Eine asymmetrische «Eltern»-«Kind»-Beziehung

«Ein Mann, der für mich sorgt»

ABBILDUNG 9

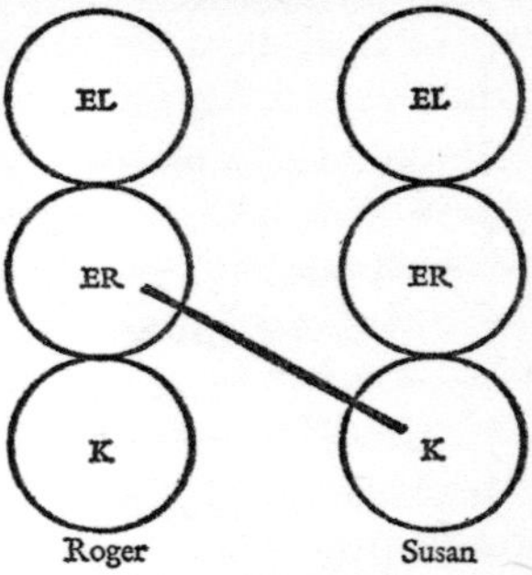

Eine asymmetrische «Erwachsenen»-«Kind»-Beziehung

«Er bringt meine Angelegenheiten in Ordnung»

ABBILDUNG 10

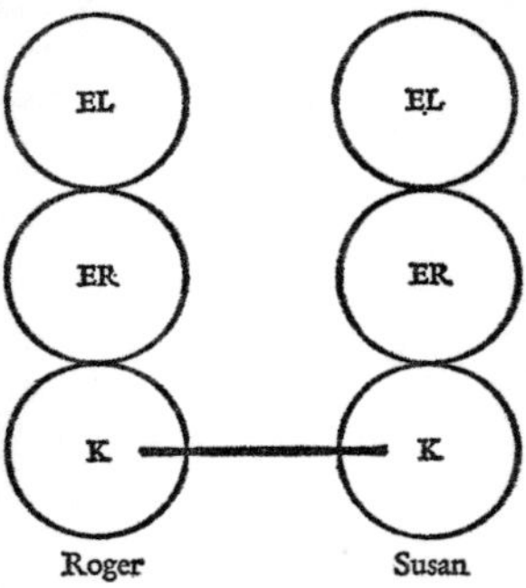

Eine symmetrische «Kind»-«Kind»-Beziehung

«Ein Penis zum Spielen»

ABBILDUNG 11

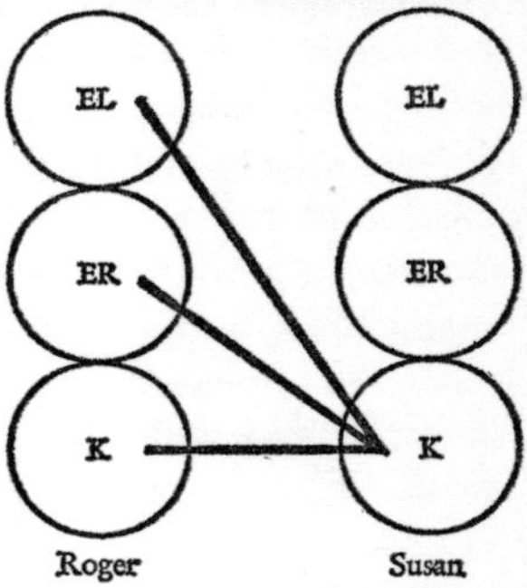

Hochgradige Ausnutzung

Die Beziehung Roger—Susan

ABBILDUNG 12

Die meisten Geschäftsleute meiden Sexualität mit ihren Angestellten aus der Überlegung heraus, daß es leichter ist, eine gute Mätresse als eine gute Sekretärin zu finden. Kluge Sekretärinnen verhalten sich entsprechend, wissen sie doch, daß es leichter ist, einen netten Freund als einen netten Chef zu finden. Abgesehen von ethischen Überlegungen vermeiden Therapeuten und Patienten sie aus ähnlichen Gründen. Es ist für einen Therapeuten leichter, eine nette Freundin als eine gute Patientin zu finden. Und offensichtlich ist es leichter für die Patientin, einen netten Freund, als einen guten Therapeuten zu finden, einfach deshalb, weil es in diesem Lande Millionen von annehmbaren Junggesellen gibt, aber nur einige Tausend fähige Therapeuten.

3. *Sexualität unter Ausschuß- oder Vereinsmitgliedern.* Hier kommt es auf die Enge des Kontakts der Mitglieder und auf die individuelle Neigung an. In einem Ausschuß, der wirklich etwas leistet, mag es noch gutgehen, in einem ‹Ist-das-nicht-schrecklich?›-Ausschuß kann es nicht gutgehen.

4. *Sexualität aus Respekt.* Sie birgt ein Risiko in sich, selbst wenn beide Partner unverheiratet und ihrer Potenz sicher sind. Ist die sexuelle Beziehung nicht vollkommen ehrlich und vollkommen befriedigend, dann verbrennt der Respekt bald in der Glut einer verhängnisvollen Leidenschaft, und in der übriggebliebenen Asche schwelt die Verachtung weiter. Ein derart schlimmes Ende einer an sich so feinen Sache ist selten das Wagnis wert.

5. *Sexualität aus Bewunderung.* Dies ist ein erfolgreicher Weg, wenn man über jemanden, den man bewundert, einiges erfahren will.

6. *Sexualität aus Zuneigung* ist toll.

7. *Sexualität zwischen Gefährten.* Eine gute Möglichkeit, die Miete zu teilen, meinen manche Leute.

8. *Sexualität unter Freunden.* Nichts gerät mehr in Konflikt mit der Freundschaft als die Sexualität, und nichts gerät mehr in Konflikt mit der Sexualität als die Freundschaft.

9. *Sexualität aus Intimität* ist wunderbar.

10. *Sexualität aus Liebe.* Sexuelle Anziehung ist ein guter Kitt. Aus ihr entstehen auch Kinder.

Die Ehe

Eine Ehe kann man auf jeder der zuvor besprochenen Ebenen gründen, ich will auch gar nicht den Versuch unternehmen, eine formale Analyse dieser komplizierten Beziehung aufzustellen, einer Beziehung, die allein in den USA Jahr für Jahr 500 000mal in die Brüche geht. (Die Moral, die man daraus ableiten kann: Das wirksamste Mittel gegen Scheidungen ist die Abschaffung der Ehe!) Aber ich möchte doch eine sehr ungewöhnliche Klassifizierung wagen, die innerhalb gewisser Grenzen zwei große Vorzüge aufweist: Sie ist unmißverständlich, und man kann sie leicht im Gedächtnis behalten. Sie hat als Grundlage folgende Buchstaben des Alphabets: A, H, I, O, S, V, X und Y.

Eine A-Ehe beginnt als Muß-Ehe oder als Notlösung. Die beiden Eheleute sind weit voneinander entfernt, aber bald finden sie eine erste Gemeinsamkeit, vielleicht ihr Kind. Diese Gemeinsamkeit, dieses Band, wird durch den Balken im A dargestellt. Im Laufe der Zeit kommen sie dann einander immer näher, bis sie sich schließlich gefunden haben und ihre Ehe gut läuft. Das wird durch den Schnittpunkt der Schenkel im A ausgedrückt.

Eine H-Ehe beginnt auf die gleiche Weise, aber die beiden Partner kommen sich niemals näher, die Ehe wird nur durch ein einziges Band zusammengehalten. Entfällt diese Gemeinsamkeit aus irgendeinem Grund, gehen beide wieder ihrer eigenen Wege.

Eine I-Ehe beginnt und endet mit einem Paar, das zu einer Einheit verschmolzen ist.

Eine O-Ehe bewegt sich im Kreis, kommt niemals irgendwo an, wiederholt stets die gleichen Verhaltensmuster, bis sie durch den Tod oder durch Trennung ein Ende findet.

In einer S-Ehe sind die beiden Partner ständig auf der Suche nach dem Glück, sie kommen jedoch nicht sehr weit, und zum Schluß sind beide enttäuscht, verwirrt, Anwärter für eine psychotherapeutische Behandlung, vor allem, weil sie noch so viel Gemeinsames haben, daß sie keine Scheidung wünschen.

Am Anfang einer V-Ehe steht ein sehr inniges Paar, aber beide beginnen sehr schnell sich auseinanderzuleben, vielleicht nach den Flitterwochen, vielleicht auch schon nach der ersten gemeinsam verbrachten Nacht.

Eine X-Ehe beginnt wie eine A-Ehe. An einem bestimmten Punkt gibt es eine einzige Periode des Glücks. Dann wartet das Paar darauf, daß diese Zeit noch einmal wiederkehrt doch das geschieht nicht, die beiden entfremden sich immer mehr und vereinigen sich nie wieder.

Eine Y-Ehe beginnt gut, aber bald häufen sich die Schwierigkeiten, möglicherweise entdeckt dann jeder eigene Interessen, und schließlich geht jeder seiner Wege.

Es gibt zweifellos noch viele andere Ehemodelle, aber sie passen nicht in das von uns verwandte Alphabet, zu ihrer Klassifizierung benötigen wir ein stärker gegliedertes System.

Zwischenmenschliche Beziehungen, wie sie die Gesetze kennen

Als Gegensatz zu dem strukturellen oder Ich-Zustand-System das wir für unsere Klassifizierung zwischenmenschlicher Beziehungen benutzten, wollen wir kurz die Aspekte der Sexualität in einem anderen, festverwurzelten Klassifizierungssystem beleuchten. Seit der Antike hat eine ununterbrochene Untersuchung und Definition der menschlichen Beziehungen stattgefunden, bis zu einem gewissen Grade sogar schon vorher. Die Rechtsbücher kennen im allgemeinen vier Gruppen. Wir haben noch eine fünfte hinzugefügt, denn wenn es sic auch nicht um eine ursprüngliche persönliche Beziehung handelt, kann sie doch sehr schnell zu einer persönlichen Beziehung werden.

Mann und Frau als Ehepartner

Hier ist Sexualität nicht nur erlaubt, sondern mehr oder weniger eine Pflicht. Weigert sich einer der beiden von Anfang an, seinen ehelichen Pflichten nachzukommen, so kann die Ehe für nichtig erklärt werden, weigert er sich zu einem späteren Zeitpunkt, kann die Ehe geschieden werden. Andererseits gibt es in vielen Staaten strenge Vorschriften darüber, welche Spielarten der Sexualität in der Ehe ‹gesetzlich› sind. Jeder andere als der vaginale Beischlaf mit einander zugekehrten Gesichtern wird mancherorts als ‹ein Verbrechen wider die Natur› bezeichnet und als schweres Verbrechen verfolgt, das mit hohen Gefängnisstrafen geahndet wird. So macht – laut Gesetz – ein mit einander zugekehrten Gesichtern ausgeführter Sexualakt eine Ehe aus, jede andere Form des Beischlafs aber verwandelt die beiden Partner in Schwerverbrecher.

Eltern und Kind

Sexualverkehr zwischen Eltern und ihren Kindern ist verboten – die gesetzliche Bezeichnung dafür ist Inzest. Der Inzest ist auch dann verboten, wenn das Kind herangewachsen und volljährig ist. Die einzigen sexuellen Freuden, die das Gesetz in diesem Bereich gestattet, sind extreme Perversionen und Handlungen, die nur geringen Bezug zur Sexualität haben und die in der Moral oder der Hygiene eine Rechtfertigung finden. Ein Vater darf seine Kinder durchprügeln, auch seine Töchter, und es ist gleichgültig, ob sie dabei nackt sind oder angezogen. Eine Mutter darf ihrem Sohn jeden Tag einen Einlauf machen (und der Vater seiner Tochter), auch ohne die Anordnung eines Arztes. Ein Vater ist vom Gesetz ermächtigt, das Kleid seiner Tochter zu heben, wenn sie von einer Verabredung heimkommt, um nachzuschauen, ob sie sexuellen Verkehr gehabt hatte. Und beide Eltern dürfen vor den Augen ihrer Kinder Striptease machen, wenn sie ins Bad gehen wollen.

Wärter und Schutzbefohlener

Dieses Verhältnis umfaßt viele juristische komplexe Situationen. Im allgemeinen sollen der Wärter und sein Schutzbefohlener keine sexuellen Kontakte miteinander pflegen. In manchen Fällen ist dies ausdrücklich verboten, in anderen wieder erlaubt und kann durchaus eine der Vergnügungen einer rechtlichen Beziehung sein. Ist der Schutzbefohlene minderjährig, sind die gleichen Perversionen wie zwischen Eltern und Kindern gestattet.

Herr und Diener

Hierzu zählt auch das Verhältnis von Meister und Lehrling ferner das von Lehrer und Schüler. Es ist eine weitverbreitete Ansicht (zumindest geschieht es nicht selten), daß der Herr mit seiner Dienerschaft Sexualverkehr pflegen darf, ebenso die Herrin. Ergeben sich daraus negative Folgen, so hat der oder die Bedienstete kraft Gesetzes Anspruch auf Entschädigung bzw. Unterhalt. Solche Beziehungen sind zu einer Ar herrschaftlichem Roulette geworden. Kommt die vom Mädchen gesetzte Zahl nicht heraus, verliert der Herr. In de alten Zeiten, als die Lehrer zu ihren Schülern noch eine gewisse Distanz wahrten, wurde Sexualität zwischen ihnen al unmoralisch angesehen. Heute, da die Beziehung zwische Lehrer und Schüler immer enger wird, wird auch sexuelle Kontakt zwischen ihnen immer üblicher, und die Gesellscha akzeptiert ihn. Eine sexuelle Beziehung zwischen Chef un Sekretärin wird als etwas Normales angesehen, sogar in de öffentlichen Meinung, aber solche doppelgleisigen Beziehungen sind und bleiben gewagt. Viele Frauen geben entwede eine gute Sekretärin oder eine gute Hausfrau ab, es ist nicht leicht, einem Mann beides zu sein, und oft geraten die beiden Berufe miteinander in Konflikt.

Angehörige von Dienstleistungsberufen und ihre Kunden

Es gibt kein Gesetz, das einem Geschäftsmann sexuelle Beziehungen zu seinen Kunden verbietet, aber es gibt bestimmte geschäftliche Beziehungen, denen ein Vertrauensverhältnis zugrunde liegt. Dabei befindet sich der Klient in der Hand des Beratenden und neigt dazu, sich auf dessen Urteil zu verlassen, da er für diese Leistung ja auch bezahlt. Ein derartiges Verhältnis besteht zum Beispiel zwischen einem Rechtsanwalt oder einem Sozialarbeiter und seinen Mandanten, zwischen Ärzten oder Psychotherapeuten und ihren Patienten. Eine Affäre zwischen einem Angehörigen dieser Berufsgruppen und seinem Klienten oder Patienten gilt häufig als ethisch nicht vertretbar, manchmal sogar als ungesetzlich. Einige wenige Therapeuten tun so etwas dennoch, weil sie glauben, ihre Patientinnen würden dann schneller geheilt werden, doch führt diese Methode kaum jemals zum erhofften Erfolg. In der Mehrzahl der Fälle schadet eine Affäre der therapeutischen Situation, und der Zustand der Patientin verschlechtert sich. Versuche dieser Art schlagen deshalb fehl, weil Liebe in dem Behandlungsvertrag nicht vorgesehen ist. Der Patient zahlt für die Behandlung und nicht für Sex. Einige Therapeuten und Rechtsanwälte umgehen das ethische Problem, indem sie warten, bis der Fall ‹erledigt› ist, und nehmen dann sexuelle Beziehungen zu ihren Klienten oder Patienten auf. Dies mag zwar durchaus mit dem Gesetz zu vereinbaren sein, sicherlich aber nicht mit ethischen Grundsätzen.

Manchmal läßt sich einer, der mit seinem Kunden, Klienten, Patienten etc. sexuellen Kontakt aufnimmt, auch für diese Dienste bezahlen, und stellt sich damit auf eine Stufe mit einem Hausierer oder einem Gigolo.

Es zeigt sich, daß die vom Recht vorgenommene Einteilung menschlicher Beziehungen zum Nachdenken anregen kann, aber insgesamt ist sie nicht so einheitlich und geistig auch nicht so befriedigend wie der Weg über die Transaktionen. Sie bietet weder die Möglichkeit einer Analyse noch einer Vorhersage der Beziehungen, noch trägt sie zu ihrem tieferen Verständnis bei. Im Grunde ist sie nicht so sehr von Wissenschaftlichkeit als vielmehr von Zynismus durchdrungen. Diese Feststellung trifft aber auch auf andere allgemein bekannte Systeme zu. Die Psychoanalyse kann wohl die Beziehungen untersuchen, kann sie aber nicht sinnvoll klassifizieren, und ihre Analysen sind noch viel umständlicher als die der Transaktionsanalytiker.

Weitere Information darüber, wie man Beziehungen in einer schematischeren Weise klassifizieren kann, findet sich im Anhang dieses Buches.

5. Kapitel
Sexspiele

Einleitung: Wir leben in einer verrückten Welt

Man kann die Sexualität allein genießen oder in Gruppen, zu zweien als Akt der Intimität oder der Leidenschaftlichkeit, als Entspannung, als Pflichtübung oder aber einfach als ein Mittel, die Zeit totzuschlagen und die Langeweile zu vertreiben, die uns früher oder später in die Arme ihres Verbündeten, des Todes, schickt, sei es durch Krankheit oder durch Unfall.

Um der Wahrheit die Ehre zu geben: nicht die Zeit vergeht, sondern wir vergehen in der Zeit. Unser Leben ist kein Fluß, den es zu überwinden gilt, sondern ein breiter Ozean. Einige überqueren ihn in Ruderbooten und bestehen einsam ein mühseliges und gefahrvolles Unternehmen. Andere sitzen in vollen Bars bei Drinks und Spielen und überlassen die Arbeit den Maschinen und der automatischen Steuerung. Nur wenige segeln auf einem glanzvollen Schoner oder einer Jacht oder etwas noch größerem. «Ahoi! Die Leinen los! Die Segel gesetzt! Auf unserem prachtvollen Fünfmaster – dem einzigen Fünfmaster, der je die sieben Meere befahren hat.» Es gibt noch eine weitere Möglichkeit, den Ozean zu überqueren, das ist ein Nonstop-Flug, bei dem man sich um das, was sich unten tut, überhaupt nicht kümmert.

In den Städten und auf dem Land leben Millionen Vögel. Doch wer von uns kann sagen, daß er heute einen von ihnen mit Bewußtsein gehört hat? In den Städten und auf dem Land gibt es Tausende von Bäumen. Doch wer von uns kann sagen, daß er sich heute einen mit Bewußtsein angesehen hat?

Mir selbst ist einmal folgendes passiert. Zwei Jahre lang ging ich fünfmal in der Woche von meinem Büro zum Postamt des Städtchens, in dem ich lebe. Fünfhundertmal bin ich diesen Weg gegangen, 499mal hatte ich den kleinen Kaktus, der zwischen zwei Palmen wuchs, übersehen. Mir war nicht einmal aufgefallen, daß an dieser Ecke überhaupt etwas wuchs, so beschäftigt war ich damit, zur Post zu kommen, um dort meine Briefe abzuholen, dann zurückzugehen, um die Briefe zu beantworten, damit ich wieder zum Postamt gehen konnte, um die Erwiderungen auf meine Antworten abzuholen, damit ich diese Erwiderungen auf meine Antworten wieder beantworten konnte, zur Post bringen und dort gleich neue Briefe zum Beantworten mitnehmen konnte.

Ich hatte meine Zeit an eine Pflicht verpfändet, die ich niemals hundertprozentig erfüllen konnte, die ich mir aber hätte vom Hals schaffen können – ich hätte nur die Briefe zerreißen müssen und sie fein säuberlich Stück für Stück in einen der Papierkörbe werfen müssen, die die Stadtverwaltung zur Reinhaltung der Stadt allenthalben aufgestellt hat.

Ich dachte einmal daran, als ich in Wien in einem Hotelbett lag und der Stille der Nacht lauschte. Dann kamen mit dem ersten fahlen Morgenlicht die ersten Lebenszeichen, der langsame Wiener Morgenwalzer. Die Sechs-Uhr-Leute eröffneten den Tanz und bereiteten den Weg für die Sieben-Uhr-Leute, die ihrerseits alles vorbereiteten für die Acht-Uhr-Leute, die sich um die Neun-Uhr-Leute kümmerten. (Die Sechs-Uhr-Leute könnten wohl die Busfahrer sein, die Sieben-Uhr-Leute die Köche, die Acht-Uhr-Leute die Kellnerinnen, oder doch einige von ihnen, die Neun-Uhr-Leute vielleicht Sie oder ich.) Die Geschäfte, die Büros werden geöffnet, damit pünktlich um zehn die Verkäufer und die Angestellten ihre Arbeit aufnehmen können, damit um zwölf wieder geschlossen werden kann, damit die Leute nach Hause zum Essen gehen können, damit sie um zwei wieder ihre Geschäfte und Büros öffnen können, damit sie um fünf wieder schließen können, damit sie um sechs zu Hause sind und sich umziehen können zur

Essen, um anschließend um acht Uhr ins Theater zu gehen, um um elf Uhr wieder zu Hause zu sein und sich ins Bett zu legen, damit sie am nächsten Morgen ausgeschlafen und gut in Form sind, wenn um fünf bzw. um sechs bzw. um sieben bzw. um acht der Wecker klingelt.

Sie singen ein Lied vom Sonntag, an dem sie nicht durch all diese Dinge gebunden sind. Einige von ihnen stürzen sich an diesem Tag in die Donau und lassen sich von ihren Fluten tragen, wie es die Zeit nicht kann. Denn die Zeit ist kein Fluß, der ganze weite Ozean muß überquert werden von der einen Küste, an der man seinen ersten Schrei tut, bis zu der anderen, an der man den letzten Atemzug macht. Diese Faszination, die vom Wasser ausgeht, ist nicht der Phantasie der Schlagerkomponisten entsprungen.

In Wien begehen jährlich fünfhundert Menschen Selbstmord. Und wissen Sie, welches Land die höchste Selbstmordrate hat? Ungarn. Da denken Sie an Kommunismus. Wissen Sie, welches Land die zweithöchste Selbstmordrate hat? Österreich. Da denken Sie an Demokratie. Richtig, die beiden Länder haben auch etwas gemeinsam, die Donau nämlich. In welchem Land hinter dem Eisernen Vorhang ist die Selbstmordrate niedriger als für die weißen Amerikaner, aber höher als für die schwarzen Amerikaner? Das ist Polen.[44] Da die Zeit nicht vergeht, müssen wir sie verbringen. Das aber heißt, wir müssen sie einteilen und aufteilen. «Sitzen Sie nicht so rum, tun Sie was!» – «Was machen wir heute morgen oder heute mittag oder heute abend?» – «Mutti, ich habe nichts zu tun!» – «Er tut einfach nichts.» – «Ich habe eine Unmenge zu tun.» – «Raus aus dem Bett, du Faulenzer!» – «Mach, daß du rauskommst, du faules Schwein.» – «Setzen Sie sich bequem hin, entspannen Sie sich, für eine Million werde ich Ihnen die Zeit auf Kanal 99 vertreiben. Für eine Million? Mann, das ist die Sache wert. Gib ihm zwei, wenn du kannst.»

Mit der Sexualität kann man seine Zeit recht angenehm ausfüllen. Obwohl auch Eunuchen genügend Beschäftigung finden. Abdullah, der alte, kranke Mann Europas und Asiens, sitzt in seinem Serail, ständig auf der Jagd nach sexueller Erregung: «Man kann ihnen nicht trauen, sie haben schließlich Hände und sie kennen noch andere Möglichkeiten, schneide ihnen die Hoden ab, aber was soll das? Sex ist im Kopf und keineswegs ausschließlich in den Hoden. Sie finden das nach dieser grausamen Tortur selbst heraus, und dann heißt es kürzertreten, wenn man seine Lust befriedigen will und sich eine Frau nimmt. Sie nennen mich Abdullah, den Grausamen, aber ich habe einen sinnlichen Sinn für Humor. Bringt mich ins alte Istanbul und zum ausgelassenen Leben am Goldenen Horn. Holt die Mädchen aus diesen schmutzigen Bumslokalen und bringt sie zurück in ihre angenehmen Harems, nein vielmehr aus den schmutzigen Harems in die angenehmen Bumslokale. Ach, macht's doch, wie ihr wollt.»

Aber das Leben besteht nicht nur aus Sexualität. Man kann sich auch nicht ununterbrochen sexuell betätigen, nicht einmal den ganzen Tag daran denken kann man. Tiere machen es im Frühjahr und im Herbst, die übrige Zeit beschäftigen sie sich mit Fressen, Fressen, Fressen, Fressen. Wer möchte ein Tier sein? *Vive la différence!* Der Unterschied besteht darin, daß für die Menschen etwas noch wichtiger ist als diese wichtigen Dinge Essen und Sex. Darüber – über den Unterschied – denken sie sogar nach zwischen dem Essen und dem Bett. Dieser noch wichtigere Teil ist das ‹Ich›, das ‹Selbst›. Noch wichtiger als Essen und Sexualität ist es für mich, eine Persönlichkeit zu sein. Und ich bin eine Persönlichkeit. Leider ist das meistenteils eine Illusion.

Die Eltern programmieren uns

Von Geburt an machen die Menschen, was ihnen gesagt wird. Die meisten Tiere tun das nicht. Hier liegt der wirkliche Unterschied, außerdem ist es genau das Gegenteil von dem, was die Menschen gewöhnlich sagen. Sinnenfreudige Menschen werden manchmal (aber nur von manchen) ‹Tiere› genannt, obwohl die Menschen eigentlich viel sinnlicher sind als Tiere. Auch würde man ein Tier, das wenig sexuelles Bedürfnis zeigt, wohl kaum einen ‹Menschen› nennen. Lasterhafte Menschen werden ebenfalls ‹Tiere› genannt, aber Tiere sind nicht lasterhaft, allenfalls hungrig. Die Menschen halten sich für frei und sind doch die willfährigsten Lebewesen.

Einige Tierarten kann man dazu abrichten, das eine oder andere Kunststück vorzuführen, aber sie lassen sich nicht zähmen. Andere Tiere lassen sich zähmen, überdies lassen sie sich noch das eine oder das andere Kunststück beibringen. Der Mensch aber ist von Anfang an gezähmt und verbringt den größten Teil seines Lebens damit, für seine Lehrmeister Kunststücke zu vollbringen: zuerst für Vater und Mutter, dann für seinen Lehrer, danach für jeden, der ihn zu fassen kriegt und ihm Lehrstücke vom Krieg oder der Revolution beibringt oder Kunststücke des Friedens. «Revolution, ba! Hau ab, Alex. Jetzt laufe ich mal über das Hochseil in Joes Show. Fu, Manchu! Jetzt laufen die braunen Schafe dem Mao nach. Glauben, arbeiten, gehorchen. Manni kann ich nicht mehr glauben, so gehorche ich eben Banni. Ich bin so frei, einen Kilometer zu laufen und dann ‹Heil› zu rufen. Ich kann auf der Siegerstraße mitmarschieren oder vor Gericht gestellt werden, mein Glück machen oder vor die Hunde gehen. Die Menschen sind programmiert, zu gehorchen, gehorchen, gehorchen, gehorchen – dem Gehorsamen oder dem höflichen oder dem unhöflichen Ungehorsam. Machen Sie sich einen Strich rechts, einen links, weichen Sie von diesem Pfad nicht mehr ab. Doch weichen Sie ab, machen Sie keine Linie. Nach welcher Seite soll ich abweichen? Gegen welche Seite soll ich ankämpfen? Nicht ankämpfen. Andrehen, einstellen, abhauen. Das ist eine Reihenfolge. Hör nicht auf diese anderen Schweine, hör auf deine eigenen Schweine. Sei Anarchist. Sei frei und unabhängig, Teufel noch mal. Sei originell – nein, nein, nicht so – so!! Es geht nicht anders, du mußt Spaß daran haben und spontan sein.»

So wird das gemacht!

Von den ersten Monaten an wird dem Kind nicht nur beigebracht, was es zu tun hat, sondern auch, was es zu sehen hat, zu hören, zu fühlen, zu denken, zu berühren. Zudem wird dem Kind jetzt schon gesagt, ob es ein Verlierer oder ein Gewinner ist und wie sein Leben enden wird.

Alle diese Regeln werden seiner Seele und seinem Gehirn einprogrammiert, sie sind so wie die Lochkarten in einem Computer. Das, was er in späteren Jahren für Unabhängigkeit hält oder für Autonomie, ist lediglich die Freiheit, bestimmte Karten herauszusuchen, aber auf diesen Karten finden sich nur die Zeichen, die zu Anfang dort eingestanzt wurden. Manche Menschen fühlen sich frei und erfrischt, wenn sie rebellieren. Gewöhnlich geht das entweder so vor sich, daß sie einige der Lochkarten, die in ihrer Jugend gestanzt wurden, herauswerfen, und zwar die, die sie sowieso nie gebraucht haben, oder sie drehen einige der Karten herum und machen genau das Gegenteil von dem, was eigentlich auf der Karte steht. Oft läuft es nur darauf hinaus, der Anweisung auf einer weiteren Karte zu folgen, die da lautet: «Wenn du achtzehn bist (oder vierzig), nimm den neuen Kartenstapel in Gebrauch», oder auch: «Dreh die folgende Karte um.» Eine andere Art Rebellion folgt der Anweisung: «Wenn du achtzehn bist (oder vierzig), wirf die Karten der Serie A weg. Laß ihren Platz frei.» Dieser freie Platz muß dann so schnell wie möglich mit einem neuen Programm gefüllt werden. Lieferant der Programme sind Drogen oder Revolutionsführer.

In ihrem Bemühen, keine Dummköpfe oder Eierköpfe zu werden, werden diese Menschen zu Knallköpfen und zu Rauschköpfen. Jedenfalls haben alle Menschen mit fünf oder sechs Jahren – ja, mit fünf oder sechs Jahren – ein fix und fertiges Programm, einen Lebensplan, diktiert von den Eltern. Wie jemand sein Leben verbringt, wohin es ihn führt, ob er ein Gewinner sein wird oder nicht, das alles steht in diesem Plan. Wird es sich in vornehmen Räumen abspielen, unter Menschen, die man gern mag, oder in einem Bett, das auf dem Gang eines städtischen Krankenhauses steht? Versinkt es gar wie ein bleierner Vogel in den kühlen, unruhigen Wassern unter der Golden Gate Bridge? Mit fünf oder sechs Jahren ist man sich dessen natürlich noch nicht bewußt, aber man weiß doch schon, daß es siegreiche Löwen gibt, daß es einsame Korridore gibt und daß es tote Fische in kaltem Wasser gibt.

Der Junge begreift auch schon, daß er entweder erster werden wird oder doch zweiter wie sein Vater oder sein Papi oder daß er letzter werden wird wie sein alter Herr. «Wir leben in einem freien Land, glotzen Sie nicht so.» – «Wir können frei reden, hören Sie mir zu.» – «Wenn Sie nicht selbst für sich sorgen, niemand wird sich um Sie kümmern», aber a) «Nee, nee, rühr das nicht an!», oder b) «Läßt du Bursche bald die Finger von meinem Geld», oder c) «Zum Dieb bist du also geworden?»

«Gut, schlag doch zurück.» – «Du gerätst an den Falschen.» – «Sag, daß es dir leid tut.» – «Ich werde dir einen Grund zum Schreien geben, du kleines Ungeheuer.» – «Fühl dich verärgert, unterdrückt, schuldig, erschreckt oder verletzt. Ich lehre dich, wie du denken und wie du fühlen sollst.» – «Solche Gedanken kannst du gar nicht haben. Denke so lange darüber nach, bis du genauso denkst wie ich.» – «Ich werde dir zeigen, wie es geht. So kommst du damit zurecht.» – «Du weißt noch nicht, was du werden willst, wenn du erwachsen bist? Ich werde es dir sagen. Sei gut.» – «Mach, was dir gesagt wurde, Adolf, und stell keine Fragen.» – «Geh deine eigenen Wege.» – «Warum bist du nicht wie andere Kinder?»

So hat das Kind, wenn es zur Schule kommt, längst gelernt, was man nicht sehen darf, was man nicht hören darf, was man nicht anfassen darf, welche Gefühle man nicht haben darf, wie man nicht denken darf, was man nicht sein darf. In der Schule begegnet das Kind Lehrern und anderen Kindern. Diese Schule wird zwar Volksschule genannt, ist aber in Wirklichkeit eine Advokatenschule. Mit zehn Jahren (dem Alter, bei dem die Juristen gewöhnlich stehenbleiben) verteidigen sich Kinder wie perfekte Winkeladvokaten. Das müssen sie auch sein, insbesondere, wenn sie frech und unartig gewesen sind. Man hat ihnen gesagt, sie sollen nichts an die Tafel schreiben, wenn dort schon etwas steht, aber man hat ihnen nicht verboten, das andere vorher auszuwischen (oder umgekehrt). Man hat ihnen gesagt, keine Bonbons zu lutschen, aber man hat ihnen nicht verboten, Kaugummi zu kauen. Man hat ihnen gesagt, daß sie die kleine Mary nicht beschimpfen dürfen, aber nicht, daß sie sie nicht ausziehen dürfen. Man hat ihnen gesagt, daß sie nicht auf Mädchen liegen dürfen, aber nichts dergleichen wurde von Jungen gesagt.

Später auf der höheren Schule geht es aber erst richtig los. «Mach keinen Ausflug im Auto mit. Du wirst schwanger werden.» Jetzt weiß das Mädchen endlich, wie man schwanger wird, bisher hatte es keine Ahnung davon. Es ist jedoch noch nicht soweit, sie muß noch auf den Startschuß warten. «Mach keinen Ausflug im Auto mit. Du wirst schwanger werden. Warte, bis ich dir den Startschuß dazu gebe.»

Sie weiß, daß ihre Mutter sie mit sechzehn Jahren auf die Welt brachte, und kann sich an den Fingern abzählen, daß sie gezeugt worden ist, als ihre Mutter noch nicht verheiratet war. Kein Wunder, daß so viele Mütter unruhig werden, wenn ihre Töchter sechzehn Jahre alt sind. Sie warnen ihre Töchter: «Der Sommer ist die gefährlichste Zeit. In dieser Zeit werden die meisten Schülerinnen schwanger» (was eine starke Verallgemeinerung ihrer persönlichen Erfahrung ist).

Das ist der Startschuß. Die Tochter macht einen Ausflug mit und wird schwanger.

«Geh nicht auf die Herrentoilette, denn du triffst dort einen bösen Mann, der dir etwas Schlimmes antun wird», sagt der Vater zu seinem achtjährigen Sohn. Diese Warnung wird jedes Jahr einmal wiederholt. Wenn dann die Zeit da ist, und der Junge wird neugierig, was dieses Schlimme denn nun sei, so weiß er ja, wohin er zu gehen hat, um es zu erfahren. Ein anderer Vater versucht vielleicht gar, nicht nur die Anweisungen, wie in sexuellen Dingen zu verfahren sei, sondern sogar Vorschriften für das ganze Leben in einer einzigen Anleitung für die Pubertätszeit festzuhalten: «Geh mir nur nicht in eines dieser Häuser mit den roten Laternen, wo diese Frauen sind, die für zehn Mark alles tun, was man von ihnen verlangt.» Da der Junge keine zehn Mark hat, nimmt er sie seiner Mutter aus dem Geldbeutel. Am nächsten Nachmittag will er losgehen. Aber leider zählt die Mutter gerade an diesem Abend ihr Geld, ihr Verdacht fällt sofort auf ihren Jungen und mehr noch, sie findet auch noch das Versteck des Geldes. Der Junge wird bestraft. Doch er lernt manches daraus. «Wäre ich gleich nach dem Abendessen zu den Häusern mit den roten Laternen gegangen und hätte das nicht auf den nächsten Tag verschoben, wäre alles in Ordnung gewesen.» Er wäre nicht mit den zehn Mark erwischt worden. Das ist überhaupt eine ausgezeichnete Vorschrift für Leute, die keine Gewinner sind. Wenn du eine Frau haben willst, sieh zu, daß du zu Geld kommst. Gib es so schnell wie möglich aus, damit du nicht vorher erwischt werden kannst. Auf diese Art kannst du zwar nicht gewinnen, aber du kannst immerhin vermeiden, daß du verlierst.

Anweisungen für einen, der zu den Verlierern zählt, sehen etwa folgendermaßen aus: «Wenn du nicht gleich Erfolg hast, so versuche es wieder und wieder. Hast du einen Teilerfolg errungen, versuche es weiter, obwohl du am Ende natürlich verlieren wirst, weil du nicht alles gewinnen kannst.» Die Anweisungen für den Gewinner sehen so aus: «Warum solltest du überhaupt verlieren? Wenn du verlierst, hast du eben etwas falsch gemacht. Versuch es noch einmal und lerne, wie man's richtig macht.»

Wenn nichts Entscheidendes dazwischenkommt wird die jeweilige Vorschrift bis zum guten bzw. bitteren Ende durchgehalten. Drei Kräfte können störend eingreifen. Da sind erstens einmal außerordentliche Ereignisse zu nennen, die sich unerbittlich auf dem Pfad der Geschichte daherwälzen und die Lebensvorschriften am stärksten durcheinanderbringen. Kriege, Hungersnöte, Epidemien und Gewaltherrschaft zermalmen wie eine riesengroße Dampfwalze alles, was vor ihnen im Wege liegt. Nur die wenigen entgehen, die die Erlaubnis erhalten, an Bord klettern zu dürfen und für die diese Dampfwalze dann zu einer Art Triumphwagen wird. Als nächstes wäre die Psychotherapie zu nennen oder andere tiefgreifende Wandlungen, die die Vorschriften außer Kraft setzen und Verlierer in Nicht-Gewinner umwandeln (‹einen Fortschritt erzielen›) und Nicht-Gewinner zu Gewinnern werden lassen (‹Morgenluft wittern›).

In ganz seltenen Fällen können die Vorschriften noch auf eine andere Art außer Kraft gesetzt werden, und zwar durch eine selbständige Entscheidung des betreffenden Menschen. Das kommt aber nur bei Leuten vor, deren Vorschriften eine solche selbständige Entscheidung überhaupt zulassen. Das beste Beispiel aus der jüngsten Vergangenheit ist Mao Tsetung, geistiges Oberhaupt der Chinesischen Volksrepublik. Er gehörte dem Mittelstand an, hatte demzufolge die Lebensvorschriften des Mittelstands. Durch innere Kämpfe wurde er zu dem, was er einen Proletarier nennt, und zwar in solchem Maße, daß er sich nur noch in seiner neuen Rolle wohl fühlen konnte und nicht mehr in der, die ihm ursprünglich vorgeschrieben war, nämlich in der Rolle eines Angehörigen des Mittelstands, die dank der *force majeure* der chinesischen Geschichte die Rolle eines Verlierers gewesen wäre. Indem er mit der ‹Geschichte in Einklang kam›, wurde er zum Sieger, zum Sieger im Krieg und in der Politik, aber auch in der Literatur, denn es gibt in der heutigen Zeit nur wenige Schriftsteller – wenn überhaupt einen –, dessen Bücher so verbreitet sind wie seine.

Wichtig ist noch die Feststellung, daß diese Lebensvorschriften nicht unbewußt sind, sondern durch eine geschickte Befragung oder auch Selbstbefragung ohne Schwierigkeiten ans Tageslicht gebracht werden können. Es ist nur so, daß die meisten Menschen es ablehnen, das Vorhandensein eines solchen Lebensplans zuzugeben. Sie ziehen es statt dessen vor, ihre Unabhängigkeit zu beweisen, indem sie Spiele machen – Spiele, die ihrerseits wieder durch die Anweisungen vorgeschrieben sind.

Wie können solche Anweisungen aussehen?
Anweisungen sollen für das ganze Leben gelten. Sie beruhen auf klaren Entscheidungen in der Kindheit und auf der elterlichen Programmierung, die ständig bekräftigt wird. Diese Bekräftigung kann die Form eines täglichen Kontakts annehmen, beispielsweise bei Männern, die im väterlichen Betrieb arbeiten, oder bei Frauen, die allmorgendlich ihre Mutter anrufen und mit ihr schwatzen. Sie kann jedoch nicht minder wirksam, aber seltener und weniger auffällig in gelegentlichen Briefen gegeben werden. Nach dem Tode der Eltern können diese Anweisungen stärkeren Einfluß gewinnen als je zuvor.

In der Sprache der Anweisungen heißt der Verlierer ‹Frosch›, der Gewinner ‹Prinz› bzw. ‹Prinzessin›. Eltern wünschen sich ihre Kinder entweder als Gewinner oder als Verlierer. Sie hoffen, daß ihre Kinder in der Rolle, die sie ihnen zugedacht haben, glücklich werden, aber – von wenigen Ausnahmefällen abgesehen – wünschen sie keinen Rollenwechsel. Eine Mutter, die ihre Tochter zu einem ‹Frosch› erzieht, wird wohl wünschen, daß sie ein glücklicher ‹Frosch› wird, aber sie wird jedweden Versuch der Tochter, eine ‹Prinzessin› zu werden, unterbinden («Für was hältst du dich denn eigentlich?!»), denn die Mutter selbst ist so programmiert, daß sie ihre Tochter zu einem ‹Frosch› erziehen muß. Ein Vater, der seinen Sohn zu einem ‹Prinzen› erzieht, will, daß sein Sohn glücklich wird, aber meist sähe er ihn lieber zu einem unglücklichen ‹Prinzen› als zu einem glücklichen ‹Frosch› werden («Wir haben alles für dich getan»).

Wenn man definieren wollte, wer ein Gewinner ist, könnte man sagen, er ist ein Mensch, der den Vertrag mit der Welt und mit sich selbst erfüllt. Das heißt, wenn er glaubt, zu etwas verpflichtet zu sein, dann nimmt er sich dieser Sache an und erreicht schließlich sein Ziel. Dieser Vertrag, dieser Ehrgeiz kann darin bestehen, vier Kinder zu haben, der Präsident einer bestimmten Bank zu werden, im Stabhochsprung über die Fünf-Meter-Marke zu kommen, einen guten Roman zu veröffentlichen, ein künstliches Gen zu entwickeln oder zehn feindliche Bomber abzuschießen. Erreicht er sein Ziel, so ist er ein Gewinner. Hat er aber keine Kinder, bleibt ewig am Kassenschalter der Bank, verrenkt sich schon bei 4,70 Meter das Kreuz, gelingt ihm allenfalls mal ein kurzer Zeitschriftenartikel, erbringen seine biologischen Versuche nur einen Mischmasch unbestimmbarer Stoffe oder wird er bei seinem ersten Feindflug abgeschossen, so ist er eindeutig ein Verlierer. Hat er drei Kinder, wird Vizepräsident der Bank, erreicht im Stabhochsprung 4,95 Meter, veröffentlicht Kurzgeschichten, entdeckt eine neue Aminosäure oder schießt neun feindliche Flugzeuge ab, dann hat er immerhin etwas erreicht, er ist kein Verlierer, aber auch kein Gewinner – ich möchte ihn einen Nicht-Gewinner nennen. Wichtig an alldem ist, daß der Mensch sich seine Ziele selbst setzt, üblicherweise im Rahmen der elterlichen Programmierung, doch er selbst – genauer, der ‹Erwachsene› in ihm – geht letztlich die Verpflichtung ein. Beachten Sie, daß derjenige, dessen Ziel zwei Kinder, 4,70 Meter oder fünf Bomber sind, und der diese Ziele erreicht, immer noch ein Gewinner ist, während ein anderer, dessen Ziel vier Kinder sind, fünf Meter im Stabhochsprung oder zehn Bomber, der aber nur drei Kinder hat, nur 4,95 Meter erreicht oder nur neun Bomber abschießt, eben ein Nicht-Gewinner ist, obwohl seine Leistung die eines Gewinners, der seine Ziele nicht so hochgesteckt hat, übertrifft. Anders ausgedrückt, Gewinner ist der, der Mannschaftskapitän wird, mit einer Schönheitskönigin ein Rendezvous hat und beim Pokern gewinnt. Nicht-Gewinner ist der, der nicht an den Ball kommt, ein Rendezvous mit einem Mädchen hat, das im Feld der Konkurrentinnen weit abgeschlagen wurde, und beim Pokern weder gewinnt noch verliert. Verlierer ist der, der gar nicht erst in die Mannschaft aufgenommen wird, überhaupt kein Rendezvous hat und beim Pokern Hab und Gut verspielt.

Beachten Sie aber, daß der Kapitän der zweiten Mannschaft das gleiche erreicht hat wie der Kapitän der ersten

Mannschaft, denn jeder Mensch hat das Recht, sich seine ‹Liga› selbst auszusuchen. Jeder sollte nach den Richtlinien beurteilt werden, die er sich selbst gibt. Ich möchte ein extremes Beispiel anführen. ‹Mit weniger Geld auszukommen als irgendwer sonst in der Umgebung, ohne krank zu werden›, das könnte das Vorhaben eines Menschen sein. Schafft er das, so ist er ein Gewinner. Wird er dabei aber krank, so ist er ein Verlierer. Der typische, klassische Verlierer ist ein Mensch, der sich selbst krank und kaputt macht für eine Sache, die es gar nicht wert ist. Wer sich für eine Sache, die es wert ist, kaputt macht, kann zum Märtyrer werden, der einzige Fall, bei dem man gewinnt, indem man verliert.

Das erste, was bei einer Anweisung interessiert, ist die Frage, ob es die Anweisung für einen Gewinner oder für einen Verlierer ist. Häufig kann man das sehr schnell feststellen, wenn man den betreffenden Menschen reden hört. Ein Gewinner sagt beispielsweise: «Ich habe einen Fehler gemacht, aber das kommt nicht wieder vor», oder: «Jetzt weiß ich, wie's geht!» Ein Verlierer sagt: «Wäre doch nur ...» oder: «Hätte ich doch ...» oder: «Ja schon, aber ...» Es gibt aber auch noch die Nicht-Gewinner, Menschen, deren Anweisungen ihnen große Anstrengungen vorschreiben, ihnen aber keine Hoffnung auf einen Sieg machen, nur darauf, so zu bleiben, wie sie sind. Diese Menschen sagen: «Aber immerhin brauchte ich nicht ...» oder: «Ich kann immerhin froh sein, daß ich soviel habe.» Ihr Motto lautet: ‹Immerhin!› und ‹Wenigstens das!› Nicht-Gewinner eignen sich gut als Angestellte, als Bedienstete oder als Mitglieder eines Vereins, denn sie sind loyal, einsatzfreudig und dankbar; Störenfriede und Quertreiber sind selten unter ihnen zu finden. Anderen Menschen gegenüber sind sie gefällig, in einer Gemeinschaft sind sie über jeden Tadel erhaben. Gewinner machen den anderen Menschen manchmal indirekt Ärger, wenn in ihre Kämpfe unbeteiligte Außenstehende einbezogen werden. Ihre Zahl beläuft sich dann unter Umständen auf eine Million. Den größten Wirbel machen Verlierer. Selbst wenn sie einmal nach oben kommen, bleiben sie Verlierer und reißen im Sturz andere Menschen mit nach unten.

Man unterscheidet einen Gewinner von einem Verlierer am besten auf folgende Weise: Ein Gewinner ist ein Mensch, der genau weiß, was er zu tun hat, wenn er einmal verliert, er spricht aber nicht darüber. Ein Verlierer ist einer, der nicht weiß, was er tun wird, wenn er verliert, der aber darüber spricht, was er tun wird, wenn er gewinnt. Man braucht den Menschen an einem Spieltisch oder in der Börse nur einige Minuten lang zuzuhören und schon weiß man, wer ein Gewinner ist und wer ein Verlierer.

Die nächste wichtige Entscheidung, die in den Anweisungen steckt, ist die der Zeiteinteilung. Es gibt mehrere Arten von Anweisungen, die jeweils für die gesamte Lebenszeit gelten. Die sechs hauptsächlichen Typen sind die ‹Niemals›-, die ‹Immer›-, die ‹Bis›-, die ‹Nachher›-, die ‹Immer wieder›- und die ‹offene› Anweisung. Wir können sie am besten durch Beispiele aus der griechischen Mythologie verdeutlichen, denn die Griechen hatten das richtige Empfinden für solche Dinge.

Die ‹Niemals›-Anweisung wird von Tantalus verkörpert, der für ewige Zeiten dazu verdammt ist, Hunger und Durst zu leiden, obwohl in Hülle und Fülle zu essen und zu trinken da ist. Menschen mit solchen Anweisungen ist von ihren Eltern verboten worden, das zu tun, was sie am liebsten tun möchten. Sie verbringen ihr Leben in Tantalus-Qualen, umgeben von Verlockungen und Versuchungen. Sie halten sich an die elterlichen Verbote, denn das Kind in ihnen fürchtet sich im Grunde vor diesen heißbegehrten Dingen. Diese Menschen bereiten sich ihre Tantalus-Qualen also eigentlich selbst.

Die ‹Immer›-Anweisungen haben wir Arachne zu verdanken, die es einst wagte, die Göttin Athene mit einer Handarbeit herauszufordern, und dafür zur Strafe von ihr in eine Spinne verwandelt wurde, die auf ewige Zeiten Spinnfäden weben muß. Solche Anweisungen stammen von gehässigen Eltern. «Wenn du das so gern tun möchtest», so sagen sie «dann kannst du ja den Rest deines Lebens damit verbringen.»

Die ‹Bis›-Anweisung entnehmen wir der Geschichte des Jason, dem gesagt worden war, er würde nicht eher zum König gekrönt, bis er gewisse Aufgaben erfüllt hätte. Er erhielt die versprochene Belohnung und lebte zehn Jahre im Glück. Herakles hatte eine ähnliche Anweisung: Er konnte nicht eher in den Olymp aufgenommen werden, bis er zwölf Jahre lang Sklavendienste geleistet hatte.

Die ‹Nachher›-Anweisung stammt von Damokles. Er lebte als König von Sizilien in Saus und Braus, bis er eines Tages bemerkte, daß über seinem Kopf ein Schwert hing, das nur an einem einzigen Pferdehaar befestigt war. Das Motto solcher ‹Nachher›-Anweisungen lautet: «Du darfst für eine Weile vergnügt sein, doch dann beginnen die Leiden.» Die Furcht vor diesen drohenden Leiden macht allerdings das Vergnügtsein schwer.

Die ‹Immer wieder›-Anweisungen gehen auf Sisyphus zurück. Er war dazu verdammt, einen Stein einen Hügel hinaufzurollen, doch immer, wenn er es fast geschafft hatte, rollte der Stein zurück, und er mußte von neuem beginnen. Es ist die altbekannte ‹Beinahe geschafft›-Anweisung, mit einem ewigen ‹Wenn nur› dabei.

Die ‹offene› Anweisung ist eine Vorschrift für Nicht-Gewinner und verheißt ein ‹Paradies auf Erden›. Die Geschichte von Philemon und Baucis ist ein gutes Beispiel dafür. Die beiden wurden zur Belohnung für ihre guten Taten in Lorbeerbäume verwandelt. Ältere Menschen, die die elterlichen Anweisungen ausgeführt haben und nun nichts mehr mit sich anzufangen wissen, verbringen den Rest ihrer Tage wie Pflanzen oder sie murmeln wie Blätter, die im Winde rascheln. Das ist das Schicksal so mancher Mutter, deren Kinder erwachsen und fortgezogen sind. Das ist das Schicksal der Männer, die dreißig Jahre lang nach den Vorschriften ihrer Arbeitgeber und ihrer Eltern gearbeitet haben und nun allein leben in düsteren Hotels und Mietshäusern. Die Altersheime sind überfüllt mit Paaren, die ihre Anweisungen ausgeführt haben und nun nicht mehr wissen, wie sie ihre Zeit ausfüllen sollen.

Sie warten auf das Gelobte Land, in dem die Menschen, die ihre Angestellten anständig behandelt haben, gemächlich in großen schwarzen Autos daherfahren, sogar auf der linken Fahrspur, wenn es ihnen Spaß macht, ohne daß sie gleich von einer Meute rowdyhafter Jugendlicher mit ihren heißen Öfen von der Straße gehupt werden. «Ich war ja auch ganz schön draufgängerisch, als ich jung war», sagt er, «aber heute ...» Und sie fügt hinzu: «Du würdest nicht so sein wie sie. Und wir haben immer geradegestanden für das, was wir getan haben.»

Alle diese Anweisungen haben ihre Wirkungen im sexuellen Bereich. Die ‹Niemals›-Anweisung kann entweder die Liebe oder die Sexualität oder beides verbieten. Verbietet sie die Liebe, aber nicht die Sexualität, erteilt sie einen Freibrief zur Promiskuität, was einige Seeleute, Soldaten und Tippelbrüder weidlich ausnutzen, und wovon sich die Prostituierten und Kurtisanen ernähren. Verbietet sie die Sexualität, aber nicht die Liebe, dann werden aus den Menschen Priester, Mönche, Nonnen und ‹barmherzige Samariter›, die Waisenkinder erziehen. Promiske Menschen erleiden jedesmal beim Anblick eines zärtlichen Pärchens oder einer glücklichen Familie Tantalus-Qualen. Die Philanthropen dagegen sind in ständiger Versuchung, ‹über die Mauer zu springen›.

Die ‹Immer›-Anweisungen werden von jungen Menschen verkörpert, die von zu Hause fortgejagt wurden wegen der Fehltritte, zu denen ihre Eltern sie trieben. Die Drohungen: «Wenn du schwanger wirst, dann gehst du dir dein Geld auf der Straße verdienen!» und: «Wenn du Drogen nehmen willst, dann sieh zu, wie du allein zurechtkommst!» sind nur zwei Beispiele von vielen. Der Vater, der seine Tochter auf die Straße schickt, spielte vielleicht, als sie zehn war, mit dem Gedanken der Unzucht mit seinem Kind. Der Vater, der seinen Sohn aus dem Haus warf, weil er haschte, betrank sich vielleicht noch in derselben Nacht, um seinen Kummer zu betäuben.

Die elterliche Programmierung von ‹Bis›-Anweisungen ist am lautesten zu hören, denn sie besteht gewöhnlich aus deutlichen Kommandos: «Du läßt die Finger von der Sexualität, bis du verheiratet bist, und du kannst nicht heiraten, solange du für deine Mutter sorgen mußt» (oder «... bis du die Schule hinter dir hast»). In ‹Nachher›-Anweisungen ist der elterliche Einfluß ebenso unmißverständlich, vom hängenden Schwert leuchtet die Drohung: «Wenn du verheiratet bist und Kinder da sind, dann beginnen erst die Sorgen.» In die Tat umgesetzt heißt das:

Brich Rosen, wenn es dir beliebt,
Die Zeit, sie eilt doch fort,
Die Blume, die heut Freude gibt,
Ist morgen schon verdorrt.

Nach der Hochzeit wird die Anweisung verkürzt auf: «Wenn du erst Kinder hast, beginnen die Sorgen.» Das führt dazu, daß sich die junge Frau gleich vom ersten Tag ihrer Ehe an vor der Schwangerschaft fürchtet. Heute haben die Chemiker einen sicheren Schutz gegen diese ‹Bedrohung› entwickelt, die für sie sonst zum Albdruck geworden wäre. Nun bleibt die junge Frau Herrin in ihrem Reich, ihr Glück wird nicht von Nachkommen bedroht – sie kann in aller Ruhe warten, bis sie bereit und reif ist, Kinder zu haben.

‹Immer wieder›-Anweisungen bringen immer nur Brautjungfern hervor, niemals Bräute. Auch in diesem Bereich geschieht es, daß die mit dieser Vorschrift Belasteten immer wieder etwas versuchen, ohne jemals endgültig Erfolg zu erzielen.

Die ‹offenen› Anweisungen bringen alternde Männer und Frauen hervor, die ihre Lebenskraft ohne Bedauern schwinden sehen, und die sich mit der Erinnerung an errungene Siege zufriedengeben. Die Frauen warten ungeduldig auf ihr Klimakterium, von dem sie sich – fälschlicherweise – eine Lösung ihrer sexuellen Probleme erhoffen. Die Männer warten auf ihre Pensionierung in der Hoffnung, dann auch von ihren sexuellen Pflichten entbunden zu werden.

Auf diesen Anweisungen beruht auch die Einstellung zum

Orgasmus. Die ‹Niemals›-Vorschrift erzeugt allerdings nicht nur alte Jungfern und verknöcherte Junggesellen, Prostituierte und Zuhälter, sondern auch Frauen, die sage und schreibe keinen einzigen Orgasmus in ihrem ganzen Leben haben können, und impotente Männer, die nur geschlechtlich verkehren können, wenn keine Liebe im Spiel ist – die bekannte Situation, die schon Freud beschrieben hat: Der Mann, der bei seiner Frau impotent ist und nur mit einer Prostituierten Verkehr haben kann. Die ‹Immer›-Anweisung bringt nymphomane Frauen und Don Juans hervor, die ihr Leben damit zubringen, hinter der Vision eines Orgasmus herzujagen.

Die ‹Bis›-Anweisung fördert abgehetzte Hausfrauen und überarbeitete Geschäftsleute. Beide sind erst dann zu sexueller Hingabe fähig, wenn auch die kleinste Kleinigkeit in Haushalt oder Geschäft erledigt ist. Und nicht nur das, es kann sogar vorkommen, daß einer von ihnen mittendrin – in den erregendsten Augenblicken – aufspringt, um eines der kleinen ‹Sorge›-Spielchen zu vollführen: «Ist die Kühlschranktür auch fest verschlossen und kann nicht aufspringen?», oder: «Daß muß ich mir sofort notieren, damit ich morgen früh gleich daran denke.»

‹Nachher›-Anweisungen beeinträchtigen die Sexualität wegen der Besorgnisse, die mit ihr verknüpft sind: Die Besorgnis, schwanger zu werden, kann dazu führen, daß die Frau zu keinem befriedigenden Orgasmus kommt und dazu, daß der Mann zu früh ejakuliert. Coitus interruptus, also wenn der Mann seinen Penis kurz vor der Ejakulation zurückzieht, ist zwar eine Methode, eine Schwangerschaft zu verhüten, aber das Paar wird beim Geschlechtsakt nervös und gereizt. Die Frau bleibt sexuell erregt und voller Begierde, denn die meisten Paare scheuen sich, ihr auf eine andere Weise zu einer Befriedigung zu verhelfen. In der Tat, ‹Befriedigung› ist hier das treffende Wort, mit dem auch dieser Vorgang beschrieben wird, denn es läßt deutlich erkennen, daß hier etwas faul ist. Ein Orgasmus sollte wesentlich mehr sein als das bleiche Gespenst ‹Befriedigung›.

Die ‹Immer wieder›-Anweisung gibt vielen Verliererinnen einen Grund zur Trauer. Beim Geschlechtsakt werden sie immer erregter, aber unmittelbar, bevor sie soweit sind, ‹kommt› der Mann, womöglich noch mit ihrer Hilfe, und sie ‹rollen den Hügel wieder hinab›. Und das kann Nacht für Nacht passieren, jahrelang. Die ‹offene› Anweisung zeigt ihre ganze Wirkung bei älteren Menschen, die die Sexualität als Anstrengung und als Pflichtübung betrachten. Wenn sie erst auf dem Altenteil hocken, sind sie ‹zu alt›, um sich sexuell zu betätigen. Ihre Drüsen schrumpfen ein, so wie ihre Haut und ihre Muskeln und oftmals auch ihr Hirn. Der Mann, programmiert auf Pünktlichkeit, hat sein ganzes Leben lang darauf gewartet, seine Rente zu beziehen – in dreißig Jahren kam er nur zweimal zu spät zu seiner Arbeitsstelle –, während seine Frau sehnlichst auf das Klimakterium gewartet hat. Und nun haben sie nichts mehr zu tun, sie füllen die Zeit nur aus, bis ihre Lebenslichter erlöschen. Sie haben eine Stellung in der Gemeinschaft der Alten, die ihrer Automarke entspricht – wenn sie überhaupt ein Auto haben. Wenn sie Glück haben, angelt er sich noch einmal eine blühende Witwe, die seinem Schwanz einen letzten Aufschwung gibt, von dem er auch bei seiner Frau noch einige Male zehren kann – dann ist die Pfeife aus. Man kann daraus den Schluß ziehen, daß die Anweisungen für das ganze Leben abgefaßt sein sollten, gleichgültig, wie lange es währt. Sie können vorsehen, daß man Geschäfte oder Vergnügungen aufgibt, aber man sollte sich nie ganz von ihnen zurückziehen.

Wie wir gesehen haben, sind die Potenz, die Kraft und die Wucht eines Menschen beim Sexualakt bis zu einem gewissen Grade erblich und physiologisch bestimmt. Aber wie unglaublich es sich auch anhören mag, noch stärker beeinflussen sie die Entscheidungen, die der Mensch in der Kindheit über sein späteres Leben fällt, und die elterliche Programmierung, die diese Entscheidungen lenkt. Nicht nur die Bedeutung und die Häufigkeit der sexuellen Betätigung im Leben insgesamt, auch die Fähigkeit und die Bereitschaft zu lieben, sind bei einem sechsjährigen Kind schon weitgehend festgelegt. Für Frauen scheint das in noch größerem Maße zuzutreffen als für Männer. Einige Frauen entscheiden sich bereits sehr früh dafür, einmal Mutter zu werden, andere entschließen sich ebenso früh dafür, nicht zu heiraten. Jedenfalls wird das Ausmaß der sexuellen Betätigung bei beiden Geschlechtern ständig beeinflußt durch die Meinungen der Eltern, durch die Vorsichtsmaßnahmen des Erwachsenen, durch die Entscheidungen, die in der Kindheit gefällt wurden, durch soziale Ängste und sozialen Druck. Die Bedürfnisse werden unterdrückt, übertrieben, entwertet, mißachtet oder mißbraucht. Periodische Prozesse werden aus dem Rhythmus gebracht. Das führt dazu, daß die Sexualität – gleichgültig, was man darunter im einzelnen versteht – in Spielen der Menschen eingesetzt wird.

Tricks der Natur

Es ist schon wahr, die meisten Beziehungen zwischen Menschen (mindestens 51 Prozent) fußen auf Gaunerei und Schwindel. Manchmal ist das amüsant und belebend, oft aber auch schändlich und verwerflich. Nur wenige haben das Glück, völlig ehrliche Beziehungen zu einem anderen Menschen zu haben, wie einige Mütter zu ihren Kindern, wahre Freunde oder Liebende. Damit Sie mich nicht für einen Zyniker halten, der die Tatsachen verdreht, möchte ich einige Beispiele anführen von solchem ‹Verhalten mit Nebeneffekten›, wie es die Evolution hervorgebracht hat. Einige erscheinen uns Menschen so zynisch, daß man manchmal nicht mehr weiß, ob man sie noch als Witz ansehen soll, den die Natur sich erlaubt hat und über den man lachen kann, oder ob man sie als Tragödien beweinen soll.[45] Der Zweck dieser Beziehungen ist letztlich immer die Sicherung des Fortbestehens der Art. In der Tat tragen auch die psychologischen Spiele der Menschen nicht unerheblich zur Erhaltung der Art bei, sonst wären die Spieler schon längst von der Bildfläche verschwunden. Es mindert ihren Wert überhaupt nicht, weder für Tiere noch für Menschen, wenn sie als Hohn oder List angesehen werden, so wenig, wie es ihren Wert erhöht, wenn man sie allzu ernst nimmt, gibt es doch Menschen, die von sich sagen: «Ich bin würdevoller und besorgter und darum rechtschaffener als du.»

Das einfachste Beispiel einer biologischen List bietet die Henne. Wenn wir ihre Geschichte sentimental erzählen, dann hört sie sich so an: Sobald die Henne ihre Eier gelegt hat, setzt sie sich mit aufrichtiger Hingabe darauf. Wie eine erfahrene Hebamme dreht sie sie von Zeit zu Zeit um, damit die lebenspendende Wärme ihres Körpers alle Teile dieser kalkigen Gebärmutter erreicht, in der ihre Brut heranwächst. Vielleicht schlüpfen aus ihr dank der Umsicht und der Ausdauer der Henne gesunde Küken. So ist sie den Menschen ein nachahmenswertes Beispiel fürsorglicher und unermüdlicher Mutterschaft.

Tatsächlich scheint aber dies zu passieren: Wenn die Henne ihre Eier gelegt hat, wird durch den Einfluß bestimmter Drüsen ihre Brust überhitzt. Das verursacht ein unangenehmes Gefühl, und sie sucht einen geeigneten Gegenstand, um ihre heiße Brust zu kühlen. So setzt sie sich auf die Eier, denn die fühlen sich kühl an. Nach einer Weile hat sie die Eier erwärmt, darum dreht sie sie mit der kühlen Unterseite nach oben und nimmt dann dankbar noch einmal die Linderung entgegen, die sie ihr bieten.[46] Nachdem sie das oft genug gemacht hat, schlüpft die Brut aus. Die Henne sieht sich, sehr zu ihrer Überraschung, von einer Schar Küken umgeben. Sie war in der Tat mit einem Trick dazu gebracht worden, auf den Eiern zu sitzen, aber die Wirkung ist die gleiche, als hätte sie das mit Bedacht getan. Genauso können Menschen, die Sexspiele spielen, mit einem Baby bedacht werden, das ebenso quicklebendig ist, als wäre sein Erscheinen gewollt und geplant gewesen. Die Annahme, die Henne, die von den chemichen Stoffen ihrer Drüsen gesteuert wird, wisse, warum sie sich auf die Eier setzt, ist eine trostreiche Illusion. Ebenso ist für Menschen, die nur ihren Anweisungen folgen, die Auffassung tröstlich, sie wüßten immer, warum sie dies oder jenes getan haben. Im ersten Fall ist die Anweisung (mitsamt den damit verbundenen Täuschungen) von den Genen vorgeschrieben, im zweiten Fall von den Vorschriften der Eltern in uns.

Noch wunderbarer in seiner Unschuld ist das Verhalten der Männchen einer bestimmten Stichlingsart. Diese Stichlinge sind für die Vaterschaft, was die Henne für die Mutterschaft ist. Das Stichlingsmännchen ist ebenso rührend um seine Nachkommen bemüht wie die Henne um ihre. Als erstes muß es unmittelbar nach der Kopulation die befruchteten Eier in sein Maul nehmen, denn wenn das Weibchen sie erwischen kann, schluckt es sie wie Kaviar. Doch der Vater legt sie sanft in ein Nest, das er vorher eigenmäulig aus Pflanzen gebaut hat. Hat er die Eier abgelegt, befällt ihn eine Art Kinnbackenkrampf, der von den Drüsen ausgelöst wird und ihn daran hindert, sein Maul zu öffnen. Er hält über den Eiern Wacht und schwimmt ständig um das Nest herum, bis die Brut ausschlüpft. Er kümmert sich auch weiterhin um die Jungen, bis sie groß genug sind, für sich selbst zu sorgen und sich hinauszuwagen ins feindliche Leben. Die ganze Zeit über nimmt er keine Nahrung zu sich, bis sich seine Kiefer schließlich wieder öffnen. Dieses Beispiel väterlicher Hingabe, das Wachestehen über der Brut trotz des drohenden Hungertodes, ist natürlich der Aufmerksamkeit unserer Moralprediger nicht entgangen. In Wirklichkeit sieht die Sache wohl ganz anders aus. Das Männchen wird immer hungriger, und die Eier im Nest werden immer appetitlicher. Er bleibt in ihrer Nähe und auch in der Nähe der jungen Brut in der Hoffnung, sie doch noch fressen zu können, doch seine blockierten Kiefer lassen das nicht zu. So steht er Wache über dem Nest, das jetzt zu einer Futterkrippe geworden ist und wartet darauf, daß sein Maul sich wieder öffnet. Vielleicht läßt es sich auch wieder öffnen – gerade dann, wenn die Jungen auf und davon geschwommen sind. Was dabei wie väterliche Hingabe aussieht, ist in Wirklichkeit nichts anderes als verhinderter Kannibalismus.[47]

Diese Stichlingsmännchen vollführen ein regelrechtes Tantalus-Spiel, echter als irgend jemand sonst, ausgenommen hungrige Menschen. Doch hungrige Menschen sind Opfer einer von den Menschen gemachten Geschichte, die sie ändern können und auch schon geändert haben. Die Stichlinge aber sind die hilflose und willenlose Zielscheibe einer höheren Gewalt, gegen die sie nichts ausrichten können. Ein Charlie Chaplin der Evolution, komisch und traurig zugleich, wie er auf seinen Anteil wartet, der verschwindet, wenn er danach schnappen kann.

Wir können feststellen, daß beide reingelegt worden sind, die Henne und der Stichling. Für die Henne war der Köder ein kühler Gegenstand, der ihre Brust zu kühlen versprach. Dieses Versprechen wurde gehalten, doch wo kamen die kleinen Küken so plötzlich her? ‹Sie werden es mir sagen!› sagt die Glucke, aber lernen tut sie aus dieser Erfahrung nichts, sie fällt wieder und wieder auf den Trick der Natur herein. Für den hungrigen Stichling ist der Köder ein Versprechen auf Fressen, aber dieses Versprechen wird nicht gehalten. Wohin verschwand die Brut in dem Augenblick, als er sein Maul wieder öffnen konnte? Der enttäuschte Vater kann nur noch stöhnen: ‹Warum muß das aber auch immer mir passieren?›

In den höheren Ordnungen des Tierreichs, nicht mehr sehr weit vom Menschen entfernt, findet sich ein weiterer Scherz der Natur, den teilweise Biologie und Drüsentätigkeit bedingen, teilweise aber spielen die Mitwirkenden aus freien Stükken mit. Es ist eine Operette, die die Seehunde in ihrer Paarungszeit in Szene setzen. Die Bullen treten als erste auf, sie sammeln sich auf ihren Lieblingsfelsen an einem bestimmten Küstenabschnitt. Zunächst grenzen sie ihre Reviere ab, mit lautstarken Drohungen und Scheingefechten, aber auch mit Kämpfen auf Leben und Tod. Der Stärkste erhält das beste Revier. Nach einem Monat kommen die Weibchen an – ‹Kühe› heißen sie, ein Name, der ihrer Behendigkeit und ihrer Grazilität in keiner Weise gerecht wird. Jede der Kühe erwählt einen der Vaterseehunde oder wird von ihm in seinen Harem getrieben. Unglücklicherweise sieht das Ergebnis zuletzt immer so aus, daß einige der starken und tapferen und stattlichen Bullen mehr abbekommen haben, als ihnen zusteht. Neue Kämpfe brechen aus, wenn die Zukurzgekommenen versuchen, eine oder vielleicht auch zwei der Meerjungfrauen zu entführen. Zum Schluß werden die schwächeren Bullen zurückgeschlagen und müssen ihr Leben als ungeliebte Junggesellen verbringen.

Das Interessante daran ist, daß alle Weibchen noch vom letzten Jahr trächtig sind. Sie verbringen erst ein bis zwei Monate in den Paarungsgründen und sehen den Kämpfen zu, bevor sie ihre Jungen werfen. Schon bald nehmen sie die Nachkommenschaft mit ins Wasser, um ihr das Schwimmen beizubringen. Solange sie fort sind, müssen die siegreichen Bullen das Revier bewachen. Nicht so die Junggesellen. Sie haben keine Reviere zu bewachen und können hinausschwimmen zu den Weibchen, die den Kindergarten leiten.[48] So kommen die Junggesellen schließlich zu ihrem Vergnügen, während die alten Bullen zu Hause bleiben müssen, um dort ihre Interessen zu wahren. So geht es bei den Seehunden zu, und mancher Roman enthält weniger Handlung als so eine Seehundgeschichte.

Auch die Menschenaffen müssen einige Bücher gelesen haben. Die Orang-Utans hängen während des Sexualakts an Ästen, als ob sie das ‹*Kamasutra*› beherzigt hätten. Sie können sich ja noch akrobatischere Stellungen ausdenken als ein ganzes Regiment hinduistischer Philosophen. Paviane sind romantischer veranlagt – ein Mittelding zwischen Seehund und Flaubert oder Stendhal. Der große Vater hat einen Harem, der Großteil der jüngeren Männchen ist völlig unbeweibt. Diese Junggesellen lauern in der Nähe des Serails, und wenn der große Vater einmal in eine andere Richtung schaut, dann macht manch einer von ihnen einer der Konkubinen einen Antrag. Sie ist liebend gern bereit, ihn anzunehmen – und wenn der große Vater jetzt nicht Wind von der Sache bekommt, nimmt eine natürliche Sache ihren Lauf, und die

Liebenden trennen sich in fröhlicher Stimmung. Kommt aber der Alte darüber und erwischt sie, ist das Weibchen mit Verrat schnell bei der Hand. Sie trennt sich von ihrem Liebhaber, schmeißt sich auf die Erde, schreit Zeter und Mordio und zeigt auf ihren Romeo – in der Tat zum Schreien! ‹Dieser große Affe hat mich vergewaltigt!› Und der große Vater sagt: ‹Was erlaubt der sich?› und rennt hinter dem Liebhaber her, eine fröhliche Jagd durch das ganze Tal beginnt. Der Harem ist derweil völlig unbeaufsichtigt, auch das Weibchen, das dieses Vergewaltigungsspiel inszenierte. Die anderen Junggesellen, die auf der Lauer gelegen und alles genau beobachtet haben, rücken jetzt den Weibchen auf die Pelle und treiben es mit jeder, die willig und erreichbar ist.[49]

Die biologische Bedeutung solcher Haremsszenen bei Seehunden und Affen besteht darin, die Gene zu vermischen. Auf diese Weise entsteht eine größere Vielfalt von Nachkommen, was – wie schon früher erwähnt – sinnvoll und vorteilhaft ist. Würde ein Bulle alle seine Weibchen wie ein Zerberus bewachen und so verhindern, daß ein anderes Männchen an seine Schönen herankommt, wäre hochgradige Inzucht die Folge. Das Schicksal der Art besiegelte sich früher oder später – wie bei den Dinosauriern. Durch diese fröhlichen Junggesellenpossen kommt es zu Kreuzungen und Änderungen im Gensatz. Vielleicht verdankt auch die Menschheit ihren Ursprung der Tatsache, daß die Affen, von denen wir abstammen, das ‹Vergewaltigungsspiel› trieben und das Spiel ‹Komm, laß uns schnell was machen, solange der Alte rumjackert›. – Darum sollten wir nicht den Stab über solche Tricks brechen; gäbe es sie nicht, gäbe es uns wohl auch nicht.

Für einen großen Pavianvater ist so etwas natürlich weniger erfreulich, vielleicht auch für Menschen, die glauben, Paviane sollten doch etwas moralischer sein oder gar Lendenschurze[50] tragen. Aber dem Rest der Menschheit bringt es wirklich keinen Vorteil, wenn man diese Angelegenheiten mit Ernst und Entrüstung behandelt. In Wirklichkeit verursachen Ernst und Entrüstung allenfalls Kriege. Fingen alle an zu lachen, würde niemand mehr auf einen anderen schießen. Das ist in der Tat ein anerkannter Tatbestand der Kriegführung mit chemischen Waffen. Derjenige, der mit seinen Kampfstoffen den Gegner zum Lachen bringt, wird den Krieg gewinnen. Wenn die ‹Lacher› Vergeltung üben, kommt der Krieg zum Stillstand, was vom militärischen Standpunkt aus gesehen schlechter ist, als wenn einer siegt. (Ich halte diese Behauptung durchaus für historisch vertretbar.) Jemand, der ernsthafter und entrüsteter ist als Sie, mag dennoch ehrenhafter sein als Sie, aber er verursacht auch mehr Unruhe. Bei den Seehunden und den Pavianen liegt die Sache so: Sollten sie sich einmal über ihre verspielten Possen vor Lachen ausschütteln, werden sie ihre Spiele wohl unterlassen und sich eine gerechtere und friedlichere Lebensart angewöhnen, bei der keiner beleidigt wird und keiner zu kurz kommt. Aber bis dahin werden die Spiele weitergespielt. Bei den Menschen ist das genauso.

Was ist ein Spiel?

Die Menschen sind letzten Endes doch nur weiterentwickelte Quallen. Viele ihrer ‹freiwilligen› Handlungen und Reaktionen sind ebensowenig Auswirkungen eines freien Willens wie die Handlungen und Reaktionen der niederen Tiere, von denen wir abstammen. Unten in der Tierreihe, etwa bei den Stichlingen, sind die ‹Spiele der Natur› automatische Reaktionen, die nahezu gänzlich von den Genen bestimmt werden. Weiter oben, bei den Seehunden und den Pavianen, sind diese Reaktionen in zunehmendem Maße durch Nachahmung und Erfahrung erlernt. Beim Menschen sind die psychologischen und die transaktionellen Spiele in nicht unerheblichem Ausmaß durch die Eltern vorprogrammiert. Dieses Programm übt den gleichen Zwang aus wie das durch Gene gesteuerte Programm der brütenden Henne. Der Mensch ist freier als alle Tiere, aber die Lebensanweisungen und die darin vorgeschriebenen Spiele machen auch ihn zum Opfer eines gewaltigen Scherzes der Kräfte der Evolution, denen niemand entrinnen kann. Trotz unserer Anstrengungen und der Illusion, wir seien uns unser selbst bewußt, sind wir nicht besser dran als ein Dichter, der mit aufwärts gerichtetem Blick und ausgestreckten Armen auf einen Regenbogen zuläuft und dabei auf einer Bananenschale oder etwas Ähnlichem ausrutscht.

Wir wollen jetzt untersuchen, was in dem ‹Hennenspiel› und in dem ‹Stichlingsspiel› vor sich ging. In beiden Fällen war ein Köder vorhanden, der den Spielern wie eine bestimmte Sache erschien, in Wirklichkeit aber zu etwas anderem ‹bestimmt› war. Die Eier sind dazu da, daß darin Küken ausgebrütet werden, aber die Henne wird durch die angenehme Kühle der Eier dazu gebracht, auf ihnen zu sitzen. Sie versprechen ihr das, was sie am dringendsten braucht, und das ist Linderung für ihre fieberheiße Brust. Genau dann, wenn ihre Brust wieder kühler wird, tritt ein ‹Wandel› ein, und der ‹Nutzeffekt› ist eine Brut Küken. Der Stichling wird dazu gebracht, in der Nähe der Eier zu bleiben, da sie seinen Schutz brauchen, für den Fisch aber sehen sie wie Kaviar aus. Sie versprechen ihm das, was er im Augenblick am notwendigsten braucht, und das ist etwas zu fressen. Auch hier erfolgt ein ‹Wandel›. In dem Augenblick, in dem sich sein Maul wieder öffnen läßt, schwimmt sein ‹Frühstück› davon und läßt ihn enttäuscht ohne Fressen zurück.

Im ‹Seehundspiel› liegt die Schwäche des Pascha in seinem Revieranspruch. Seine Seekuh ‹dankt› ihm die Bewachung des Reviers mit einer Affäre im Kindergarten. Im ‹Pavianspiel› ist die Schwäche des Pascha seine Eifersucht. Das Weibchen nutzt das aus, wandelt das Ganze um, indem sie genau das macht, was der Pascha verhindern wollte.

Schon entsteht ein Schema dieser Spiele. Da ist ein Köder, der etwas Erwünschtes verspricht, aber in Wirklichkeit einem ganz anderen Zweck dient. Der Köder hakt an einer schwachen Stelle ein, doch wenn das Opfer reagiert, vollzieht sich ein Wandel. Der ‹wahre Zweck› wird offenkundig und enthüllt einen überraschenden Ausgang. Sowohl bei der Henne als auch beim Fisch und beim Affen läuft der Scherz der Natur genau nach diesem Schema ab. Beim Seehund ist der Verlauf ein klein wenig anders, gelockerter, doch die einzelnen Abschnitte sind auch hier vorhanden. Dem Menschen blieb es vorbehalten, dieses Schema zu einer Lebensart zu entwickeln und sich unzählige weitere Möglichkeiten auszudenken.

In transaktionellen Spielen wird der Köder, der wie eine bestimmte Sache aussieht und in Wirklichkeit eine ganz andere ist, ein ‹Schwindel› genannt. Das Bedürfnis des anderen Spielers, das ihn auf den Schwindel reagieren läßt, ist seine ‹schwache Stelle›. Der überraschende Ausgang wird ‹Nutzeffekt› genannt. Die Formel für alle transaktionellen Spiele lautet daher:

Schwindel + schwache Stelle = Reaktion → Wandel → Nutzeffekt.

Als Beispiel wollen wir ein Gespräch zwischen Judith, einer jungen Frau, und ihrem Arzt untersuchen, ein Gespräch, das mit dem ‹Vergewaltigungsspiel› eine frappierende Ähnlichkeit aufweist.

JUDITH: Glauben Sie, daß es mir je wieder bessergehen wird?
ARZT: Ja, sicher.
JUDITH: Wieso können Sie so sicher sein?

Es ist klar, daß Judith die Frage nicht ernst gemeint hat, der Arzt wurde ‹angeschwindelt›. Um die Vorgänge besser verstehen zu können, wollen wir das Geprächin die Sprache der Spiele übertragen.

JUDITH (in der Art eines kleinen, hilflosen Kindes): Hilf mir, Großer!
ARZT (in der Art mächtiger Eltern): Ich bin mächtig, ich kann dir helfen.
JUDITH (in der Art eines naseweisen Kindes): Nun mach mal einen Punkt, du aufgeblasener Pinsel!

Diese Übertragung in die Sprache der Spiele zeigt uns, daß der ‹Schwindel› in dem Satz «Hilf mir, Großer» zu sehen ist. Es sieht so aus, als ob Judith dem Arzt schmeichelt und ihn um Hilfe bittet. In Wahrheit aber beabsichtigt sie etwas ganz anderes. Ihr ‹Schwindel› hakt genau an der schwachen Stelle des Arztes ein, nämlich bei seinem Gefühl der Macht. Er reagiert entsprechend, woraufhin Judith den ‹Wandel› vornimmt und beide zu ihrem Nutzeffekt kommen. Judith hält sich für gerissen, was ihr Freude bereitet. Der Arzt, der vorschnell reagiert hatte, fühlt sich deprimiert, was ihm aus persönlichen Gründen ebenfalls Freude bereiten mag. Wir haben wieder unser Schema: Schwindel + schwache Stelle = Reaktion → Wandel → Nutzeffekt. Die Art des Nutzeffekts zeigt ebenfalls deutlich, daß Judith «Steck zurück, du aufgeblasener Pinsel» spielt, während der Arzt das ergänzende Spiel «Ich versuche nur, dir zu helfen» (IVEDIH) spielt. Judith hat ihn in eine Falle gelockt. So erhält er statt des Dankes für seine Absichten einen Nasenstüber, der übliche Ausgang beim Spiel ‹Ich versuche nur, dir zu helfen›.[51]

Bevor wir weitergehen, wollen wir uns überlegen, was ein ‹Nicht-Spiel› ist. Man lernt auch leichter, was eine Katze ist, wenn man weiß, was keine Katze ist. Manche Menschen glauben, jede Folge von Beziehungen, die immer wiederholt wird, sei ein Spiel. Das trifft jedoch nicht zu. Es gibt eine ganze Reihe von Vorgängen, die keine Spiele sind, gleichgültig, wie oft sie wiederholt werden. Denn sie passen einfach nicht in die Formel für die Spiele. Betrachten wir etwa das folgende Beispiel:

PATIENTIN: Glauben Sie, daß es mir je wieder bessergehen wird?
THERAPEUT: Ja, sicher.
PATIENTIN: Es ist gut, das wieder einmal zu hören. Ich danke Ihnen.

Dies ist eine Folge einfacher Beziehungen, ohne jeden Schwindel und ohne jede Umwandlung. Die Frage der Patien-

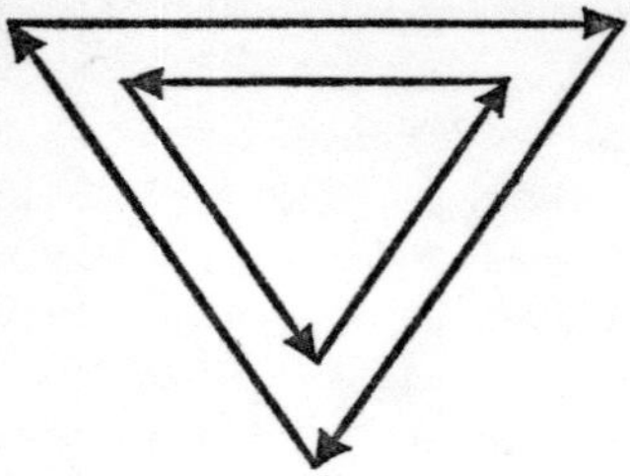

Das Karpman-Dreieck
ABBILDUNG 13

tin enthält keine Hintergedanken. Gleichgültig, wie oft sie sie stellt, es wird kein Spiel daraus, solange kein ‹Schwindel› und kein ‹Wandel› darinsteckt.

Jedes Spiel ist ein kleines Drama. Stephen Karpman ist es gelungen, das auf sehr einfache Weise zu zeigen (Abb. 13). Das von ihm konzipierte Dreieck heißt ‹Darma-Dreieck› oder ‹Karpman-Dreieck›[52]. Es zeigt, wie das Spiel jeden Spieler von einer Rolle auf die andere umschaltet. Das ist im Theater wie im Leben das Wesentliche eines Dramas. Das ‹Karpman-Dreieck› beruht auf dem Spiel ‹Alkoholiker›, in dem die drei Hauptrollen – Opfer, Verfolgter und Retter – am deutlichsten sichtbar werden. Das ‹Opfer des Alkoholismus› wird von ‹schlechten Menschen› verfolgt, aber dann kommt der ‹gute Mensch› und versucht, es zu retten. Das ‹Opfer› behält zu allen Zeiten die Initiative. Der Alkoholiker kann seinerseits meckern, seine zänkische, ihn ‹verfolgende› Frau zum Opfer werden lassen, indem er sie verdrischt, oder er kann seine Retter herausfordern und so zu Verfolgern machen. Die Dreiecke der Abbildungen 14 a bis c zeigen die Wandlungen bei dem Stichling und seiner Brut (14 a), bei dem großen Pavianvater und seinem untreuen Weibchen (14 b) und schließlich bei Judith und ihrem Arzt (14 c).

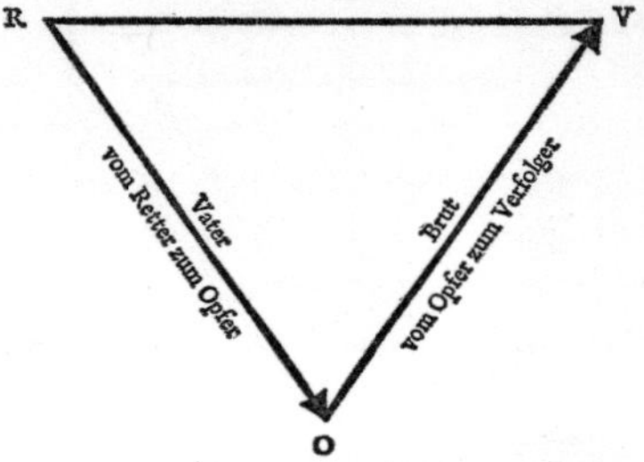

Die Wandlung im «Stichling-Spiel»
ABBILDUNG 14A

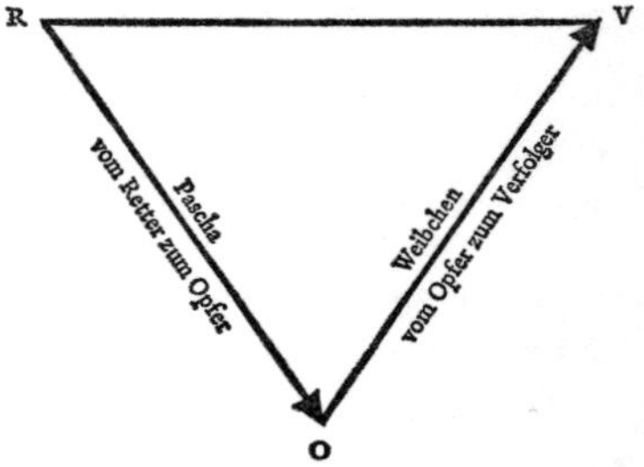

Die Wandlung bei den Pavianen
ABBILDUNG 14B

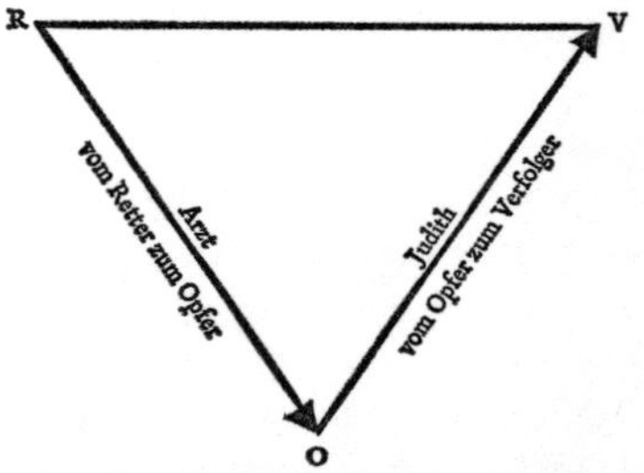

Die Wandlung im «Patienten-Spiel»
ABBILDUNG 14C

In Abbildung 14a ist der Stichlingsvater zu Anfang ein hungriger kannibalistischer Beschützer oder Retter und die Brut das mögliche Opfer. Nach der Wandlung ‹verfolgt› sie ihn, indem sie davonschwimmt und ihn als Opfer ihres Schelmenstücks zurückläßt.

In Abbildung 14b ist der Pascha zu Anfang der Retter seines ‹verfolgten› Weibchens, zum Schluß ist er das Opfer ihres Doppelspiels.

Abbildung 14c bedeutet in der Sprache der Spiele folgendes:

JUDITH (in der Art eines Opfers emotioneller Schwierigkeiten): Rette mich.
ARZT (in der Art eines Retters): Ich werde dich retten.
JUDITH (wechselt in die Rolle eines Verfolgers): Du Neunmalkluger!

Judith hat nun die Oberhand, sie wandelt sich vom Opfer in den Verfolger, der Arzt verwandelt sich vom Retter in ein Opfer. So macht sie mit ihm das gleiche wie vor 2500 Jahren ihre Namensschwester mit Holofernes: sie schlägt ihm den Kopf ab, zumindest im übertragenen Sinn.

Einige Sexspiele

Sexspiele sind Übungen in sexueller Anziehung, in der Ausnutzung der Geschlechtsorgane oder des Orgasmus. Davon war im dritten Kapitel die Rede. Nennen wir die beiden Beteiligten einmal A und B. Der Schwindel von A besteht nun entweder darin, hart ranzugehen, verführerisch und angriffslustig zu sein, oder aber auf unbezwingbar zu machen. Die schwache Stelle bei B ist entweder sexuelles Verlangen oder die Begierde, andere zu beherrschen. Der Nutzeffekt kann einen Geschlechtsakt einschließen, muß aber nicht. Schließt er einen ein, so ist (letztlich) der Orgasmus der Nutzeffekt, dem auf beiden Seiten eine Menge Unehrlichkeit vorangeht und eine Ladung gemischter Gefühle nachfolgt. Wenn nicht, ist der Nutzeffekt für A ein Siegesgefühl, für B eine Enttäuschung mit allen damit zusammenhängenden Gefühlen. Nahezu alle zweiseitigen Spiele sind Variationen dieses ‹Vergewaltigungsspiels›, die meisten dreiseitigen gleichen dem Spiel ‹Kommt, wir wollen Mutter einmal Sorgen machen›.

Das ‹Vergewaltigungsspiel› wird am häufigsten von Frauen in Szene gesetzt. Es ist nach unserer Formel für die Spiele aufgebaut: Schwindel + schwache Stelle = Reaktion → Wandlung → Nutzeffekt. Der Schwindel besteht in einer verführerischen Haltung, die schwache Stelle ist das Verlangen nach Sex oder nach Macht. Der Schwindel der Frau hakt in die schwache Stelle des Mannes ein, er zeigt eine Reaktion, indem er rangeht. Die Frau nimmt nun eine Wandlung vor, sagt «Ja, aber...», woraufhin beide zu ihrem Nutzeffekt kommen.

Wie alle Spiele wird auch das ‹Vergewaltigungsspiel› in drei verschiedenen Graden gespielt, alle drei Grade kennen eigene Arten von Wandlungen und Nutzeffekten. Ein ‹Vergewaltigungsspiel ersten Grades› schließt keinen Geschlechtsverkehr ein, es ist ein Flirt, die Wandlung dabei ist: «Ja, aber wir wissen beide, daß wir – zumindest im Augenblick – nicht weitergehen.» Der Nutzeffekt besteht für beide in angenehmen Gefühlen, für einen oder auch für beide vielleicht zusätzlich in Hoffnungen.

Ein ‹Vergewaltigungsspiel zweiten Grades› heißt «Hau ab, du aufgeblasener Pinsel». Die Wandlung besteht in dem Satz: «Ja, aber ich bin nicht diese Sorte Mädchen, obwohl ich bis jetzt mitgemacht habe.» Der Nutzeffekt für die Frau besteht darin, daß sie ihre Boshaftigkeit austoben kann. Für den Mann besteht er darin, daß er sich abgewiesen und deprimiert fühlen kann. In diesem Fall spielt der Mann das Gegenstück zu dem ‹Vergewaltigungsspiel›, nämlich das Spiel ‹Tritt mich›. ‹Vergewaltigungsspiele zweiten Grades› sind im allgemeinen

Spiele ohne Geschlechtsverkehr. Kommt es zum Geschlechtsverkehr, so bezahlt der Mann für sein Vergnügen, indem er noch härter ‹getreten› wird. Die Spiele dritten Grades enden mit Hilferufen wegen angeblicher Vergewaltigung. Die Wandlung besteht in «Ja, aber ich rufe auf jeden Fall wegen Vergewaltigung um Hilfe». Der Nutzeffekt für die Frau besteht in der Befriedigung ihrer Bosheit und in ihrer Rechtfertigung. Der Mann setzt sein Leben und seine Karriere aufs Spiel, um ‹getreten› zu werden. Auch die Spiele dritten Grades können bis zum Geschlechtsverkehr führen, müssen aber nicht. Das hängt ganz davon ab, wie niederträchtig bzw. wie sinnlich die Frau ist.

Die Nutzeffekte aller dieser Arten von ‹Vergewaltigungsspielen› werden nicht nur unmittelbar genossen oder erduldet, sondern werden auch für später aufbewahrt wie die Rabattmarken von Lebensmittelgeschäften. Die Rabattmarken müssen in ein Rabattbuch eingeklebt werden, erst wenn das Buch voll ist, wird der Rabatt ausgezahlt. Genauso werden die Nutzeffekte gesammelt und eingelöst. Ich möchte an dem Beispiel eines ‹Vergewaltigungsspiels zweiten Grades› einmal zeigen, wie das vor sich geht.

Der Zweck dieses Spiels ist es, zu beweisen, daß alle Männer schlecht sind. Was die Frauen dabei tatsächlich sagen, ist folgendes: «Hau ab, du aufgeblasener Pinsel.» («Du bist wie alle anderen – schlecht.») Der Nutzeffekt besteht für sie nicht nur darin, den Mann in Unannehmlichkeiten zu ziehen, sondern auch darin, ihrer Sammlung ein weiteres Bild eines solchen Tunichtguts hinzufügen zu können. Hat eine Frau ihr Album mit solchen Bildern vollgeklebt, kann sie dafür einen ‹Sammelnutzeffekt gemäß ihren Anweisungen› kassieren. Er kann darin bestehen, daß ihr jetzt ein Selbstmord freisteht oder ein Totschlag oder daß sie zur Alkoholikerin oder zur Lesbierin werden darf – je nach den Vorschriften ihres Lebensplans. In ähnlicher Weise kann der Mann, der ‹Tritt mich› spielt, eine Sammlung von Demütigungen anlegen. Auch er kann, wenn sein Album voll ist, einen ‹Sammelnutzeffekt gemäß seinen Anweisungen› dagegen eintauschen. Dieser kann ein Selbstmord sein, im Einklang mit den Anweisungen seiner Mutter: «Ich liebe dich, aber eines Tages wird es mit dir böse enden», was in Wahrheit bedeutet: «Ich liebe dich, aber ich wollte, du wärst, wo der Pfeffer wächst.»

Ein ‹Vergewaltigungsspiel› in harmloserer Form kann als ‹Sieh bloß, was du angerichtet hast› gespielt werden (‹Du hast mir meine Jungfräulichkeit geraubt›, ‹Du hast mir ein Kind gemacht›, ‹Ich habe nicht gewollt, du hast mich vergewaltigt›). Solche Spiele leisten gute Dienste beim Flirt oder in der Ehe, wenn die Frau noch mehr Macht über den Mann erhalten will. Eine weitere Form des Vergewaltigungsspiels ist das Spiel ‹Spielzeuggewehr›. Es wird von Menschen gespielt, die so handeln, als seien sie erwachsen, in Wirklichkeit aber frühreife Kinder sind. Redewendungen wie: «Das habe ich in Wirklichkeit gar nicht so gemeint», oder: «Ich kann das wirklich nicht durchstehen», oder: «Ich war in Wahrheit gar nicht bereit», oder: «Du hättest mich nicht ausnutzen dürfen» sind in diesem Spiel von Bedeutung. Man erkennt das Spiel ‹Spielzeuggewehr› an Ausdrücken wie ‹in Wahrheit›, ‹in Wirklichkeit›, was soviel heißen soll wie ‹es war gar kein richtiges Gewehr›, und an Redewendungen wie ‹Du hättest nicht sollen›, was soviel bedeutet wie ‹Du hättest wissen sollen, daß das gar nicht ernst gemeint war›. Ursprünglich wurde das ‹Spielzeuggewehr-Spiel› ohne sexuelle Komponente gespielt, und zwar sowohl von Gelegenheitsverbrechern als auch von ausgekochten Gaunern, wenn sie geschnappt worden waren. Wenn man sie ihres Vergehens beschuldigte, entgegneten sie: «Nicht ich bin im Unrecht, sondern du, weil du so dumm bist und annimmst, es sei ein richtiges Gewehr gewesen.»

Das ist die altbekannte Wandlung: «Ich sehe vielleicht wie der bewaffnete Verfolger aus und du wie das Opfer, aber in Wirklichkeit ist es genau umgekehrt. Ich bin das Opfer deiner Dummheit.»

‹Vergewaltigungsspiele› können auch von Männern in Szene gesetzt werden, mit Sätzen wie: «Du hast mich von meiner

Arbeit abgehalten», oder: «Du hast mich müde gemacht», oder: «Ich habe es nur getan, weil ich betrunken war», oder: «Warum hast du mir nicht gesagt, daß du vergessen hattest, die Pille zu nehmen?»

Alle diese Spiele sind ‹Ja aber›-Spiele, denn alle diese Sätze enthalten ein ‹Ja aber›, auch wenn es nicht laut ausgesprochen wird. Es gibt auch die ‹Wenn nur›-Form des Vergewaltigungsspiels. Bei ‹Ja aber›-Spielen macht man sich gegenseitig nervös. Man weigert sich entweder vorher oder unterbricht mittendrin oder macht hinterher Vorhaltungen. In allen Fällen behauptet entweder der Mann oder die Frau, sie bzw. er sei unfairerweise verführt worden und nun verkrampft, was gewöhnlich für die Körpermuskulatur völlig zutrifft. Bei ‹Wenn nur›-Spielen nimmt man alles leicht. Der Wahlspruch lautet: «Wenn eine Vergewaltigung unvermeidlich ist, warum soll ich mich dann dagegen wehren, warum soll ich nicht sogar meine Freude daran haben.» Der Spieler behält sich das Recht der Weigerung, der Unterbrechung bzw. der Mißbilligung vor, übt es aber passiv aus, nicht aktiv. ‹Ja aber›-Spiele werden also gemeinhin streitsüchtig und kämpferisch gespielt. ‹Wenn nur›-Spiele sind lediglich wehmütig, weinerlich oder vorwurfsvoll. In einem ‹Ja aber›-Vergewaltigungsspiel heißt es: «Es ist ja ganz was anderes», im Extremfall endet das Spiel mit einer Abtreibung. In ‹Wenn nur›-Spielen heißt es: «Ich wollte, es könnte ganz was anderes sein», und sie enden mit Wehklagen und Vorwürfen. («Wenn du nur mehr Rücksicht auf mich genommen hättest, wäre ich jetzt nicht in anderen Umständen!»)

‹Ja aber›-Sätze verwenden die Form, die man in der Grammatik die Wirklichkeitsform nennt, ‹Wenn nur›-Sätze verwenden die Möglichkeitsform. An der Westküste der USA nennen manche Leute Wendungen, die auf deutsch ‹nicht in Wirklichkeit›, ‹Ich (bzw. du) sollte nicht, wollte nicht, könnte nicht›, ‹Ich mag vielleicht aussehen wie der Verfolger, bin aber das Opfer› entsprechen, den ‹Berkeley-Konjunktiv›. Aber es gibt überall Menschen, deren Spiele auf Redewendungen basieren, die die Wahrheit verschleiern. Oftmals kann man sie bei gesellschaftlichen Anlässen leicht herausfinden.

Die Sorge-Spielchen ‹Ist die Kühlschranktür auch geschlossen?› und ‹Das muß ich sofort notieren›, mit denen der Geschlechtsverkehr unterbrochen wird, können entweder ‹Ja aber›- oder ‹Wenn nur›-Spiele sein. «Ja, aber ich muß jetzt unterbrechen, um die Kühlschranktür, den Gasofen, den Wäschetrockner zu überprüfen», oder: «Wenn ich nur meine Notizen schon gemacht hätte, könnte ich mit reinem Gewissen weitermachen.» Ein Telefonanruf ist ein Anlaß zur Unterbrechung, der von außen kommt. «Das Telefon läutet, Gott sei Dank, jetzt kann ich unterbrechen, um abzuheben.» Ein Telefonanruf kann ‹Ja aber› sein oder ‹Wenn nur›. «Ja, aber das Telefon läutet», und «Wenn nur Mutter jetzt anrufen würde». (Er: «Wie kommt das nur, das deine Mutter immer haargenau die richtige Zeit für ihren Anruf aussucht?» Sie: «Wie kommt es nur, daß du immer zu der Zeit anfängst, wenn meine Mutter anruft?»)

Spiele werden von Menschen gespielt, die sich vor der Intimität fürchten, ganz allgemein oder mit einem bestimmten Partner. Sie bringen die Menschen einander näher und geben ihnen sinnvolle Beziehungen, ohne von ihnen Hingabe zu verlangen wie die Intimität. Sexspiele können also einmal eine Schranke, ein Hindernis für die Liebe sein oder ein Schritt zu ihr hin – sie sind somit eine Art Versuchsfeld. Für Menschen, die die Hoffnung auf Liebe aufgegeben haben, können sie auch zum Selbstzweck werden, gleichgültig, welche Vorteile aus ihnen gezogen werden können. Auf diese Vorteile werden wir im nächsten Kapitel noch näher eingehen.

Meist sind es Menschen ohne Hoffnung auf Liebe, die das ‹Vergewaltigungsspiel dritten Grades› spielen. Eigentlich ist es ein dreiseitiges Spiel, dessen Ziel es ist, den Mann in Unannehmlichkeiten zu stürzen, indem ein Dritter unterrichtet wird: die Mutter, der Vater, der Rechtsanwalt, der Arzt oder die Polizei. Im Gegensatz dazu macht sich bei einer echten Vergewaltigung die Frau Sorgen, besonders dann, wenn sie gegen ihren Willen Vergnügen daran gefunden hatte – und davor hat sie am meisten Angst. Jedoch der Kriminelle, der eine Frau vergewaltigt, wird sich um sie nicht sonderlich kümmern, sie dient ihm nur zu seinem Vergnügen. Nachher richtet sich sein Interesse ausschließlich auf die Verfolgung und auf das Spiel ‹Räuber und Gendarm›. Erstattet die Frau keine Anzeige, schickt er der Polizei einen anonymen Brief oder ruft dort an, ohne seinen Namen zu nennen, um den Partner auf die Beine zu bringen und die Jagd einzuleiten. Im Extremfall schreibt er vielleicht sogar ein Buch darüber, was natürlich ein Mordsspaß ist: Er spielt ‹Räuber und Gendarm› mit Kritikern und Denkern und vergewaltigt ihren jungfräulichen Geist. ‹Wie man eine Frau zu seinem Vergnügen vergewaltigt und daraus Kapital schlägt› – ein solches Buch würde sich besser verkaufen als die Bücher des Marquis de Sade, der zu stolz war, um auf Publikumserfolge bedacht zu sein, und der es bis heute nicht geschafft hat, in den festen Bestand der Büchereien von Gymnasien aufgenommen zu werden.

Eine der interessantesten Varianten des Vergewaltigungsspiels ist das Spiel ‹Es tut mir leid›. Es ist gleichzeitig eines der tragischsten Spiele, denn es schließt mehrere Personen ein, oft auch Kinder. «Wenn du dich scheiden läßt, werde ich dich heiraten», so heißt es zuerst. Nach der Scheidung aber: «Ach nein, ich habe es mir anders überlegt.» Das arme geschiedene Schwein geht leer aus – Ehe und Liebschaft sind dahin. Das Gegenstück dazu ist ‹Es ist noch nicht soweit›. Es geht so: «Wenn die Kinder groß sind, lasse ich mich scheiden, bis dahin lassen wir alles so, wie es ist.» Eigentlich sind beide Spiele, sowohl ‹Es tut mir leid› als auch ‹Es ist noch nicht soweit›, drei- oder vierseitige Spiele, denn die Ehegatten der Spieler merken sehr wohl, was da vor sich geht.

Ich möchte ein Beispiel anführen. Der geschiedene Herr A sagt zu Frau B, daß er sie heiraten werde, wenn sie sich scheiden lasse. Frau B läßt sich scheiden, er aber sagt: «Es tut mir leid» und heiratet bald darauf wieder seine frühere Frau. Inzwischen aber hat Herr B seine Freiheit ausgenutzt und seine

Jugendfreundin geheiratet. Frau B, die eigentlich mit Männern nicht viel zu tun haben wollte, hat nun ihre Freiheit zurück und kann das Leben führen, das ihr gefällt. Alle vier haben die Situation so gut wie möglich genutzt: Herr B und seine ehemalige Frau unter großem Wehklagen über die ungerechte Behandlung durch den Partner und durch Herrn A, Herr und Frau A unter großen Entschuldigungen, mit Verwirrung und Schuldgefühlen wegen ihrer Freude über den Streich, den sie dem Ehepaar B gespielt haben. (Das Ehepaar A spielte demnach eine Variante des Spiels ‹Dem Kerl wollen wir mal einen Streich spielen›. Der Kerl ist in diesem Fall Herr B.)

Auch in dem Spiel ‹Es ist noch nicht soweit› bleiben die Ehepaare zusammen, wie es sich für zuverlässige Ehepaare gehört. Herr A versprach, sich scheiden zu lassen und Frau B zu heiraten, sobald die Kinder erwachsen wären. Frau B sagte, daß sie jederzeit bereit wäre, sich von ihrem Mann zu trennen, Herr A solle ihr nur mitteilen, wenn es soweit wäre. Doch gerade als das letzte Kind mit seiner Schulausbildung fertig war, erkrankte Frau A an Arthritis. Natürlich konnte Herr A sie jetzt nicht im Stich lassen, und darum blieb sein Verhältnis mit Frau B wie zuvor. Frau A wußte sehr wohl, daß sie auf die Schokoladenseite gefallen war. Doch dann kam sie bei einem Autounfall ums Leben. Nun war Herr A bereit, sein Versprechen Frau B gegenüber einzulösen. Doch gerade in der Woche darauf ging Herr B das erste Mal seit fünf Jahren zum Arzt, wobei sich herausstellte, daß er zuckerkrank war. Frau B konnte sich nicht mehr guten Gewissens von ihm scheiden lassen. Sie blieb bei ihm und brach die Beziehung zu Herrn A ab.

Solche Spiele enthalten einen tragischen Galgenhumor durch ihre beinahe unglaublichen ‹Zufälle›. Doch wie wir gesehen haben, hat die Natur selbst einen Sinn für Humor und schafft ‹Hennenspiele›, ‹Stichlingsspiele›, ‹Seehundspiele›, ‹Pavianspiele› und viele andere mehr, die in ihrer Ausgefallenheit ebenso unglaublich sind.

Wie vorhin schon kurz angedeutet, folgen dreiseitige Sexspiele dem Muster des Spiels ‹Kommt, wir wollen Mutter einmal Sorgen machen›. In seiner grausamsten Form ist dieses Spiel in de Sades ‹*Die Philosophie im Boudoir*› beschrieben. In diesem Buch verbünden sich alle gegen die unglückliche Mutter, die die Jungfräulichkeit ihrer Tochter so hoch einschätzt. Die zügellose Bande weiht die Tochter in alle möglichen Kombinationen von Menschen und Öffnungen ein, wobei ihre vordem so behütete Jungfräulichkeit in der hemmungslosen Orgie zur bloßen Farce wird. Danach gibt der Vater die Erlaubnis, die Mutter ganz nach Belieben zu quälen und zu erniedrigen, was die Bande auch tut. Die Tochter macht eifrig mit und kümmert sich einen Dreck darum, daß die Mutter vor Schmerzen schreit und um Gnade winselt. Und die ganze Zeit über machen sie ihr klar, warum sie so leiden muß: weil sie ihre Tochter daran hindern wollte, die Sexualität zu genießen, und sie vergewissern sich, daß sie ihre Tochter niemals wieder vom Vergnügen abhalten wird, und mehr noch, daß es ihr leid tut, es jemals getan zu haben.

Im prosaischeren Alltag macht die Tochter die Mutter besorgt, wenn sie viele Liebhaber hat oder schwanger wird. Beides wird von der Nachbarschaft als Skandal angesehen, vielleicht kommt das Mädchen am Ende gar vor den Jugendrichter. Die Jungen dienen dabei lediglich als Mittel zum Zweck, vielleicht sieht das Mädchen sie nie wieder, wenn dieser Zweck, nämlich der Mutter Sorgen zu machen, einmal erreicht ist. Wenn sie es ohne fremde Hilfe nicht schafft, bringt sie einen dritten mit ins Spiel. Er kann einfach ihr Zuhälter werden oder, was noch schlimmer ist, sie vom Rauschgift abhängig machen. Einige Jahre später werden andere Varianten dieses Spiels gespielt, etwa: ‹Komm, laß uns mal meinen Freund (bzw. meiner Freundin) Sorgen machen›, oder ‹Komm, laß uns mal meinem Mann (bzw. meiner Frau) Sorgen machen›, oder: ‹Komm, laß uns mal dem Alten Sorgen machen.› Heutzutage gibt es noch eine weitere, sehr beliebte Version, nämlich ‹Komm, laß uns mal den Sozialämtern Sorgen machen›. Denn diese Behörde ist gegen die Sexualität und in den USA teilweise sogar gegen Kaugummi (meine Information darüber ist absolut zuverlässig). Das Spiel besteht nun darin, massenhaft sexuelle Betätigung zu haben und viele uneheliche Kinder zu kriegen, die alle der staatlichen ‹Fürsorge› zur Last fallen. Um dem Ganzen die Krone aufzusetzen, kann man dabei Unmengen Kaugummi kauen.

‹Jemandem Sorgen machen› (JSM) klappt natürlich nur, wenn das Opfer, dem die Sorgen gemacht werden sollen, eine Person oder eine Organisation ist, die im Eltern-Ich-Zustand handelt und außerdem ‹Ich versuche nur, dir zu helfen› spielt oder zumindest ‹Nach allem, was ich für dich getan habe› mit dem zusätzlichen Spiel ‹Untertan›. Je rauhbeiniger das JSM-Spiel gespielt wird, desto toller gebärdet sich das ‹Opfer›, und genau das ist es, was die JSM-Spieler beabsichtigen. Denn das ‹Opfer› geht wie alle Leute im Eltern-Ich-Zustand von der irrigen Annahme aus, daß es dem Spiel um so wahrscheinlicher ein Ende bereiten wird, je verrückter es sich aufführt. Gewöhnlich ist genau das Gegenteil richtig. Je ärgerlicher das ‹Opfer› wird, desto mehr Spaß bereitet es den JSM-Spielern. Erreicht der Ärger ein gewisses Ausmaß, fühlen sich die Spieler vielleicht sogar berechtigt, auf den dritten Grad umzuschalten und einen Rechtsanwalt hinzuzurufen – wahrlich noch spaßiger als eine Horde Affen. Allerdings, wenn das Spiel erst einmal ‹amtlich› geworden ist, ist der größte Spaß bald vorbei. Die Spieler ziehen sich zurück in ihre langweilige Häuslichkeit.

Diejenigen, die aus irgendwelchen Gründen keine Mitspieler finden, können alle diese Spiele auch alleine spielen, als Tagtraum- oder Phantasie-Spiele.

Es gibt viele dreiseitige Spiele, bei denen der dritte Spieler im Hintergrund bleibt, so daß das Opfer annehmen kann, es handle sich um ein zweiseitiges Spiel. Die Prostitution ist häufig ein Spiel dieser Art. Der Mann glaubt, er habe es nur mit der Frau zu tun, doch die Fäden werden in Wirklichkeit von dem Zuhälter hinter den Kulissen gezogen. Er gibt der Frau ihre Anweisungen und achtet darauf, daß sie sie ausführt. ‹Wie war es?› ist ein ähnliches Spiel, der unsichtbare Mitspieler ist hier der Ehegatte. Er schickt seine Frau auf die Straße, wo sie sich einen anderen Mann angeln soll, um mit ihm ins Bett zu gehen, was sich der Mann anschließend in allen Einzelheiten erzählen läßt, zu seiner Erbauung und Unterhaltung. In der gemeinsten Form dieses Spiels muß die Frau sich an einen unerfahrenen Mann heranmachen. In dem Spiel ‹Das war aber gut› kann der Mann sogar von einem Versteck aus zusehen. Manchmal wird das Spiel auch umgekehrt gespielt. Dann ist es die Frau, die ihren Mann auf Weiberfang schickt oder ihn mit ihrer Freundin oder mit einem Mädchen, das sie in einem Lokal aufgegabelt hat, verkuppelt. Bei solchen Spielen dritten Grades erscheint die dritte Person plötzlich auf der Bildfläche. Ein Berufsverbrecher pflegt dann wohl das Opfer um seine Barschaft zu erleichtern, ein ‹betrogener› Ehemann kann sein Opfer unter Umständen erpressen. Diese Spielart bezeichnet man als ‹Erpresser-Spiel›. Es kann auch mit Homosexuellen als Opfer gespielt werden, wobei die dritte Rolle dann die des bestochenen Polypen sein kann. Aber auch in der harmlosen Form können Überraschungen auftreten, wenn zum Beispiel der versteckte Ehepartner eine ‹Wandlung› vornimmt. Das Ende des Spiels bildet dann vielleicht ein Totschlag oder ein Selbstmord, ein Prozeß oder eine Scheidung.

In dem Spiel ‹Wer braucht dich?› nimmt sich die Frau einen Liebhaber, um ihren Mann eifersüchtig zu machen (oder auch umgekehrt). Manchmal weiß keiner der drei, daß dies der wahre Grund ist. Manchmal wissen sie es und die gesamte Nachbarschaft dazu. Oder aber die Ehegatten wissen es und der Liebhaber nicht, in diesem Fall ist er das Opfer. Doch dieser Fall kommt nur selten vor, so begriffsstutzig sind nur wenige. In dem Spiel ‹Ich beklau dich› hat Herr A eine Affäre mit Frau B, und zwar nicht, um sich an seiner Frau zu rächen, sondern um Herrn B Sorgen zu machen. Frau B ihrerseits läßt sich auf dieses Spiel nur ein, um Frau A Sorgen zu machen und nicht, um sich an ihrem Gatten zu rächen. Dieses Spiel kann sogar ein Wettbewerb sein und kein gehässiges Spiel, dann heißt es ‹Ich kann's aber besser als dieser Bursche, stimmt's?› Diese drei Spiele – ‹Wer braucht dich?›, ‹Ich beklau dich› und ‹Ich kann's aber besser› – geben reichlichen Stoff für Opern, Schauspiele, Romane und Kurzgeschichten ab, vor allem, da jeder der Beteiligten ganz nach Belieben Gegenspiele inszenieren kann.

Ein ‹Dreiecksverhältnis› ist eine durchsichtige Operation zwischen drei Partnern und kein Spiel. Man kann davon ausgehen, daß alle Beteiligten nur lautere Gefühle haben und keiner von ihnen sich Sorgen macht. Es können dabei alle möglichen Kombinationen auftreten: drei Männer, drei Frauen, zwei Männer und eine Frau (‹Ehe zu dritt›), zwei Frauen und ein Mann (‹Touristen-Dreieck›). A hat dabei ein sexuelles Verhältnis mit B, B mit C und schließlich C mit A. Jeder Teilnehmer hat zwei sexuelle Beziehungen und beobachtet eine dritte. Wenn aber A und B sexuellen Verkehr miteinander haben und C zusieht und darauf wartet, daß sie endlich auch an die Reihe kommt, aber dann doch nicht an die Reihe kommt und leer ausgeht, wird aus der Operation durch diesen Schwindel ein Spiel. Solche Schwindel finden sich häufig in kindlichen Sexualspielen und sind durchaus nicht ungewöhnlich. Es ist das Spiel ‹Ich zeig dir meins und du zeigst mir deins›, in dem A wohl seins zeigt, aber B sich dann weigert. In einem dreiseitigen Spiel dieser Art kann C den Spieß umdrehen und zum Spielverderber werden. Dabei zeigt dann A seins, ebenso B, doch wenn C an der Reihe ist, haut sie (oder er) ab und erzählt alles der Mutter. Vierseitig sieht dieses Spiel so aus: Herr A hat mit Frau B, der Frau seines besten Freundes, ein Verhältnis. Herr B und Frau A würden auch gern miteinander ins Bett gehen, doch das wissen die beiden anderen zu verhindern, so daß die Ärmsten leer ausgehen.

Warum spielen die Menschen?

Nirgends zeigen sich die Vorteile von Spielen deutlicher als bei sexuellen Spielen.

1. Ehrliche Sexualität läßt die Menschen auf ehrliche Weise glücklich sein. Sexuelle Spiele befriedigen außerdem noch andere Bedürfnisse neben oder statt der sexuellen: Haß, Bosheit, Ärger, Angst, Schuld, Scham und Verlegenheit, außerdem Kränkungen und Minderwertigkeitsgefühle und all die anderen perversen Gefühle, an die sich manche Menschen an Stelle der Liebe halten müssen. Indem die Spieler ihre Sexualität als Köder und als Vergnügen einsetzen, können sie zum einen ihre Probleme lösen und zum anderen auch ihr Verlangen stillen. Sie bleiben so hinreichend zufrieden – auf ihrer einsamen Verliererstraße. Man nennt das den inneren psychologischen Vorteil eines Spiels: Er hält den psychischen Druck gering und verhindert, daß die Menschen durchdrehen. Manchmal wird der Druck aber doch so groß, daß auch eine Unmenge solcher Spielchen ihn nicht mehr vermindern. Ein Beispiel dafür ist de Sade, der sich wie ein Wilder aufführte, seine Mutter vor Kummer fast ins Grab brachte und schließlich im Asyl von Charenton endete, wobei er einen ganzen Schwarm verkorkster und geschlagener Mädchen zurückließ, was ihm die Bewunderung von Baudelaire, Swinburne, Dostojewskij und Kafka eintrug, es gibt sogar einige, die ihm heute noch anhängen.

2. Der zweite, äußerer psychologischer Vorteil genannt, besteht darin, daß die Spiele Zusammenstöße, Verantwortlichkeiten und Bindungen vermeiden, eine Sache, die von de Sades Bewunderern aus der existentialistischen Schule übersehen wird. Ein Teil der Spiele umgeht eine Gegenüberstellung mit dem nackten Körper und die Aufforderung, etwas zu tun, und mehr noch, die Verantwortung, die sich aus der Entjungferung, der Schwängerung, der Erregung, der Zuneigung und anderen möglichen Folgen eines Geschlechtsverkehrs ergibt. Andere Spiele enden mit dem Orgasmus oder wenigstens mit dem Eindringen des Glieds, doch da dies im Spiel

geschieht, brauchen sich die Partner nicht aneinander zu binden.

3. Spiele bewahren die Menschen davor, sich der Behaglichkeit zu verschließen, sie bringen die Mitspielenden zusammen und halten sie zusammen, so nahe, daß sie sich gegenseitig nicht langweilen, aber doch nicht so eng, daß sie eine ernsthafte Bindung eingehen. Das gibt ihnen die Illusion, ein Teil der Menschheit zu sein oder doch auf dem Wege dorthin zu sein. In Wirklichkeit sind die Spiele Bestandteil eines ‹Bis›-Programms. Sie werden als Vorspiel zu dem angesehen, was geschieht, wenn der richtige Partner kommt. Zu oft aber ist der richtige Partner ein Märchenprinz oder eine Prinzessin aus dem Feenreich, die beide niemals erscheinen, in vielen Fällen ist es auch der Tod – und der kommt. Unterdessen macht man Spiele, ein Versuch, die Wartezeit an der Haltestelle des Schicksals einzuteilen. Was man dabei tut, verhält sich zum wirklichen Leben wie das Warten an einer Bushaltestelle zum Schwimmen über einem tropischen Korallenriff an einem sonnigen Tag. Die Spiele geben auch den Rahmen ab für eine scheinbar intime Sozialisierung hinter verschlossenen Türen oder im geheimen. Das ist ihr innerer sozialer Vorteil.

4. Spiele sind voller Zwischenfälle und kleiner Dramen, zuweilen echten, zuweilen unechten; auf jeden Fall geben sie den Leuten draußen einen Anlaß zum Klatschen. Das ist ihr äußerer sozialer Vorteil.

5. Sexuelle Spiele stillen den Reizhunger, den Anerkennungshunger und den Strukturhunger. Die meisten Menschen finden Spiele vergnüglicher als das Alleinsein (Zurückgezogenheit), als die Förmlichkeit auf Parties (Ritual), als frühmorgens zur Arbeit zu gehen (Tätigkeit) oder über Golf zu reden (Zeitvertreib). Spiele regen den Stoffwechsel an, stimulieren die Drüsentätigkeit, bringen den Kreislauf auf Touren und bewahren Körper und Geist vor einem langsamen Dahinwelken. Spiele, die auch den Geschlechtsverkehr einbeziehen, können das besser als andere, weil sie einen Austausch

von Gerüchen, Hautschauern, Wärmestrahlen und Flüssigkeiten mit sich bringen. Diese belebenden Wirkungen werden der biologische Vorteil eines Spiels genannt.

6. Noch etwas ist mit der Sexualität verflochten, nämlich das Ich oder das Selbst – also die Antwort auf die Frage: «Wer bin ich?» Diese und die Frage «Warum bin ich auf der Welt?» sind Existenzfragen. Sexuelle Spiele haben hier den Vorteil, daß sie uns den Lösungen dieser beiden Rätsel beträchtlich näher bringen, wenn auch nicht so nahe wie die wahre Intimität. Besonders hilfreich aber sind sie bei der Beantwortung der dritten Frage: «Wer sind die anderen?»

Alle Lebensanweisungen kreisen um diese drei Fragen; gewöhnlich versucht die elterliche Programmierung, brauchbare und feststehende Lösungen zu geben. Solange ein Mensch sich an seine Anweisungen hält, wird er sich dem Beweis widmen, daß diese Antworten die passenden sind. Die Anweisung für einen Gewinner kann in der Zusammenfassung folgendermaßen aussehen: «Du bist ein Prinz. Du bist auf der Erde, um dich den anderen anzubieten, und die anderen sind Menschen, die dich brauchen.» In sexuellen Spielen wird er immer aufs neue unter Beweis stellen wollen, daß es in der Tat so ist: daß er wirklich ein Prinz ist, der wirklich großzügig sein kann und dem die anderen (Frauen) dankbar sind. Hat er zur Genüge festgestellt, daß diese Behauptungen zutreffen, dann mag er reif sein für eine intime Beziehung, in der er sich nicht mehr so sehr damit abgeben muß, irgend etwas zu beweisen. Für einen Verlierer sehen die Antworten vielleicht folgendermaßen aus: «Du bist eine Hure, die zu nichts nutze ist, du bist hier, um deine Zeit abzuarbeiten, und die anderen sind Halunken, die dir schon auf die Sprünge helfen werden.» In diesem Fall dienen die Spiele dazu, zu beweisen, daß diese Frau in der Tat eine Hure ist (auch wenn sie sich dagegen wehrt), daß sie sich den Weg durchs Leben mit ihren Beckenmuskeln bahnen muß und daß alle Männer, wann immer möglich, sie ausnutzen werden. Solange sie dieser Anweisung folgt, kann sie allenfalls mit einer anderen Hure oder mit einem Zuhälter intim werden. Solch eine Anweisung ist eine Infamie, aber sie funktioniert genauso wie eine gute Anweisung.

Spiele bestätigen und bewahren den Menschen ihr behagliches Glück oder ihr altvertrautes Unglück. Sie zeigen, daß das elterliche Programm ein richtiges Bild von ihrer Existenz und der Umwelt gibt. Sexspiele sind so ausgetüftelt, daß sie diesen Glauben bestärken, passende Mitspieler finden sich fast von selbst ein, und sie werden dann so eingesetzt, daß sie in der erforderlichen Weise reagieren.

Die Illusion der Autonomie

In einem früheren Kapitel versuchte ich klarzumachen, daß der Weg zur Freiheit über das Lachen führt. Doch solange die Menschen das noch nicht begriffen haben, werden sie versklavt sein. Entweder stehen sie in den Diensten eines Herrn, oder sie kämpfen dafür, unter einem neuen Herrn dienen zu können. Die Herren wissen das sehr gut, eben darum sind sie ja die Herren. Unziemliches Lachen wäre das letzte, was sie durchgehen lassen würden. In freieren Staaten geben die Schulen ihre Witzblätter heraus, doch in Sklavenhalterstaaten wie einst Nazi-Deutschland und Saudi-Arabien noch heute ist so etwas undenkbar. Autorität kann man nicht gewaltsam abtöten, für jeden Kopf, den man ihr abschlägt, wächst ein neuer. Man kann sie nur durch Lächerlichkeit beseitigen, eine Tatsache, die auch schon Sun Tsu bekannt war, als er die Wissenschaft vom militärischen Gehorsam begründete. Er demonstrierte das seinem Herrscher zuerst an Haremsdamen. Sie kicherten, als er zum erstenmal seine Anweisungen gab. Er wußte, solange sie lachten, war kein Gehorsam zu erwarten. Er beendete ihr Gelächter, indem er zwei von ihnen hinrichten ließ, woraufhin die anderen alles machten, was man von ihnen verlangte – ernst und entrüstet. Umgekehrt war noch nie ein Komödiant für längere Zeit Oberhaupt eines Staates. Das Volk mag das ja noch aushalten, er aber nicht.

Der Mensch wird frei geboren, doch das erste, was er lernt, ist, das zu tun, was ihm gesagt wird, und sein ganzes weiteres Leben lang tut er nichts anderes. So wird er zuerst einmal der Sklave seiner Eltern. Er befolgt ihre Anweisungen und behält sich nur in seltenen Fällen das Recht vor, seine eigenen Wege zu gehen, was ihm eine tröstliche Illusion von Autonomie verschafft. Wollen die Eltern ihm Minderwertigkeitsgefühle anerziehen, so brauchen sie nur damit anzufangen, von ihm quadratischen Stuhlgang zu verlangen und ihre Unzufriedenheit auszudrücken, wenn dies nicht geschieht. Welche Forderungen sie auch immer an ihn stellen, er wird sein ganzes Leben lang versuchen, sie zu erfüllen, dabei können die Eltern ihm von Anfang an zu verstehen geben, daß sie von ihm gar keinen Erfolg erwarten. Auf diese Weise wird er ein gerüttelt Maß an Minderwertigkeitsgefühlen entwickeln, dank der elterlichen Anweisungen. Hat er einen starken Drang nach Unabhängigkeit, wird er den Ansatzpunkt und die Methode bei seinen Anstrengungen ändern, aber nicht ihren Inhalt. Er mag seinen Eifer vom quadratischen Stuhlgang auf eine birnenförmige Ejakulation verlegen, aber er wird auch dann feststellen, daß er sich noch immer minderwertig fühlt. Wird ihm aber beigebracht, daß er Erfolg haben wird, so wird er ihn haben, welche Methode er auch anwendet, um seinen Stuhlgang in die Form zu bringen, die sein Schicksal von ihm verlangt.

Um sich von einer solchen Anweisung lösen zu können, müßte er innehalten und nachdenken. Doch über die Programmierung kann er erst dann nachdenken, wenn er die Illusion seiner Autonomie aufgegeben hat. Er muß einsehen, daß er bisher keineswegs so frei handelte, wie er es sich eingebildet hatte, sondern vielmehr der Spielball eines Schicksals war, das schon vor Generationen festgelegt wurde. Wenige Menschen sind gerissen und wendig genug, diese Grillen aus ihrem Kopf vertreiben zu können, und je älter sie werden, desto aussichtsloser wird ein solches Unterfangen.

Die Programmierung beginnt ganz unten, bei den Organen

nen, die unter dem gewundenen Bauchknopf liegen, unter dem mythischen Mittelpunkt der Welt, in dessen Gewinde einst die silbrige Schnur eingeschraubt war, die zum mütterlichen Leib führte. Nehmen wir einmal eines dieser altbekannten Grußworte unter die Lupe, mit denen der Leutnant die frischgebackenen Rekruten auf dem Kasernenhof empfängt: «Euer Innenleben, das gehört eurer Mutter, aber euer Arsch, der gehört mir!» Dieser Satz enthält, wenn man ihn auslegt, sogar noch mehr Anatomie, als sich der anatomisch begabte Leutnant je hätte träumen lassen. «Die Innenseite eures Beckens, die gehört eurer Mutter, aber die Außenseite, die gehört mir.» Die Beckenorgane fast eines jeden Menschen gehören zur Mutter – für den Glücklichen endet es damit. Für den weniger Glücklichen erstreckt sich die mütterliche Kontrolle weiter, auf den Magen und auf das Gehirn. Ja, wirklich, die Armee kriegt nur, was übrigbleibt – die äußeren Teile, und die äußeren Muskeln sind ja auch alles, was die Armee braucht. Solange die Soldaten den Befehlen gehorchen, ist der restliche Körper allenfalls für die Sanitäter von Interesse.

Die wichtigen Gebote der Anweisungen bleiben unverändert, nur die Methode und der Ansatzpunkt können variieren. «Du sollst dem Führer folgen», befiehlt der nationalsozialistische Vater. Und sein Sohn folgt dem Führer, entweder einem faschistischen oder einem christlichen oder einem kommunistischen, immer mit demselben Eifer. Der Geistliche rettet mit seinen Sonntagspredigten die Seelen, seine Tochter tut es mit Volksliedern, zur Gitarre gesungen. Der Vater ist Straßenkehrer, der Sohn wird Hygieniker, jeder ist an seinem Platz damit beschäftigt, krankheitserregenden Abfall zu beseitigen. Die Tochter der gutmütigen Prostituierten wird Krankenschwester, sie hilft den gequälten Menschen wie ihre Mutter, nur auf weniger verfängliche Weise.

Diese Ähnlichkeiten und Unterschiede erinnern an das, was man in der Biologie mit ‹Genotyp› und ‹Phänotyp› bezeichnet. Alle Hunde haben die Gene von Hunden, sie können nichts anderes als Hunde werden. Doch jeder Hund kann seine Eigenart haben. Die ursprünglichen Vorschriften der Eltern haben die gleiche Wirkung wie Gene: Die Nachkommen können nichts anderes tun als ihnen folgen, doch jeder Mensch kann ihnen folgen, wie es ihm beliebt. Das soll nicht heißen, daß Geschwister einander ähnlich sein müßten, jeder einzelne kann und wird gewöhnlich auch seine eigenen Anweisungen erhalten, die sich von denen der anderen unterscheiden, je nach der Rolle, die die Eltern diesem Kind zugedacht haben. Aschenbrödel etwa hatte die Anweisung, die sie gewinnen ließ, ihre Stiefschwestern waren so erzogen, daß sie verlieren mußten, sie alle folgten der elterlichen Programmierung. Aschenbrödel fand in ihrer freundlichen und einnehmenden Art ihren eigenen Weg nach oben. Vielleicht war es der Weg, den ihre Eltern sich vorgestellt hatten, vielleicht auch nicht, jedenfalls hatte sie Erfolg. Ihre Stiefschwestern wurden zu mürrischen, trotzigen Mädchen erzogen, die niemand haben wollte – außer den beiden Stoffeln, die dann auf Geheiß des Prinzen die Stiefschwestern nehmen mußten.

Die Methode, wie man das vorgegebene Ziel erreichen will, darf man frei wählen. Diese winzige Freiheit aber wird in unserer Phantasie zur völligen Freiheit und Unabhängigkeit. Daß dies eine Illusion ist, zeigt sich auch deutlich an dem Mann, dessen Gehirn während einer Operation mit Elektroden gereizt wurde. Wurde die Stelle erregt, die seinen rechten Arm kontrolliert, so hob er seinen rechten Arm. Fragte man ihn, warum er das tat, so gab er zur Antwort: «Weil ich es wollte.» Dasselbe geschieht Tag für Tag in unserem Leben. In den entscheidenden Fragen folgt jeder den elterlichen Anweisungen, doch da man Zeit und Ort der Ausführung selbst wählen kann, bleibt die Illusion erhalten, man treffe seine Entscheidungen völlig unabhängig und handle nach seinem freien Willen. Das eine wie das andere trifft zu: Die elterlichen Anweisungen funktionieren wie Elektroden, der Mensch reagiert auf sie nahezu automatisch, ohne die Mög lichkeit zu haben, sich anders zu entscheiden. Und er wird dabei denken, er handle nach seinem freien Willen. Das Ganze funktioniert aber nur, wenn er die elterlichen Anweisungen verdrängt hat und sich nicht mehr an sie erinnert. In dem Augenblick, in dem er sich an sie erinnert, wird ihm klar, daß sie es sind, die seine Gefühle, sein Verhalten, seine Reaktionen bis jetzt bestimmten. Erst wenn er sich dessen bewußt geworden ist, kann er sich frei machen und nach eigenem Ermessen handeln.

Einige Menschen jedoch – in bestimmten Situationen geht es allen Menschen so – wiegen sich nicht in der Illusion, autonom zu sein. Sie sind sich voll und ganz bewußt, daß ihr Verhalten von dem bestimmt wird, was ihnen ihre Eltern in frühester Jugend sagten. Das ist der Fall bei manchen alten Jungfern und frigiden Frauen, die ganz offen sagen, daß sie so sind, weil ihnen ihre Eltern beibrachten, so zu sein. In gewisser Weise sind sie besser dran als diejenigen, die an ihre Autonomie glauben. Übrigens ging der Anstoß zur Untersuchung der elterlichen Vorschriften bemerkenswerterweise von einem Spieler aus, der von seiner Leidenschaft loskommen wollte. «Erzählen Sie mir nicht, ich solle nicht mehr spielen, das funktioniert nicht», sagte er zu seinem Therapeuten, «was ich brauche, ist die Erlaubnis, nicht mehr zu verlieren.» Ihm war plötzlich klargeworden, daß er immer verlor, weil er dazu bestimmt war zu verlieren. Was er brauchte, waren nicht neue Anweisungen, etwa in der Art: «Warum hören Sie nicht auf zu spielen?», sondern die Erlaubnis, die elterlichen Anweisungen, die er in seiner Kindheit erhalten hatte, unbeachtet zu lassen.

So sind die biologisch nutzlosen Spielformen der Sexualität – wie Unzucht, Sadismus, Homosexualität, Promiskuität und Sexualspiele – in den meisten Fällen von den Eltern programmiert. Der Mensch aber sagt: «Ich mache es so, weil ich es so will.» Indirekt ist das auch richtig. Er macht es so, weil er die entsprechenden Anweisungen erhalten hat, und er will den Anweisungen folgen, um der Angst zu entfliehen. Er verwandelt diese Notwendigkeit in eine Tugend und nennt sie ‹freier Wille›, was wohl Baudelaire betören mag, andere aber nicht. Erkennt der Mensch aber die Anweisungen und bringt dann noch heraus, auf welche Weise die Elektroden in seinem Gehirn angebracht sind, kann es ihm gelingen, das elterliche Programm umzustoßen und möglicherweise wirklich frei zu werden.

Ich möchte an dieser Stelle ganz klar herausstellen, daß wir hier über biologische Fakten sprechen und nicht über Jugendbewegungen, die in jedem Fall von vorprogrammierten Jugendlichen getragen werden. Die elterliche Programmierung ist auch nicht als ein ‹Fehler› der Eltern anzusehen, denn sie führen ja ihrerseits nur die Anweisungen aus, die sie von ihren Eltern erhielten, ebensowenig wie die äußerliche Erscheinung der Kinder eine ‹Schuld› der Eltern ist, denn sie geben ja nur die Gene weiter, die sie von ihren Vorfahren erhalten haben. Die physiologisch-chemische Beschaffenheit des Gehirns, die für die Programmierung der Anweisungen eine Rolle spielt, ist allerdings leichter zu ändern als die chemische Beschaffenheit der Gene, die für das körperliche Aussehen von Bedeutung sind. Eltern, die für ihre Kinder das beste tun wollen, müßten daher herausfinden, wie ihre eigenen Anweisungen aussehen und sich dann entscheiden, ob sie diese an ihre Kinder weitergeben wollen. Entschließen sie sich, das nicht zu tun, müssen sie herausfinden, wie die Anweisungen geändert werden können, um ‹Prinzen› großzuziehen an Stelle von ‹Fröschen›. Das ist schwierig, sicherlich schwieriger, als sich selbst die Haare zu schneiden. Gewöhnlich braucht man jemanden, der diese Anweisungen analysieren kann, aber auch das klappt nicht immer. Aber noch entmutigender ist der Gedanke, daß diese Anweisungen unter Umständen immer weitergegeben werden. Die Weitergabe der Anweisungen bildet auch die Grundlage für das alte Sprichwort: «Willst du eine Dame großziehen, so beginne mit der Großmutter.» Diese Überlieferung von Anweisungen erklärt auch, warum der Bürgerkrieg in den USA zwischen dem Norden und dem

Süden immer noch nicht beendet ist und warum weitere hundert Jahre ins Land gehen müssen, bis die niederträchtigen Programme von heute in vernünftige, anständige Lebensvorschriften umgewandelt sein werden. Heute, in unseren Tagen, werden die Anweisungen für die Eltern der Menschen des nächsten Jahrhunderts gegeben. Sollen die Beziehungen später warm und echt sein, so müssen sie heute aufhören, kalt und korrupt zu sein.

6. Kapitel
Sexualität und Wohlbefinden oder Intimität als Vorbeugungsmittel

Einleitung

Die Frage, was Ursache und was Wirkung beim Verhalten eines Menschen ist, ist nur schwer zu entscheiden, zumal die meisten psychologischen Theorien sich auf die Erklärung dessen, was geschehen ist, beschränken. Aber diese Theorien beweisen gar nichts, solange sie nicht auch zur Vorhersage dessen, was geschehen wird, herangezogen werden können. Ist eine Erklärung von Vorgängen sowohl für die Zukunft als auch für die Vergangenheit anwendbar, dann sagt sie wahrscheinlich etwas Wesentliches über die menschliche Natur aus. Eine Theorie, die Zukunft wie Vergangenheit einschließt, wollen wir Zukunftstheorie nennen, eine Theorie, die nur die Vergangenheit zu erklären vermag, Vergangenheitstheorie. In diesem Sinne sind die Psychoanalyse und die Transaktionsanalyse, wenn sie von Fachleuten fachkundig angewandt werden, Zukunftstheorien, da die Analytiker dann nicht nur das frühere Verhalten eines Menschen zu erklären vermögen, sondern darüber hinaus auch voraussagen können, wie er sich in den nächsten Jahren verhalten wird. Wer mit Vergangenheitstheorien arbeitet, wie die Soziologen, sagt im allgemeinen, daß er nicht in der Lage ist, Aussagen über die Zukunft zu machen, und das ist in der Tat richtig. Eine Zukunftstheorie des menschlichen Verhaltens befaßt sich also mit Tatsachen, die ein ganzes Leben hindurch konstant bleiben, während eine Vergangenheitstheorie sich mit Tatsachen abgibt, die durch äußere Umstände stark beeinflußt werden.

Vergangenheitstheorien sind nicht sehr interessant, einmal, weil es keinen zuverlässigen Weg gibt, sie zu überprüfen, zum anderen, weil von ihnen keine Vorschläge ausgehen können, wie man in einem bestimmten Punkt Abhilfe schaffen kann. Gewöhnlich beschäftigen sich diese Theorien mit ‹schrecklichen Dingen›, die die Menschen wie Briefmarken untereinander austauschen können, wenn sie ‹Ist das nicht schrecklich?› spielen. Häufig genug jedoch wissen die Menschen, die diese ‹schrecklichen Dinge› sammeln, damit nichts anderes anzufangen als sie mit anderen Sammlungen zu vergleichen. Vergleicht man zum Beispiel, wie häufig Akademiker und wie häufig Abiturienten sich mit einer Reitpeitsche auspeitschen lassen, um sich sexuell zu befriedigen, so würde dem noch kein Ende bereitet, falls dem überhaupt ein Ende bereitet werden soll. Aber es gibt ein interessantes Gesprächsthema ab, selbst wenn keine Möglichkeit besteht, die Zahlenangaben zu überprüfen. Letzten Endes wäre eine solche Untersuchung auch nur für die Reitpeitschenhersteller interessant. Die meisten Leute, die gern solche Sachen lesen, sind wie jene alte Dame, die einst einen Zoo besuchte und den Wärter fragte, ob das Nilpferd ein Männchen oder ein Weibchen sei. Sie erhielt zur Antwort: «Gnädige Frau, das sollte nur für ein anderes Nilpferd von Interesse sein.»

Vergangenheitstheorien, die für gewöhnlich von der Frage ausgehen, wie viele Leute etwas Bestimmtes tun, sind für Verwaltungsleute, Politiker, Volkswirtschaftler und Geschäftsleute wertvoll. Zukunftstheorien, die Aussagen zulassen wie: «Die Menschen sind so beschaffen, daß sie sich – falls nicht besondere Umstände dies verhindern – in einer ganz bestimmten Weise verhalten», sind für Wissenschaftler von größerem Nutzen. Vergangenheitstheorien werden meistens von abhängigen Denkern aufgestellt, sie haben dabei den Nutzen für irgend jemand anderen im Auge. Zukunftstheorien werden von unabhängigen Denkern aufgestellt, die ihr Forscherdrang dazu treibt, sich in Neuland zu wagen. Auf lange Sicht gesehen bringen sie jedoch größeren Gewinn als die Vergangenheitstheorien. Deshalb wollen wir in den folgenden Abschnitten versuchen, uns ausschließlich an unveränderliche Tatsachen zu halten und veränderliche Fakten so weit wie möglich außer acht zu lassen.

Körperlicher Kontakt und körperliche Gesundheit

Junge Ratten, die weder von ihren Müttern noch von Menschenhänden berührt werden, entwickeln sich nicht so gut wie andere, und viele von ihnen werden krank und sterben. Dasselbe geschieht mit Säuglingen, die nicht auf den Arm genommen werden. Sie brauchen das Getätschelt-Werden und Im-Arm-gehalten-Werden zum Leben.[53] In der Tat verkümmert jedes menschliche Wesen, das weder durch freundliche Worte noch durch zärtliche Hände gestreichelt wird, es stirbt innerlich ab. Dr. Harry Harlow und seine Mitarbeiter untersuchten junge Affen, die sie bei der Geburt von ihrer Mutter getrennt und ihnen als Ersatz ein Frottéehandtuch gegeben hatten.[54] Sie bewiesen, daß junge Affen von Natur aus den körperlichen Kontakt mit Artgenossen brauchen. Werden sie dieser Möglichkeit im Säuglingsalter beraubt, sind sie später nicht imstande, sich im sexuellen Bereich wie normale Affen zu verhalten. Wird ein Weibchen dennoch trächtig, dann wird das Junge wahrscheinlich sterben, weil die Mutter es vernachlässigt oder sogar mißhandelt. Menschen verhalten sich oft nicht besser; Eltern, die ihre Kinder vernachlässigen, sie so sehr schlagen, daß sie Verletzungen davontragen oder sogar daran sterben, sind keineswegs seltene Ausnahmen. Solche Eltern waren in ihrer Kindheit oft selber Opfer – Söhne und Töchter herzloser menschlicher Hüllen oder ungeselliger und jähzorniger Charakterkrüppel.[55] Zusammenfassend können wir sagen: Wird ein Mensch nicht gestreichelt, dann verkümmert sein Geist, und das Menschliche in ihm stirbt ab.

Wir kennen zwei große Gruppen, die an diesem Mangel

leiden. In jeder Großstadt leben Tausende von alleinstehenden Frauen, die jeden Morgen zur Arbeit gehen, abends wieder heimkehren und dann nahezu ihre gesamte Freizeit in ihrem Zimmer oder in ihrer Wohnung verbringen. Ihre Behausung enthält nichts, womit sie sich beschäftigen könnten, und niemand ist da, mit dem sie sich unterhalten oder streiten könnten. Im Normalfall hat eine solche Frau auch kaum Verabredungen, vielleicht hat sie ein paar Freunde, die aber keinen Wert auf einen allzu engen Kontakt mit ihr legen und sie nur alle zwei Monate zum Essen einladen. In der Zwischenzeit geht sie manchmal ins Kino oder ins Konzert, aber immer allein. Sie führt schließlich ein einsiedlerisches Leben. Nach einiger Zeit verliert sie auch die Lust, für sich allein zu kochen, unter Umständen nimmt auch noch ihr Appetit ab. Allmählich verliert ihre Haut Straffheit und Glanz, ihre Beine werden wegen der mangelnden Ernährung immer dünner. Sie beginnt unter Muskelschwäche und Magenbeschwerden zu leiden. Der Mangel an sozialer Aktivität ist indirekt schuld an diesem körperlichen Zerfall, über das Zwischenglied Appetitverlust. Gefangen im Teufelskreis von körperlicher Schwäche und fehlender sozialer Anregung, wird sie immer häufiger von Depressionen befallen, Schwung und Tatkraft schwinden dahin. Manche Frauen greifen an diesem Punkt zu Drogen. Oft genug geraten sie an Amphetamine oder aufputschende Mittel, die den Appetit noch weiter verringern und dadurch alles letztlich noch schlimmer machen. Für diese Frauen sind die Drogen gleichsam ein Ersatz für die Menschen, sie gleiten immer tiefer in ihr Elend und können nur durch soziale Kontakte ‹dem Leben wiedergegeben› werden.

Eine Frau, die mehr und mehr vereinsamt, gerät also durch Appetitverlust und andere Dinge, die das Alleinsein nach sich zieht, in eine sehr schlechte körperliche Verfassung. Das Endergebnis kann genauso negativ ausfallen, wenn sie den Appetit nicht verliert, sondern ins andere Extrem fällt und viel zuviel ißt. Im ersten Fall greift sie zu Drogen, im zweiten zum

Essen, um den Mangel an menschlichen Kontakten auszugleichen. In beiden Fällen jedoch verliert sie immer mehr an Anziehungskraft, so daß es immer schwieriger für sie wird, einen Menschen zu finden, der ihr die Anerkennung und das Streicheln gibt, das sie so dringend braucht.

Die zweite Gruppe, die auf dieselbe Weise leidet, ist die alleinstehender, alternder Männer. Viele von ihnen geraten in einen ähnlich traurigen Zustand wie die alleinstehenden Frauen. Auch ihnen vergeht durch das Fehlen sozialer Kontakte der Appetit. Niemand ist da, der für sie kocht und niemand, für den sie kochen könnten. Die schlechte Ernährung und der Vitaminmangel machen sie mager, und ihre Anfälligkeit für Lungenentzündungen und andere Infektionskrankheiten wächst. Auch ihre Verstandestätigkeit nimmt unter Umständen ab, langsames Denken, geistige Verwirrung, manchmal auch das Delirium sind die Folge. An der lobären Lungenentzündung läßt sich die Bedeutung sozialer Kontakte gut aufzeigen. Heutzutage kann man diese altbekannte Krankheit mit Penicillin und ähnlichen Medikamenten bekämpfen. Aber vor der Entdeckung dieser Heilmittel starb ungefähr ein Drittel der Kranken. Im Winter waren die Krankenhäuser immer voll von einsamen Menschen, die sich eine Lungenentzündung geholt hatten. Oft waren es so viele, daß nicht mehr genug Betten für sie vorhanden waren und einige auf Matratzen in den Korridoren liegen mußten. Damals beobachteten viele Ärzte, daß von den Patienten, die die ganze Zeit ohne Kontakt mit der Außenwelt im Krankenhaus lagen, viel mehr starben als von denen, die Besuch bekamen.[56] Ob dieses Nachlassen der Widerstandskraft lediglich dem Mangel an menschlichen Kontakten oder der daraus entspringenden ‹Einsamkeits-Krankheit› (Unterernährung und Trunksucht) zuzuschreiben war, bleibt letzten Endes unerheblich. Entscheidend ist, daß der Hunger nach Menschen Tod oder Leben bedeutete, eine kühle Hand auf der Stirn, ein freundschaftlicher Händedruck förderten nachhaltig die Wirkung der Medikamente. Dies ist ein kennzeichnendes Beispiel für etwas, das auch auf andere, weniger verbreitete Krankheiten zutrifft, besonders auf die ‹Auszehrung› bei Kindern.

Das Vorhandensein oder Fehlen gesellschaftlicher und körperlicher Kontakte beeinflußt auch die Art, wie die Menschen sich auf der Erde bewegen. Ein erfahrener Beobachter kann einsame Menschen schon daran erkennen, wie sie die Straße entlanggehen und die Menschen und Dinge um sich herum betrachten. Dies hat nichts mit der Unterscheidung der Menschen in Extravertierte und Introvertierte zu tun. Viele Extravertierte sind in Wirklichkeit sehr einsam, und viele Introvertierte verstehen es, dauerhafte und intime Beziehungen aufzubauen. Manchmal kann man einen Einsamen auch daran erkennen, wie er telefoniert. Mein Freund Dr. Horseley behauptet, er könne von einem Kollegen, der ihn anruft, sofort sagen, ob er Gruppentherapie betreibt oder auf die Einzelbehandlung schwört, manchmal schon auf Grund der Art und Weise, wie der Psychiater ‹guten Tag› sagt, spätestens aber nach den ersten zwei, drei Sätzen.

Mit den oben angeführten Beispielen wollte ich zeigen, daß sozialer Kontakt für Kinder notwendig ist, damit sie gesund, kräftig und mit wachem Geist heranwachsen. Sozialer Kontakt ist aber auch im späteren Leben notwendig, damit diese Eigenschaften nicht verlorengehen. Infektionskrankheiten und Unterernährung sind die großen Mörder auf der Erde, und der körperliche Kontakt hilft, sie zu bekämpfen und zu besiegen – wenn man überhaupt hier noch eine Wahl hat. Die freundliche Berührung einer Hand kann ihren wohltätigen Einfluß auf den ganzen Körper ausdehnen und im Kranken den Wunsch wecken, zu kämpfen, zu essen, zu leben. Auch in Fällen, in denen Hilfe schon nicht mehr möglich scheint, kann sie noch Wunder wirken. Nichts hilft mehr als ein Mensch, der sich dem Kranken freundlich nähert und ihm Linderung, Heilmittel und Nahrung bringt. Hat die Genesung eingesetzt, haben liebevoll hergerichtete Präsentkörbe sogar noch stärkere Wirkung.

Die sechs Arten Hunger

So wie der Körper des Menschen Nahrung und Vitamine braucht und ohne sie zugrunde gehen muß, so braucht das Nervensystem Sinneseindrücke, ohne die es zusammenbrechen muß. Diese Tatsache ist der politischen Polizei in vielen Ländern wohlbekannt und auch den Gefangenen, die einmal in Einzelhaft saßen. Als diese Tatsache im Verlauf der Trotzkisten-Prozesse im Rußland der dreißiger Jahre entdeckt wurde, war man sehr überrascht. Die meisten Leute glaubten damals, daß man die Trotzkisten, die Selbstanklage erhoben, schwer gefoltert haben müsse, um sie dazu zu bewegen, falsche Aussagen zu machen und noch zu beschwören. Aber um einen Menschen so weit zu bringen, daß er nahezu alles bekennt, braucht man ihn nur lange genug in eine Einzelzelle zu stekken, in der entweder niemals das gleißende Licht verlöscht oder aber völlige Dunkelheit herrscht. Das Schlüsselwort heißt hier Monotonie: kein menschlicher Kontakt, nicht die geringste Veränderung in der Umgebung, und jeden Tag das gleiche Essen aus dem gleichen grauen Napf. Unter solchen Bedingungen zerfällt das Nervensystem und mit ihm der Geist. Das brennende Verlangen nach Sinneseindrücken wird so groß, daß das Opfer nahezu alles für nichts anderes tut als für eine Zigarette oder für die Erlaubnis, mit einem anderen Menschen, mag er auch noch so schlecht sein, ein paar Worte wechseln zu dürfen.

Ein Säugling, der nie auf den Arm genommen wird, befindet sich in einer ähnlich traurigen Lage. Er liegt in seinem Bettchen gefangen, in grauer Eintönigkeit reiht sich ein Tag an den anderen, nur unterbrochen durch die Minuten der Nahrungsaufnahme, und ganz allmählich bereitet sich ein körperlicher und geistiger Zusammenbruch vor. Ein bestimmter Teil des Gehirns, das ‹aufsteigende retikuläre, aktivierende System›, ARAS, muß in regelmäßigen Abständen Anregungen erhalten, wenn die Gesundheit eines Menschen nicht gefährdet werden soll.[57] Geschieht das nicht, kommt es zu Verfallserscheinungen. Verfallserscheinungen leichteren

Grades kann man schon bei Menschen feststellen, die sich für Versuche zur Einschränkung von Sinneswahrnehmungen zur Verfügung stellen. Bei diesen Experimenten wird die Versuchsperson in eine Kabine eingeschlossen, ihr werden die Augen verbunden, damit sie nichts mehr sehen kann, die Arme werden so gelegt, daß sie mit den Händen nichts mehr berühren kann. Nur wenige halten das länger als 48 Stunden aus, viele haben Halluzinationen und Wahnvorstellungen, die denen unter Drogeneinwirkung sehr ähnlich sind.[58]

Die meisten Menschen spüren den Hunger nach menschlichem Kontakt in sich, zumindest wollen Auge und Ohr angesprochen werden, meist aber besteht auch ein Verlangen nach direkter Berührung und danach, gestreichelt zu werden. Wieder stellen wir fest, daß dieser Kontakt verantwortlich dafür ist, ob der Mensch körperlich und geistig gesund bleibt oder zusammenbricht. In extremen Fällen entscheidet er sogar über Leben und Tod.

Die Sinnesempfindung, der die meisten Menschen vor allen anderen den Vorrang geben, ist der Kontakt mit der Haut eines anderen Menschen. Dieser Kontakt vermittelt außer der Berührung auch noch Wärme, und zwar eine ganz spezifische Wärme. Die menschliche Haut eignet sich hervorragend dafür, Infrarotstrahlen sowohl aufzunehmen als auch abzugeben.[59] In der Tat benutzen Wissenschaftler, die Infrarotstrahlen untersuchen, die menschliche Haut als Standardmaß, so wie der Diamant als Standardmaß für die Härtemessung verwendet wird. Infrarotstrahlen sind Wärmestrahlen, sie lassen sich leicht mit besonderen Filmen fotografieren und mit Hilfe von Speziallinsen sichtbar machen. Die Infrarotstrahlen, die der menschliche Körper aussendet, haben eine ganz bestimmte Wellenlänge – gerade die Wellenlänge, die die bestmögliche Wirkung auf die Haut eines anderen Menschen ausübt. Deswegen reagiert ein Säugling so positiv auf körperlichen Kontakt mit seiner Mutter, deswegen fühlt die Mutter so gern den warmen Körper ihres Kindes. All dies gerät stark in die

Nähe der Sexualität, und es gehört tatsächlich zum sexuellen Vergnügen, die Wärme eines anderen Menschen zu spüren. Wahrscheinlich gibt jedes Lebewesen, das eine Körpertemperatur von genau 37 Grad Celsius aufweist, Infrarotstrahlung von der gleichen Frequenz ab. Das ist mit ein Grund dafür, daß jedes Lebewesen mit einer Temperatur von 37 Grad Celsius – also ein Tier oder ein Kind oder ein Mensch des gleichen Geschlechts oder des anderen Geschlechts – unter bestimmten Bedingungen zum Sexualpartner werden kann.

Das Nervensystem des Menschen ist so konstruiert, daß ein ‹Streicheln mit Worten› teilweise die Stelle des körperlichen Kontakts oder des wirklichen Streichelns einnehmen kann. Ich meine damit, wenn die Leute zu Ihnen ‹Hallo› sagen, so hat das nahezu die gleiche wohltuende Wirkung auf Ihr Rükkenmark wie ein richtiges Streicheln, aber dieser Verbal-Kontakt wird Sie niemals völlig befriedigen. Der Hunger nach einem Menschen, der Sie streichelt, bleibt, wenn Sie ihn vielleicht auch erfolgreich unterdrücken können. Es ist interessant, festzustellen, daß hierzulande einige Kinder, die mit der Flasche aufgezogen werden, niemals mit der Haut ihrer Mutter in Berührung kommen, denn immer ist noch irgendein Kleidungsstück dazwischen. Die Wärme ihres Körpers dringt zwar noch durch den Stoff hindurch, aber wahrscheinlich ist sie für das Kind nicht ganz so angenehm wie bei direkter Berührung. Man wird an das alte Sprichwort von dem Mann erinnert, der in voller Montur ins Bad steigt. Nur handelt es sich in diesem Fall um ein Infrarotbad für das Kind, das durch die Bluse der Mutter an Intensität verliert.

Hinzu kommt noch etwas: Das Kind hat nicht nur ein Verlangen nach der Körperwärme eines anderen Menschen, es sehnt sich vor allem danach, daß sein Mund gestreichelt wird, und eine stillende Mutter hat es gern, wenn der Mund des Säuglings ihre Brust berührt. Nach der Stillzeit können diese Wünsche im Kind ins Unterbewußtsein sinken und dort bis nach der Pubertät ruhen, dann stellt sich wieder der Hunger nach Berührung an bestimmten Stellen des Körpers ein und verwandelt sich in die sexuell motivierten Sehnsüchte des Erwachsenen.

Wir können diese verschiedenen Bedürfnisse im Menschen als verschiedene Arten von Hunger ansehen: Reizhunger (A), Hunger nach sensorischer Stimulierung von Auge, Ohr und Tastsinn, bei Feinschmeckern auch von Nase und Zunge; Anerkennungshunger (B), Hunger nach Wärme von ganz bestimmter Qualität und Kontakt durch Sprechen oder Berührung; Kontakthunger (C), ein Verlangen danach, gestreichelt zu werden, wobei einige Menschen eine Vorliebe für Schmerzempfindungen entwickeln; sexueller Hunger (D), das Verlangen, zu durchdringen und durchdrungen zu werden. Diese aufregendste Art Hunger zu stillen, heißt gleichzeitig auch alle Bedürfnisse befriedigen.

Irgendwann setzt der Hunger nach Sexualität bei jedem Menschen ein. Eine Frau, die nach Sexualität verlangt, aber immer einsam zwischen ihren vier Wänden hockt und noch nicht einmal ein Bild an der Wand hängen hat, wird keine ihrer Sehnsüchte stillen können. In den Großstädten leben Tausende von Frauen, die sich aus freien Stücken für ein solches Leben entschieden haben. Sie sind nicht in der Lage, sich auch nur den geringsten Luxus oder die geringste Erholung zu leisten, weil sie sich in therapeutischer Behandlung befinden. Sie erübrigen von ihrem Verdienst gerade genug, um billige Lebensmittel, Gas, Öl, Strom und ihre Miete bezahlen zu können, der Rest fließt in die Hände des Therapeuten, während sie langsam ‹Fortschritte› machen. Jahr um Jahr vergeht, bis sie schließlich in ein schwermütiges Klimakterium gleiten. Andere halten ihre Sinne durch das Pflegen von Hobbies wach (A), aber Anerkennung, Kontakt und Durchdringung mit Liebe liegen dabei außerhalb ihrer Reichweite. Wieder andere Menschen kommen zwar am Arbeitsplatz oder bei ihrer Feierabendbeschäftigung in den Genuß sensorischer Stimulierung (A) und der benötigten Anerkennung (B), weichen jedoch dem körperlichen Kontakt und der Liebe aus, vielleicht, weil sie abwegige Neigungen entwickelt haben. In diese

Gruppe gehören die Menschen, die ihre Umwelt in Erstaunen setzen, wenn sie ein feiges sexuelles Verbrechen begehen. Viele Jugendliche beiderlei Geschlechts lieben zwar die Stimulierung (A), die Anerkennung (B) und den Kontakt (C), meiden aber die Durchdringung – aus Angst oder wegen fragwürdiger Prinzipien, die sie jedoch nicht davon abhalten, bis zum letzten Augenblick hemmungslos verführerisch und zärtlich zu sein, nur um dann auszurufen: «Ha, wieder mal Erfolg gehabt!» und abzuhauen, woraufhin der betrogene Partner einsam heim in sein Bett schleicht. Die Menschen, die den passenden Partner finden, können alle Arten von Hunger stillen, A, B, C und D.

Eines der größten Probleme, das wir im Leben zu bewältigen haben, entsteht bei der Zeiteinteilung; diese Aufgabe ist es, die die fünfte Art von Hunger hervorruft. Jeder Tag hat 24 Stunden, jede Woche sieben Tage, jedes Jahr 52 Wochen und wir haben eine Lebenserwartung zwischen fünfzig und hundert Jahren. Diese ganze Zeit müssen wir ausfüllen, einteilen, strukturieren. Der Strukturhunger ist noch weiter verbreitet und richtet beinahe so viel Schaden an wie Unterernährung und Malaria. Tritt dieser Hunger in ein kritische Stadium, verwandelt er sich in den Erlebnishunger. Diese Erlebnishunger ist verantwortlich dafür, daß so viele Menschen, nur um ihrer Langeweile zu entfliehen[60], Schwierigkeiten machen oder selber in Schwierigkeiten geraten oder an grausamen und zerstörerischen Spielen teilnehmen. (Etwa anderes ist es, daß sie dann keine Zeit haben werden, um innezuhalten und nachzudenken.) Dieser sechste Hunger, de Erlebnishunger, wurde von Dichtern, Denkern und tatendurstigen Männern früherer Zeiten viel besser erkannt als von den heutigen Sozialwissenschaftlern, weil man damit wede einen Computer füttern noch dem Staat Forschungsgelde aus der Tasche ziehen kann. Isaac Watts traf den Nage auf den Kopf, als er einmal sagte: «Der Satan erfinde selbst für müßige Hände noch ein Unheil, das sie ausrichte können.» Armeeoffiziere, Kapitäne zur See und andere mi

Autorität ausgestattete Personen sind sich dessen vielleicht nicht immer so bewußt wie Watts und Kierkegaard[61], aber sie wissen, wie dem abzuhelfen ist: «Halte die Männer in Bewegung (egal wie), sonst verlieren sie ihre Moral und obendrein ihren Respekt vor dir.»

Sogar energische Menschen werden manchmal vom Strukturhunger geplagt. Bei den meisten – mit ihren ‹Immer-wieder-dasselbe-Leben› und sich ständig wiederholenden Anweisungen – ist er chronisch. Die langfristige Planung bereitet am wenigsten Kummer und wird in der Regel durch das Planen einer Karriere ausgefüllt. Kürzere Perioden kann man damit überbrücken, daß man sich ein Ziel setzt, das in greifbarer Nähe liegt und auf das man hinarbeitet: das Staatsexamen, die nächsten Ferien, die nächste Beförderung, ein Erholungsaufenthalt. Die meisten Menschen geraten in Schwierigkeiten, was sie hier und heute tun sollen, wenn sie über Mußezeit oder noch nicht verplante Zeit verfügen. Es muß doch etwas geben, womit man etwas tun kann, oder, als Ausweg, irgendeine interessante Möglichkeit, die Zeit zu verbringen, ohne auf andere Menschen angewiesen zu sein: Meditation, Masturbation, Darmentleerung oder Drogeneinnahme sind gute Wege, die Zeit angenehm zu vertrödeln und die Seele zu verlocken – ich möchte sagen zu verkümmern, es sei denn, man gehört zu den ganz wenigen Großen, die aus solchen Tätigkeiten einen Gewinn ziehen.

Aber wenn Sie aufhören zu denken, dann schaffen Sie selbst im wahrsten Sinne des Wortes die richtigen Leute, die schon dafür sorgen werden, daß Sie die ganze Zeit über beschäftigt sind, ohne daß Sie selbst die Initiative ergreifen müssen. Sie werden sich vor Ereignissen in Hülle und Fülle nicht mehr zu retten wissen, werden dafür sorgen, daß Sie heute genug zu tun haben, auch morgen, diese ganze Woche und alle 52 Wochen des nächsten Jahres, und mit der Zeit werden Sie entdecken – wenn Sie nur guten Willens sind –, daß jede Minute Ihres Lebens sich lohnte. Alles, was Sie tun müssen, um in den Genuß dieser totalen Zeiteinteilung zu gelangen, ist, einmal im Jahr am richtigen Tag mit einem bereitwilligen Partner Sexualverkehr haben. Kinder sind das beste Heilmittel gegen Struktur- und Erlebnishunger, das je erfunden wurde.

Sexualität und Ethik

Ich habe versucht, einige unumstößliche Tatsachen vorzulegen, um hartschädelige wie weichherzige Menschen zu überzeugen. Körperlicher Kontakt ist eine notwendige Voraussetzung für die körperliche Entwicklung und für die körperliche Gesundheit, oft erhält er einen Menschen am Leben. Für die geistige Entwicklung und die geistige Gesundheit ist er ebenso notwendig, viele verdanken ihm ihren geraden Verstand. Sexueller Kontakt ist der einfachste, angenehmste, schöpferischste und befriedigendste Weg, die sechs hauptsächlichen Hungerarten des menschlichen Gemüts (oder des Nervensystems, wenn Ihnen das besser gefällt) zu stillen. Es gibt keinen stichhaltigen Grund – aber sehr wohl einige verwerfliche Gründe – dafür, daß andere Menschen sich in die sexuellen Beziehungen von Erwachsenen einmischen. Eine solche unberufene Einmischung gibt eine armselige Grundlage für ein ethisches System ab. Die Folgen in den USA: die Sexualität ist größtenteils in die Illegalität gedrängt, im Gegensatz zur Gewalttätigkeit. Vielerorts ist die Sexualität von den Zeitungskiosken verbannt, Mord jedoch wird frei verkauft. Genauso ist es im Fernsehen, in dem freizügig eine Gewalttat nach der anderen gezeigt wird, und zwar nicht nur Gewalttätigkeiten unter Erwachsenen, die nichts dagegen haben – wie in Wildfestfilmen –, sondern grundlose, schwere Gesetzesverletzungen wie das Verkaufen von Marihuana-Zigaretten oder Diebesbeute. Jeder wißbegierige Teenager kann in jedem Eckladen und in jedem Wohnzimmer neue und bessere Methoden kennenlernen, wie man jemanden umbringt oder schwer verletzt, aber niemand findet sich, der ihm von neuen und besseren Wegen zur körperlichen Liebe erzählt.

In Ländern wie Dänemark ist es genau umgekehrt. Dort, so habe ich mir sagen lassen, darf jedes Kind über zwölf sich einen Sexfilm anschauen, aber niemand unter sechzehn darf einen brutalen Film sehen. In den USA ist es den Kindern erlaubt, Haß zu sehen, in Dänemark sehen sie Liebe. Natürlich werden sich in beiden Ländern die anständigen Kinder anständiger Eltern auch anständig benehmen, ich spreche hier nur darüber, was offiziell gutgeheißen oder beschönigt wird.

Irgendwann braucht man ein einfaches und vernünftiges Wertsystem. Ich möchte eines vorschlagen, das nicht nur einfach, sondern meiner Meinung nach auch sinnvoll ist. Darüber hinaus kann man es zuverlässig in Zahlen fassen, so daß man verschiedene Länder miteinander vergleichen und Stammtischargumenten sogleich den ihnen gebührenden Platz zuweisen kann. Dieses System baut auf einem einzigen Gedanken auf: Wenn irgend etwas im Leben von Bedeutung und Wert ist, dann doch die Liebe zwischen Mutter und Kind. Das System setzt also voraus, daß jede Mutter (auch der Vater und der Onkel und der Großvater) ihr Kind am Leben erhalten möchte. Das ist nicht immer der Fall. Aber wenn *ein* Wunsch der Menschheit überhaupt als gegeben angesehen werden kann, so ist es dieser. Diesen Wunsch, sein Kind am Leben zu erhalten, möchte ich darum als alleinige Grundlage dieses ethischen Systems vorschlagen. Man könnte so an der Sterblichkeitsrate für Säuglinge messen, ob eine Gesellschaft gut oder schlecht ist. Ist sie niedrig, dann ist die Gesellschaft gut, ist sie hoch, dann ist die Gesellschaft schlecht. Dazwischen liegen dann noch die grauen Felder für die Gesellchaften, die keinem der beiden Extreme zuneigen. (Die Säuglings-Sterblichkeitsrate nennt die Anzahl von Kindern, die im ersten Lebensjahr sterben, auf tausend Lebendgeburten bezogen.[62]) Die Höhe dieser Ziffer hängt sehr von staatlichen Maßnahmen ab, davon, welche Vorhaben gefördert werden, wofür die Steuergelder ausgegeben werden (das ist, wie die Verantwortlichen und ihr

Klüngel zu sagen pflegen, von politischen und volkswirtschaftlichen Faktoren abhängig). Unsere Ethik rechnet also auch mit den Maßnahmen des Staates. Wir fragen nach der absoluten Sterblichkeitsrate für Säuglinge und beziehen alle Todesursachen mit ein (Krankheit, Hungersnot, Unwissenheit und gewaltsame Tötung, gleich, ob im Krieg oder im Frieden), und zwar in allen Gebieten, die einer Regierung unterstehen. Ist die derart errechnete Ziffer niedrig, dann ist das System gut, ist die Ziffer hoch, dann ist das System schlecht. So habe ich eine ungünstige Meinung von Indien, einfach deshalb, weil dort so viele Menschen herumsitzen, ihre Seele verhätscheln und die Kühe verehren, während die kleinen Kinder um sie herum wie die Fliegen sterben. Deshalb ist dieses System schlecht. (Ich möchte an dieser Stelle darauf hinweisen, daß diese von mir zur Diskussion gestellte Ethik stark vereinfacht, indem sie lediglich feststellt, ob ein System gut oder schlecht funktioniert, ganz gleich, aus welchen Gründen. Es können eine Menge Gründe vorliegen, doch das wird ein leidendes Kind und seine Mutter kaum interessieren.)

Beschreiten wir diesen Weg, dann kann man alle sexualethischen Probleme lösen, indem man eine Frage stellt: Welche Maßnahmen führen dazu, daß die Säuglingssterblichkeit abnimmt? Es geht hier nicht darum, wie man Kinder zeugt, das kann nahezu jeder. Hier geht es darum, daß man die Kinder, die man gezeugt und geboren hat, am Leben erhält, und das erfordert sorgfältige Planung, eine fürsorgliche Regierung und ernsthafte Beschäftigung mit den maßgeblichen Dingen des Lebens. Es ist fraglich, ob Zotenreißer und Revolverhelden dazu fähig sind.

Sexualität und Ästhetik

Man könnte auch ein System der Ästhetik auf einem einzigen Sachverhalt aufbauen, indem man vorschlägt, hübsche Bilder sollten gut gerahmt werden, die Kunsthallen sollten klar und ansprechend gebaut sein und saubergehalten werden. Das würde die irrige Meinung aus der Welt schaffen, ein schönes Inneres entschuldige ein häßliches Äußeres, mit der Schlußfolgerung, daß Wahrheit und Schönheit sich in einer Mülltonne verstecken und wir alle dorthin pilgern sollten, um sie anzuschauen. Bilderrahmen kann man als vergoldete Rechtecke bezeichnen und geringschätzen, man kann auch die Leute verachten, die die Kunsthallen erbauten, doch brauchen die Bilder von Leonardo da Vinci und von Renoir sowohl einen Rahmen als auch eine Galerie, um sie so vorteilhaft wie möglich erscheinen zu lassen. Es ist wahr, eine Malerei kann auch ohne solches Beiwerk existieren, aber das Vergnügen hat einen höheren Wert als die nackte Existenz. In Räumen mit vortrefflicher Beleuchtung läßt sich eben besser erkennen als in einem düsteren Korridor, wie ein Meister mit den Farben umgegangen ist. Keine Malerei kann in der Finsternis gar existieren, wenn Existenz gleichbedeutend ist mit einem Leben unter Menschen. (Dann wäre eine Existenz in der Finsternis sowieso paradox.)

Wenden wir dieses Prinzip auf das menschliche Verhalten an, zum Beispiel auf die Jugendkriminalität, was man auch immer darunter verstehen mag. Einige der Verbrechen wären Sache der vorhin skizzierten Ethik, wenn sie nämlich die Sterblichkeitsrate der Säuglinge erhöhen würde oder zu erhöhen drohte. Aber viele Verbrechen sind einfach abstoßend und deshalb abzulehnen. Das Böse ist schlecht, weil es Schmutz macht. Dieser Auffassung sind auch viele jugendliche Gesetzesbrecher. Sie werden viel bereitwilliger zuhören, wenn Sie zu ihnen sagen, was sie getan hätten, sei abstoßend, als wenn Sie sagen, das sei niederträchtig. Niedertracht ist nicht immer sichtbar und unter Umständen nichts anderes als ein Hirngespinst, das irgendeinem im Kopf herumspukt, während blutige Fetzen auf dem Bürgersteig etwas sehr Reales sind und von jedermann gesehen werden können.

Nachdem wir nun ein ethisches und ein ästhetisches System aufgebaut haben, die beide auf sichtbaren Tatbeständen fußen, sind wir in der Lage, folgende Überlegung anzustellen: Ist die sexuelle Intimität, die dem Körper einen so eindrucksvollen Nutzen bringt, für den Staat von geringerem Wert? Zärtliche Paare lieben in der Regel ihre Kinder und sorgen auch für sie und sind für Schönheit in sich selbst und in ihrer Umgebung empfänglich. Dadurch tragen sie dazu bei, die Sterblichkeitsrate bei Säuglingen zu senken, insofern sind sie moralisch (entsprechend dem von uns vorgeschlagenen ethischen Wertsystem). Zudem pflegen sie alles Schöne, insofern sind sie ästhetisch. So fördern sie in hohem Maße die Gesundheit und das Schöne in einer Gesellschaft. Mehr noch, wer viel erhält, kann auch viel geben. Da diese Paare an Spielen nicht teilnehmen, versuchen sie auch nicht, irgend jemanden auszubeuten oder irgend etwas zu beweisen oder irgend jemanden traurig zu machen. Und da jeder die natürliche Nähe des anderen hat, brauchen sie weder Alkohol noch irgendwelche Chemikalien, die ihre Kinder eventuell schwachsinnig oder verkrüppelt als Karikaturen des menschlichen Körpers auf die Welt kommen lassen. Ich hoffe, daß ich damit vom ethischen wie auch vom ästhetischen Standpunkt aus bewiesen habe, daß sexuelle Intimität für den einzelnen *und* für die Gesellschaft eine höchst wünschenswerte Sache ist, befriedigt sie doch die Sehnsüchte des Verstands und der Seele im Menschen. Wir müssen uns nur vor der Schein-Intimität hüten, die Ärger, Furcht, Beleidigung und Schuld in sanfte Worte kleidet oder sie in Rauschmitteln oder Alkohol ertränkt, nur damit sie am nächsten Morgen oder im nächsten Jahr wieder an die Oberfläche gelangen und ihre stinkenden Dämpfe im Haus verbreiten.

So kann eine Ehe, sei sie nun vor dem Standesbeamten oder vor dem Priester geschlossen, zu einem wahren Sakrament werden, wenn sie nicht mißbraucht wird, oder sie zerbricht an ınechter Zärtlichkeit und ungeschicktem Verhalten oder an len Drohungen und Ermahnungen von Moralpredigern, Kolɔorteuren und anderen, die im trüben fischen.

Sexualität und Intimität

Bislang habe ich nur über sexuelle Intimität gesprochen, weil ntimität ohne Sexualität außerhalb der Familie selten vorcommt. Jedes Paar entwickelt sexuelle Wünsche, die sie ein.nder offenbaren, wenn sie einen bestimmten Grad an Intimiät erreicht haben. Enthüllen sie diese Wünsche nicht, verergen sie vor dem anderen diese Seite ihres Wesens, so kön.en sie nicht zu vollkommener Intimität gelangen. Einige Paare geben sich mit dieser unvollkommenen Intimität zurieden und warten ihre Erfüllung zu einem späteren Zeitunkt ab, so zum Beispiel Verlobte, die auf die Ehe warten. Andere wieder sind scheinbar ungeeignete Anwärter für Inimität, etwa ein homosexueller Mann, der mit einer Lesbierin usammen lebt. Ein solches Paar kann lange Zeit seine Gepräche auf wichtige intime Dinge beschränken, über ihre Wünsche, Ängste oder Telefonrechnungen sprechen. Aber venn sie das lange genug fortgesetzt haben, werden sie sich inmal im Bett wiederfinden, dabei den Körper des anderen ntdecken und seine Wärme spüren, wenn sie auch wahrcheinlich keinen sexuellen Verkehr miteinander haben weren.

Echte Intimität kann nur unter Menschen entstehen und ührt gewöhnlich mehr oder weniger schnell zur Sexualität. Zuerst kommt der Schauer der Entdeckung: «Tatsächlich jeand, mit dem ich mich wirklich unterhalten kann», und: Ich habe so lange darauf gewartet, und jetzt, wo ich dich efunden habe, bin ich richtig aufgeregt.» Die atemlosen Unerhaltungen, die sich ohne Unterbrechung über 24 Stunden inziehen können, da jeder dem anderen sein Herz ausschüt:t, ihm erzählt, was er denkt, was er fühlt und ersehnt, weichen früher oder später dem lächelnden Blick, nämlich dann wenn das ‹wirklich sich unterhalten› durch das ‹wirklich den anderen sehen› ersetzt wird. Das Spielchen ‹Sieh mich an führt unausweichlich zu dem Spielchen ‹Rühr mich an›, und nach einer Zeit verzückten Streichelns, übernehmen die Ge fühle die Führung, und die Hände gleiten nach unten und innen. Wird das Spiel an dieser Stelle nicht abgebrochen oder auf einen späteren Zeitpunkt verschoben, dann wird der Wunsch, geheimere Stellen zu erkunden, unbezwinglich, vor allem, wenn diese Stellen zum Leben erwachen. Jetzt müssen die zwei die Entscheidung treffen, ob sie ein Fickerchen haben wollen oder nicht.

Auf jeder Stufe des Liebesspiels kann es zu einem Ein greifen der ‹Eltern› kommen.

Es geht nicht, daß ihr so frei redet,
Es geht nicht, daß ihr glotzt,
Es geht nicht, daß ihr euch betastet,
Da, wo eure Fülle protzt.

Und *dieses* endlich, junge Brut,
Müßt ihr lassen ganz und gar.
Reden, glotzen, tasten und noch –
Was seid ihr ein verdorbenes Paar!

Diese Ermahnungen muß man in Güte und ohne Gro überwinden, denn auf Trotz und offene Rebellion werde irgendwann Schuldgefühle folgen und ein Erwachen, das di Freude vergällt und die Bande der Intimität zerreißt. Abe wenn zwei Menschen erst einmal wirklich miteinander rede oder einander wirklich anschauen, werden sie in den meiste Fällen dazu verlockt, sich in das große Abenteuer einer au richtigen Beziehung ohne jeden Hintergedanken zu stürzen einer Beziehung, bei der oben und unten sich einig sind un einander bestärken. Der eine oder andere wird dann sagen «Warum sollen wir unser Leben mit einem ‹Wenigstens da verbringen, wenn wir auch ein ‹Wunderbar› haben können?» Haben beide Partner einen klaren Verstand und wissen, was sie tun, dann wird es tatsächlich für beide wunderbar. Gibt's aber Zank und Streit, dann zeigt sich sofort die häßliche Kehrseite der Medaille: die ‹Eltern› mischen sich ein. Bleibt es jedoch für beide wunderbar, dann wird sich zu gegebener Zeit ein Kind einstellen, das ihnen zeigt, welche Werte sie in den Windungen ihrer Chromosomen versteckt hatten. Und was könnte es Moralischeres und Ästhetischeres geben als das?

Sexualität und Ehe

Der Trauschein ist eine Einrichtung, die von der Gesellschaft geschaffen wurde, um die Einmischung der ‹Eltern› auszuschalten. An ihre Stelle soll der Segen der Gesellschaft treten, was oft genug auch geschieht. Aber mit dem Trauschein in der Hand ist man noch lange kein guter Ehemann, so wie man allein durch den Besitz eines Führerscheins noch lange nicht zu einem guten Autofahrer geworden ist. Ein guter Ehemann und ein guter Fahrer wird man auf Grund der elterlichen Anweisungen im Lebensplan. Ein Gewinner wird sowohl ein guter Ehemann als auch ein guter Fahrer sein, ein Verlierer wird in beiden Fällen versagen, weil er laut Lebensplan keinen Erfolg haben darf. Es gibt jedoch auch viele, die sind gute Ehemänner, aber schlechte Fahrer oder umgekehrt. Die meisten sind, glaube ich, Nicht-Gewinner, die sich entweder abschuften und doch zu nichts kommen oder einen Höhenflug wagen und zerschellen.

In günstigen Fällen löscht der Trauschein alle Schuldgefühle aus und gibt so einem verheirateten Paar die beste Chance, auch weiterhin intim zu bleiben, obwohl oft genug ein Zusammenleben ohne den Segen der Gemeinschaft noch harmonischer ist als mit Trauschein. Ob ein Paar in einem intimen Verhältnis lebt, kann man daran erkennen, wie die beiden die Straße entlanggehen. Ihre Augen leuchten, ihre

Schritte sind beschwingt, ihre Kinder, falls sie welche haben lachen die meiste Zeit. Der Frau sollte man zu ihrem guten Aussehen gratulieren und dem Mann zu dem Glück, das e eingefangen hat. Mein Freund Dr. Horseley berichtete vo einem Ehepaar, das in Schwierigkeiten geraten war, sich abe wieder gefangen hatte und schließlich zu echter Intimität ge langt war. Als das Paar bei ihm war, war dies nicht zu über sehen, und er fragte die beiden: «Sind Sie mit mir einer Mei nung, daß ein intimes Verhältnis wie das Ihre die Augen strahlen läßt und die Schritte beflügelt?», und die beiden ant worteten: «Das stimmt, und Sie können noch hinzufügen daß es die Kinder auch glücklicher macht.» Die Kinder be greifen zwar nicht, welche Veränderung mit ihren Eltern stattgefunden hat, aber sie merken, daß sich etwas geänder hat, und darauf reagieren sie so vorteilhaft.

Dieses Empfinden von Glück beruht größtenteils auf de Wirkung, die Sexualität und Intimität auf Körper und Geis ausüben, aber es wirkt noch etwas anderes mit, und das is das Gefühl der Freiheit. Geschiedene Leute zeigen kurz nac der Scheidung das gleiche Strahlen und den gleichen Schwung wenn sie von den Banden der Ehe befreit sind. Hier komm der alte Konflikt zwischen Freiheit und Sicherheit zum Vor schein. Baut eine Ehe auf Liebe und Sicherheit auf, werde die Beschränkungen mit Freuden in Kauf genommen. Wir aber eine Ehe als Verpflichtung angesehen, die die geistig Freiheit eines Menschen beschneidet, dann wird sie gern ge opfert für etwas, das wichtiger ist als Sexualität und beleben der als Gleichförmigkeit, und das ist die Freiheit. Diese Be hauptung läßt sich leicht beweisen. Wie würde ein Mensch sic entscheiden, wenn er zwischen einem Gefängnis mit ehelichen Beischlaf und einem Leben in Freiheit, aber ohne Sexualitä wählen könnte?

Sexualität und Forschung

Die Wissenschaft hat sich bislang nur wenig mit dem Zusammenhang zwischen Sexualität und Wohlbefinden befaßt. Am bekanntesten ist noch die Tatsache, daß Verheiratete eine längere Lebenserwartung haben als Unverheiratete. Die einzige systematische Untersuchung darüber stammt aus dem Jahre 1904 und wurde in Deutschland durchgeführt. Sie wimmelt von Ratschlägen, die man schon fast als nationalsozialistisch bezeichnen kann. Sie tritt für die Reinerhaltung der Rasse ein und lehnt den Geschlechtsverkehr (auch mit Schwangerschaftsverhütungsmitteln) mit jedem ab, der irgendeinen körperlichen Defekt aufweist.[63] Etwas von diesem Geist der Ablehnung der Sexualität ist in Deutschland immer noch zu spüren, obgleich neuerdings, wenn auch unter Protest, einige Untersuchungen zur Erforschung der Sexualität eingeleitet wurden. Dabei hoffen viele wohl, daß sich die Sexualität als schlimmer erweisen wird als sie annahmen, was ihnen noch mehr Grund geben würde, sie abzulehnen. In vielen Ländern der Erde würde eine Untersuchung der Frage, ob die Sexualität für die Menschen von Nutzen oder zum Schaden ist, auf Widerstand stoßen, aber ein zielstrebiger Forscher wäre wohl in der Lage, alle Hindernisse zu überwinden. Ich schlage vor, eine solche Forschungsreise mit folgenden Untersuchungen zu beginnen:

1. Ich habe bereits in Kapitel 1, S. 54, vorgeschlagen, an einer großen Gruppe Studenten beiderlei Geschlechts das Verhältnis von Gesundheit und sexueller Betätigung über einen längeren Zeitraum hinweg zu verfolgen. Es würde dann keinerlei Schwierigkeiten bereiten, die körperliche Gesundheit mit Häufigkeit, Regelmäßigkeit und Art der sexuellen Betätigung zu vergleichen.

2. Für einen zweiten Versuch könnte man tausend Lehrerinnen auswählen, die an den verschiedensten Schulen tätig sind; die eine Hälfte sollte altmodische Kleidung tragen, die andere Hälfte aufreizende Kleidung. Dann sollte man die Klassenleistung und den Intelligenzquotienten der Schüler

aller Klassen miteinander vergleichen. Da die Lehrerinnen freiwillig an dem Experiment teilnähmen, könnte man tatsächlich die Erfolge sexuell ansprechender Lehrerinnen mit denen ‹unterkühlter› Lehrerinnen vergleichen. Eine solche Studie könnte zum Beispiel ergeben, daß sexuell erregende Lehrerinnen die Klassenleistung heben, ‹unterkühlte› Lehrerinnen sie senken. Oder aber das Gegenteil. Oder es könnte sich herausstellen, daß das Aussehen überhaupt keine Rolle spielt. Niemand kann es wissen, bis man dieser Frage wirklich nachgegangen ist. (Eine solche Studie müßte auch noch andere Variablen beachten, nicht nur ‹sexuell aufregend›/‹unterkühlt› und die Höhe des Intelligenzquotienten, sondern auch Alter, Geschlecht und soziale Herkunft der Schüler.) Dies ist nur ein Vorschlag für eine leicht durchführbare Untersuchung. Ein findiger Geist könnte noch viele mehr ersinnen, um den Zusammenhang zwischen Sexualität und Wohlbefinden zu erforschen.

Sexualität und Wohlbefinden

Wir sind jetzt soweit, daß wir uns mit einigen besonderen Leiden befassen können, die die sexuelle Intimität verhindern, lindern oder heilen kann. Wir werden uns dabei meist auf die klinische Erfahrung vor Dr. Horseley verlassen müssen, der uns zuerst einmal warnt, denn viele Ärzte, die keine Psychiater sind, werden mit manchem, was wir hier sagen, nicht übereinstimmen. Tatsächlich haben viele Ärzte schon bei bloßen Aufzählungen der Leiden die Stirn gerunzelt, einige rümpften sogar die Nase. Sehen wir uns diese Liste einmal an, so wird uns das nicht verwundern. Auf ihr stehen: Nackenschmerzen, Kreuzschmerzen, Fettleibigkeit, Flüssigkeitsstauungen, Blasenbeschwerden, Magengeschwüre, Magenkrebs, Bluthochdruck, Hämorrhoiden; Herzklopfen, Schreckhaftigkeit, Schwitzen und Albträume; Asthma, Ekzeme und Hautausschlag; Alkoholismus, Süchtigkeit, Schlaflosigkeit; Plattfüße, glanzlose Augen und mancherlei andere Kümmernisse.[64] Es hört sich an wie die Werbung für ein Allheilmittel, doch glücklicherweise kann niemand ein Patent für diese Mischung natürlicher Elixiere erhalten, die größere Heilkräfte als alle Mineralquellen Europas, alle Bäume der Tropen und alle Gräser Chinas zusammen haben.

1. Rückenschmerzen. Man hält es für Gerede, sagt Dr. Horseley, aber in mancher Beziehung ist es völlig zutreffend, daß das Streicheln uns vor der Rückenmarkschwindsucht bewahrt. Ein gesundes Geschlechtsleben erhält uns ein gerades Rückgrat, und auch die Umkehrung dieses Satzes ist richtig. Oder wie es Amaryllis ausdrückt: «Ein steifes Kreuz, im Bett gereut's!» Es gibt einige Frauen, die müssen gegen ihre chronischen Nackenschmerzen eine Bandage tragen. Das Auftreten dieser Schmerzen ist niemals vorhersehbar. Auch wenn sich auf Röntgenaufnahmen zeigt, daß die Bandscheiben nicht in Ordnung sind, treten die Schmerzen auf und vergehen wieder, ohne daß sich an den Bandscheibenschäden irgend etwas ändert. Dr. Horseley weiß von einigen Fällen zu berichten, bei denen eine endgültige Heilung als Folge einer glücklichen Ehe oder auch einer handfesten Affäre zu verzeichnen war. Die Nackenbandage mußte nie wieder getragen werden. Das gleiche trifft auf Kreuzschmerzen zu, über die Menschen mit einem unbefriedigenden Sexualleben häufig klagen. Das zeigt sich ganz deutlich in der Armee, dort werden die Soldaten, die über Kreuzschmerzen klagen, häufig in psychiatrische Behandlung geschickt, was außerhalb der Armee nur selten der Fall ist. Im Zivilleben sollte das Heilmittel Sexualität nicht im Übermaß genossen werden, sonst kann sie wieder – diesmal wegen Überanstrengung – zu Rückenschmerzen führen. Man sollte dieses Heilmittel aber auch nicht zu zaghaft und oberflächlich anwenden, denn ein unbefriedigender Orgasmus kann die Beschwerden verschlimmern und auch einen Rückfall bewirken. Aus diesem Grund kann den Soldaten in der Armee auch nicht geholfen werden, es geht ihnen erst besser, wenn sie nach Hause gehen können.

Liebe als Medizin gegen Rückenschmerzen aller Art kann natürlich nicht jedem verordnet werden. Viele würden einen solchen Vorschlag als Zumutung empfinden oder gar als Unverschämtheit. In einem solchen Fall wird der Patient irgendeine Ursache in seinen täglichen Verrichtungen suchen. Er gelangt vielleicht gemeinsam mit seinem Arzt zu der Überzeugung, daß seine Rückenschmerzen vom Rasenmähen kommen. Er hat diesen Rasen in den vergangenen Jahren schon x-mal gemäht, aber vielleicht war das Gras an dem Tag, an dem seine Schmerzen auftraten, besonders lang.

Tatsache aber ist, daß die Sexualorgane bei Mann und Frau vergrößert bleiben, wenn ihre sexuelle Erregung nicht durch einen angemessenen Orgasmus abgeleitet wird, und daß dadurch die Bänder und Muskeln der unteren Rückengegend größeren Beanspruchungen ausgesetzt sind, als sie aushalten können. Auch die Federung eines Wagens hält nur eine gewisse Belastung aus, wird sie überschritten, kann das erste Schlagloch einen ärgerlichen Schlamassel verursachen. Während der sexuellen Erregung wächst zum Beispiel die Gebärmutter auf das Dreifache ihrer normalen Größe und ihres normalen Gewichts an. Sie kann diese Maße eine Stunde oder noch länger beibehalten, doch wenn die sexuelle Erregung mit einem befriedigenden Orgasmus ihren Abschluß findet, bildet sich das Organ schon in fünf bis zehn Minuten zurück. Wenn wir bedenken, daß neben der Gebärmutter auch die übrigen Beckenorgane vergrößert sind, kann es uns nicht verwundern, daß eine kleine, normalerweise völlig unbedeutende Zerrung unserem überlasteten Rückgrat den Rest geben kann. Das kommt nicht nur bei Frauen vor, sondern auch bei Männern. Es ist daher für Menschen, die keinen physiologisch wirkungsvollen Orgasmus haben können, ratsam, entweder jede sexuelle Reizung – körperlich wie geistig – zu vermeiden, oder aber einen anderen Ausweg aus diesem Dilemma zu finden. Wer einen Entschluß in dieser Richtung zu fassen hat, sollte sich den Spruch vor Augen halten, den Amaryllis so gern zitiert: «Sexuelle Frigidität paßt zu geistiger Rigidität.» Sie meint damit nicht, daß frigide Menschen nichts lernen könnten, sondern daß sie das Gelernte nicht ungehindert anwenden können. (Das Wort frigide wird manchmal nicht in seiner speziellen physiologischen Bedeutung gebraucht, sondern um in verächtlicher Weise Menschen zu bezeichnen, die eine intolerante Haltung gegenüber der Sexualität haben. Diese Auslegung würde also auch prüde und scheinheilige Menschen mit einschließen – und Frauen, die keinen Orgasmus kennen, ausschließen.)

2. Übergewicht. In den Ländern mit westlicher Zivilisation glauben die meisten Frauen, daß Übergewicht die Männer abstößt. In einigen orientalischen Harems dagegen gilt die Regel: «Je dicker, desto besser.» Doch auch bei uns können vollschlanke Frauen gewöhnlich einen Mann finden, der sie so liebt, wie sie sind. Dennoch bemühen sich die Frauen, wenn sie auf Heirat, Liebe, Intimität oder einfach auf Sex aus sind, schlank zu bleiben. Die Ärzte sehen Schlankheit als gesund an, denn magere Menschen haben im allgemeinen einen niedrigeren Blutdruck und eine längere Lebenserwartung als dikke. So kann die Sexualität oder das sexuelle Verlangen indirekt vor hohem Blutdruck und seinen nachteiligen Folgen schützen, möglicherweise auch das Leben verlängern.

Es gibt zwei Arten von Übergewicht, Fettleibigkeit und Flüssigkeitsstauungen durch einen gestörten Wasserhaushalt. Nach der Devise ‹Sieh mich nicht an›, die bei Fettleibigen so gut bekannt ist, ist der erste Grund für übermäßiges Essen darin zu sehen, daß die Männer abgehalten werden sollen, Annäherungsversuche zu machen, oder aber, daß der eigene Mann zurückgestoßen werden soll. Das heißt aber auch, daß diese Frauen sehr wahrscheinlich abnehmen werden, wenn sie einmal Intimität suchen. Auf diese Weise wirkt die Sexualität gegen Fettleibigkeit, wenn auch auf Umwegen. Manchmal ist die Beziehung noch unmittelbarer: wenn etwa eine Frau, der ihr Liebhaber oder ihr Mann davongelaufen ist, anfängt sich zu mästen, also einen Mann gegen einen Sack Süßigkeiten eintauscht. Auch der umgekehrte Fall kann eintreten: eine einsame Frau beginnt zu fasten und abzunehmen, wenn sie einen Partner gefunden hat. Das Übergewicht durch Flüssigkeitsstauung ist weniger konstant als das Übergewicht durch Fettleibigkeit. Hierbei können von einem Tag zum anderen nicht unbeträchtliche Gewichtsunterschiede auftreten. Es gibt Frauen, die am nächsten Morgen eine Gewichtszunahme feststellen können, wenn sie sich am Abend zuvor geärgert haben. Dieser Ärger hängt mit der sexuellen Betätigung zusammen. In solchen Fällen führt ein gut funktionierendes Sexualleben zu gut funktionierenden Nieren, die überflüssiges Wasser ausschwemmen.[65] Auch die Blase wird dadurch günstig beeinflußt.[66]

3. Magenbeschwerden. Mancher Ehemann weiß, wie Sex Krebs verhüten kann. Er weiß, was seinen Magen aufstoßen läßt und warum er zuviel Salzsäure produziert: Schuld ist seine Frau oder genauer seine auserwählte Frau und seine Reaktion auf sie. Er weiß, daß er schließlich ein Magengeschwür kriegen kann, wenn er oft genug und heftig genug aufgestoßen hat. Und er weiß, daß oft genug vom Geschwür zum Krebs nur ein kleiner Schritt ist. So lutscht er Pillen gegen Sodbrennen und hofft auf ein ‹Vielleicht›: Vielleicht erkrankt er an zu hohem Blutdruck, bevor der Krebs entsteht, so daß er einen gnädigeren Tod stirbt. Aber ein geregeltes Sexualleben, so weiß er, könnte das ganze Unheil verhindern: das Aufstoßen, die Übersäuerung, die Pillen, das Geschwür und schließlich den Krebs (oder den Schlaganfall). In vielen Fällen könnte das sogar stimmen.

4. Hämorrhoiden können wunderbarerweise ebenfalls von sexueller Frustration herrühren. Ein allzu langer Aufenthalt auf der Toilette begünstigt Hämorrhoiden. Leute mit einem funktionierenden Sexualleben werden sich eher eine Stunde im Bett austoben, als lesend auf der Toilette sitzen. Man kann die Sexualität demnach als Vorbeugungsmittel gegen Hämorrhoiden ansehen. Ein noch einfacheres Vorbeugungsmittel ist allerdings Analphabetentum.

5. Angst. Freuds erste Theorie über die Angst besagte, daß

sie von einfacher sexueller Frustration herrührt.[67] Er hat das später kompliziert, doch scheint seine erste Fassung in vielen Fällen zuzutreffen. Das bedeutet, daß Herzklopfen, Schreckhaftigkeit, Schwitzen und Albträume Auswirkungen einer angestauten sexuellen Erregung sein können, es sei denn, ihre Ursachen lägen in organischen Erkrankungen, etwa der Schilddrüse. Diese Stauung mag vielleicht einfach darauf zurückzuführen sein, daß ein geeigneter Partner fehlt. Vielleicht ist aber auch mangelnde Intimität der Grund, so daß die sexuelle Betätigung, wenn man sich überhaupt darauf einläßt, nicht richtig ausgeführt wird oder lediglich ‹Kopulation› ist, ohne die heilsame Innigkeit und Freiheit, die dem Körper neue Spannkraft gibt und derartige Krankheiten abwehrt.

6. Allergische Krankheiten. Gutes Sexualleben dient der Vorbeugung von Asthma, Ekzemen und Hautausschlag. Ungenügende Sexualität kann sie verschlimmern. Das gilt auch für Arthritis und Rheuma bei älteren Menschen und für Trichomonasinfektionen, die bei Frauen oft einen weißen Ausfluß hervorrufen. Besonders häufig davon betroffen sind Frauen, die nicht auf ihre Männer ansprechen (vielleicht unbewußt), wobei die Männer ihrerseits unwissentliche Überträger dieser Bakterien sind.

7. Da Alkohol und Drogen ein Ersatz für Menschen sind, ist die Sexualität ein überragendes Heilmittel für diese Süchte. In vielen Fällen führen Süchte zum Tod, sei es durch eine Leberzirrhose, eine Überdosis Heroin, dadurch, daß man seine Matratze in Brand steckt oder daß man den ‹Stoff› in der stinkenden Hölle eines schlechtgeleiteten Gefängnisses ausschwitzen muß. Auch Zigarettenrauchen gehört hierher, denn sexuelle Frustration und Spannungen in der Ehe können dazu führen, daß man stärker und schneller und intensiver raucht und dadurch anfälliger für Lungenkrebs wird.

8. Sexualität ist auch ein Heilmittel gegen Schlaflosigkeit. Es ist bestimmt eine angenehme Beschäftigung, im Bett an Sex zu denken. Erfrischende Gedanken bringen erfrischenden

Schlaf. Aber auch wenn man nicht einschläft, machen wonnevolle Gedanken das Wachliegen behaglicher und wirken entspannend. Es ist doch angenehmer, sich vorzustellen, wie man in dem goldenen Wagen Auroras dahinrollt, die die ersten Farben an den morgendlichen Himmel malt, als mit Unruhe und Sorge an all die Leute zu denken, die man haßt, oder sich zu überlegen, warum man nicht mehr verdient, oder wie schuldig man sich für etwas fühlen soll, das man getan oder nicht getan hat, oder wie schrecklich das ist, was man zu tun hat, wenn die Sonne dann wirklich aufgegangen ist. (Glauben Sie nur nicht, Sie könnten Aurora mit diesem derben Spiel schokkieren. Asträus, Titonius und Cephalus waren schon vor Ihnen bei ihr. Und ihretwegen lächelt Orion immer noch am Himmel.)

Es ist der Vierjährige im Menschen, der sich im Bett hin und her wirft und von seinen starken Muskeln so reichlich Gebrauch macht. Doch nichts beruhigt einen übermüdeten und geängstigten Vierjährigen mehr, als wenn er sich an seine Mama kuschelt, es sei denn, er schmollt oder sie stößt ihn von sich. Das gleiche gilt für ein Mädchen und ihren Vater. Aber ‹Auszest› ist noch wirksamer als Inzest.

Gute Sexualität ist eine natürliche Schlaftablette. Sie führt von selbst zu einer wohligen Schläfrigkeit, die in einen gesunden Nachtschlaf übergeht. Man könnte das sogar als Regel formulieren: Wer sich am Abend sexuell betätigt und sich dann nicht schläfrig fühlt, mit dessen Sexualität ist etwas faul. Fühlt er sich danach sogar verkrampft, so ist etwas oberfaul daran. Ist sie aber in Ordnung, so ist sie am nächsten Morgen ein Mittel gegen Plattfüße und glanzlose Augen – seht doch den federnden Schritt und die funkelnden Augen des glücklichen Paares nach einem herrlichen Bums.

10. Wahrscheinlich sind Hunderttausende von Patienten in den letzten Jahren in der Sprechstunde eines Arztes gewesen mit irgendeinem anderen als den von mir erwähnten Leiden, dessen körperliche Symptome ebenfalls als direkte oder indirekte Folge sexueller ‹Probleme› aufgetreten waren. Es ge-

hört zu den erregendsten medizinischen Detektivarbeiten, diese Spuren zurückzuverfolgen; allerdings trägt sie wohl selten zur unmittelbaren Linderung der Leiden bei. Doch hin und wieder macht es sich ganz überraschend doch bezahlt. Da ist zum Beispiel der Fall der Frau W. L. aus B., die ein Ellenbogenleiden hatte. Wer denkt bei einem Ellenbogenleiden schon an die Sexualität. Frau L. konnte keinerlei Ursache für ihre Krankheit finden, die ihren rechten Arm beinahe lähmte. Daß sie den lädierten Ellenbogen mehrmals täglich auch noch anstieß, wenn sie durch eine Tür ging oder nach etwas griff, machte die Sache noch schlimmer. Der Orthopäde behandelte sie wie üblich mit Novokaininjektionen, Kurzwellen und dergleichen. Doch sobald sie sich wieder stieß, machte sie die Wirkung der Behandlung zunichte. Der Arzt riet ihr, den Arm in eine Schlinge zu legen, doch das wollte sie nicht, da es sie bei der Hausarbeit behindert hätte. Sie hatte es trotzdem einmal versucht, doch da hatte sie sich immer den anderen Ellenbogen gestoßen.

Einer ihrer Bekannten, der etwas davon verstand, sagte ihr, das hinge mit Masochismus zusammen, ein anderer meinte, darin drücke sich eine Feindseligkeit aus, doch keiner konnte erklären, warum sie gerade so zum Ausdruck kam. Das Hausmädchen kam der Wahrheit schon näher mit ihrer Auffassung, daß das Leiden verginge, wenn Frau L. es dem richtigen Menschen einmal ordentlich geben könnte – doch wer der richtige Mensch sei, darüber wagte sie keine Vermutung. Dann bemerkte der Psychiater eines Tages, daß Frau L. anders ging als früher, daß sie ihre Arme steif hielt, ihre Ellenbogen leicht beugte, als wollte sie wirklich vermeiden, jemanden zu schlagen. Sie wußten beide, wer dieser Jemand war: ihr Gatte, auf den sie wütend war, weil sie ihm die Schuld an ihrer sexuellen Frustration gab. Mit ihrem Ellenbogen ging es wie folgt weiter. Da sie damit angefangen hatte, ihre Arme steif zu halten und ihre Ellenbogen zu beugen, war sie einige Zentimeter breiter als mit entspannten Armen. (Ihre normale Breite: 55 Zentimeter, ihre Breite im ‹Ärger›: 65 Zentimeter, normale Türbreite: 80 Zentimeter.) Wenn sie durch eine Tür ging, nahm sie auf die Tatsache, daß ihre Ellenbogen seitlich abstanden, keine Rücksicht, darum stieß sie sich so oft. Als ihr sexuelles Problem gelöst war und sie wieder ihre normale Breite zurückgewonnen hatte, erbrachte die orthopädische Behandlung den gewünschten Erfolg.

Es sollte nun aus den Beispielen klargeworden sein, daß Sexualität und Wohlbefinden eng miteinander verknüpft sind und daß Sexualität gesund und erwünscht ist. Wir können demnach von vorbeugender Intimität als einer wichtigen öffentlichen Gesundheitsmaßnahme sprechen. Unter bestimmten Umständen kann sie jedoch mehr Schaden anrichten als Gutes tun. Ein gewisses Maß an Vorsicht muß man daher schon walten lassen, so wie beim Schwimmen und beim Radfahren auch. Es gibt immer Fallgruben, es gibt immer Spitzbuben, auf beide muß man achtgeben. Wie unser Fräulein Dietlind, die junge Dame aus dem Limerick im ersten Kapitel. Sie fürchtete sich vor einer unerwünschten Schwangerschaft, vor einer Geschlechtskrankheit, vor öffentlicher Schande, davor, geächtet zu werden – alles Dinge, die ihr allezeit zustoßen konnten.

Sexualität kann auch mit anderen Tätigkeiten in Konflikt kommen. Viele Athleten versuchen während der Kampfsaison oder für die Dauer sportlicher Ereignisse abstinent zu bleiben. Ein Gerücht besagt, daß die Mitglieder der Oxforder und der Cambridger Rudermannschaft alles daransetzen, um in der Zeit ihres Trainings für das große Rennen jede Ejakulation und sogar sexuelle Träume auszuschalten. Sie sollen sich allen möglichen unangenehmen Prozeduren unterziehen, um solche Vorkommnisse zu vermeiden. Einige Filmproduzenten versuchen ihre Stars für die Zeit der Filmarbeiten von Affären abzuhalten, aus Angst, das könne ihr Spiel in den Liebesszenen beeinträchtigen. «Wenn sie jeden Abend Orgien feiern, wie können sie da am Morgen vor der Kamera so aussehen, als wollten sie noch eine Orgie feiern?» sagte einer von ihnen einmal klagend. Einige der alten Meister der Renaissance fühlten, daß sie ihre besten Werke in einem Zustand vorübergehender Enthaltsamkeit herstellten.

Es ist mißlich, aber leider wahr, daß Geschlechtsverkehr und manchmal auch Masturbation für Menschen mit Herzkrankheiten oder Arterienverkalkung gelegentlich schlimm ausgehen können. Ein Herzanfall oder ein Schlaganfall können die Folge sein. Gewöhnlich stößt ihnen so etwas nicht zu Hause zu, sondern in einem Hotel oder in der Wohnung der Freundin, und zwar meist, wenn sie dem Essen und Trinken reichlich zugesprochen haben. Ein derartig tragischer Tod wird von den Bordellmüttern gefürchtet, denn sie können mit ziemlicher Sicherheit annehmen, Bankrott zu machen, wenn so etwas passiert und die Polizei ins Haus kommt. Die Ärzte empfehlen Herzpatienten, ihre sexuellen Gelüste nur auf ihre Frau zu beschränken, nach Möglichkeit in vertrauter Umgebung und mit leerem Magen.[68]

Andererseits überlebten seltsamerweise orientalische Potentaten, die unbegrenzte Möglichkeiten zu sexuellem Verkehr hatten, oftmals ihre Altersgenossen (vorausgesetzt, sie wurden nicht ermordet). Es gibt auch keinen Zweifel, daß viele ältere Menschen, die einen jüngeren Partner nehmen, einen zweiten Frühling erleben. Der Jungbrunnen, nach dem so oft und eifrig gesucht wird, ist vielleicht gerade unter unserer Nase (etwa 75 Zentimeter). Es ist eine anerkannte Tatsache, daß Verheiratete im Durchschnitt länger leben als Unverheiratete.[69] Doch womit schützen sich die Menschen vor dem Altwerden? Mit seltenen Drogen und Mineralstoffen. Dabei geht es mit einem aktiven Sexualleben so viel besser. Vielleicht ist es dann gar nicht frech, sondern viel eher freundlich, wenn Amaryllis, meine junge Freundin, älteren Menschen ein «langes Leben und gut Fick» wünscht, diese beiden gehören jedenfalls zusammen.

Eine besondere Frage ist, ob sexuelle Betätigung ältere Männer vor Prostataoperationen bewahrt. Es gibt kein sicheres Anzeichen dafür, daß sexuelle Frustration eine Vergrößerung der Prostata bewirkt, aber sie verschlimmert die Symptome, da sie einen Blutandrang hervorruft.[70] Gute Sexualität kann also die Beschwerden erleichtern und somit den Menschen eine schwere Operation, die immer viel Aufregung mit sich bringt, ersparen. Eine ähnliche Frage ist, ob sie bei Frauen ein Zervixkarzinom verhütet. Die Antwort lautet nein.[71] Promiskuität scheint die Gefahr einer solchen Erkrankung zu erhöhen, am sichersten ist in dieser Beziehung ein monogames Sexualleben mit einem beschnittenen Mann. Es wird behauptet, daß sich unter der Vorhaut Viren befänden, die solche Geschwülste hervorrufen. Je weniger Vorhaut, desto weniger Krebsgefahr. Sollte das zutreffen, wäre ein solches kleines Opfer von einem Mann wohl zu erwarten, es wird ihm als Vergnügen nachher reichlich zurückgezahlt. Nichts zurückgezahlt wird dagegen den Hundebesitzern von den hundert Mark, die sie für ihre frustrierten männlichen Lieblinge in der Paarungszeit beim Tierarzt für eine Injektion zu bezahlen haben. Ein teures sexuelles Wohlbefinden.

Nun noch ein praktischer Tip für den nächsten Zahnarztbesuch. Ängstliche Menschen lassen sich schon bei einfachen Füllungen eine Betäubungsspritze geben. Resultat: die Kieferhälfte ist für Stunden bleischwer und empfindungslos. Hört die Wirkung der Spritze auf, haben sie manchmal mehr Schmerzen zu erdulden, als das Bohren jemals hätte verursachen können. Um die Spritze zu vermeiden, sollte man erst einmal natürliche Betäubungsmittel einsetzen, und das sind sexuelle Phantasien. Man muß dabei beachten, daß die Vorstellungen immer erregender werden müssen, je mehr das Bohren schmerzt. Jemand, der eine lebhafte Phantasie hat, kann die ganze Prozedur ohne den geringsten Schmerz überstehen. Er kann vielleicht gar so weit kommen, daß er gern zum Zahnarzt geht, um dort eine ‹Phantasie-Orgie› zu feiern. Es ist eine Art Soforthilfe, die die Sexualität unserem Wohlbefinden leistet. Dummerweise wirkt sie am Unterkiefer nicht so gut wie an dem weniger empfindlichen Oberkiefer. Möglicherweise wirkt sie aber auch bei anderen Schmerzen, das wird sich jedoch noch zeigen müssen.

Ich möchte dieses Kapitel nicht schließen, ohne das Schlüsselwort zu nennen, das uns Intimität und mit ihr Wohlbefinden vorenthält. Es hat nur vier Buchstaben: a – b – e – r. ‹Aber› verhindert mehr Liebe als irgendein anderes Wort unserer Sprache. ‹Wenn nur› steht an zweiter Stelle. Intimität ist ein hervorragendes Mittel, das Hier und Jetzt kennenzulernen und zu genießen. Das ‹Aber› verwirft das ‹Hier und Jetzt›, das ‹Wenn nur› verlegt es oder verschiebt es. ‹Aber› bedeutet Furcht vor der Zukunft, ‹Wenn nur› bedeutet Bedauern der Vergangenheit. Ein funktionierendes Sexualleben trägt zu unserem Wohlbefinden bei, da es ‹gerade jetzt› bedeutet. Und gerade jetzt leben, heißt die Bäume sehen, die Vögel singen hören. Und es ist notwendig, die Bäume zu sehen und die Vöglein zu hören und zu wissen, daß die Sonne scheint, damit man die Gesichter der Menschen sehen und ihre Seele singen hören kann und weiß, daß die Sonne ihrer Wärme scheint. Das ist der Weg zur Intimität. Dieses strahlende Hier und Jetzt der Welt draußen sollten wir erfassen, bevor wir hineingehen und uns gegenseitig unser Hier und Jetzt erleben lassen. Wenn wir das erleben wollen, müssen wir uns erst darauf einstellen, eine Zeitlang zu vergessen, daß es noch das ganze langweilige Gerümpel von Menschen, Papieren und Dingen in unserem Hirn gibt. Das ist der Grund, weshalb ich Ihnen vor einiger Zeit die Frage stellte, ob Sie an diesem Tag schon einen Vogel singen gehört hätten. Und weshalb ich Sie erinnerte, daß nicht die Zeit vergeht, sondern wir in der Zeit, und zwar Nonstop. Das letzte Wort will ich noch einmal sagen und damit enden: Stop! Damit kommen diese Überlegungen zu einem Ende. Wer sich dafür interessiert, kann weiterlesen: Es folgt noch eine kleine Diskussion, dann kommen einige weise Sprüche, ein kurzer Anhang für Verhaltensforscher und eine Bücherliste. Für die meisten wird es aber besser sein, hier mit dem Lesen aufzuhören.

Dritter Teil
Nachspiel

7. Kapitel
Fragen und Antworten

Obwohl die Vorträge, die diesem Buch zugrunde liegen, für jedermann zugänglich waren, bestand das Publikum doch hauptsächlich aus Studenten und Akademikern. Nach jedem Vortrag stellten sie viele Fragen. Einige davon mögen auch dem Leser dieses Buches gekommen sein. Die hier gegebenen Antworten stimmen nicht immer mit dem Inhalt des Buches überein.

FRAGE: Von welcher Grundidee ließen Sie sich leiten? Was haben Sie mit dem, was Sie uns vortrugen, gemeint?

ANTWORT: Ich hatte überhaupt keine Grundidee. Gewöhnlich ist es so, wenn eine Frage mich beschäftigt, denke ich darüber nach. Und wenn ich auf die sexuelle Frage stoße, versuche ich, sie zu beantworten. Aber das war hier nicht der Fall. Die Frage, die sich mir stellte, war folgende: ‹Ist es möglich, fünf Vorträge über Sexualität zu halten, ohne lediglich alle die trivialen oder ernsten oder auffälligen oder statistischen Dinge zu wiederholen, die ein Redner bei solchen Gelegenheiten zu erwähnen pflegt?› Ich glaube, das ist mir im großen und ganzen geglückt. Ich habe zwar einiges davon auch gebracht, aber nur am Rande. Was ich Ihnen über dieses Thema erzählt habe, ist das Ergebnis eines über fünfzig Jahre währenden Lebens und einer dreißigjährigen psychiatrischen Praxis. Als Psychotherapeut habe ich mehreren tausend Leuten zugehört, wenn sie über ihre sexuellen Freuden und Nöte sprachen. Hierbei kam mir mein Wissen in Anatomie, Physiologie, Psychiatrie und Psychoanalyse gut zustatten, ebenso meine Fähigkeit, meinen Patienten nüchterne und sachliche Fragen stellen zu können, auch über heikle Themen.

Ich würde diese Vorträge eher lehrreiche, zum Denken anregende Abhandlungen nennen als eine fundierte Wissensvermittlung. Da ich gern Grundlegendes vortrage, bin ich darüber nicht vollkommen glücklich. Ich glaube, das Wichtigste und Bedeutendste, was ich hier ausgesprochen habe, war der Satz, daß das Bewußtsein von Autonomie größtenteils eine Illusion ist. Wenn wir tatsächlich unser Leben leben wollen, frei von jeder Verfälschung, müssen wir innehalten, um uns schauen, lauschen und nachdenken.

FRAGE: Wenn Sie über dieses Thema sprechen, befinden sich dann in Ihrer Zuhörerschaft immer mehr Frauen als Männer, wie das hier der Fall ist?

ANTWORT: Ich habe noch niemals zuvor über dieses Thema gesprochen, deshalb kann ich darüber nichts sagen. Man könnte aber einen Vergleich mit der Zuhörerschaft einer weiblichen Vortragenden anstellen. Margaret Mead sprach ja vor einigen Jahren hier über dasselbe Thema. Befanden sich unter ihrer Zuhörerschaft mehr Männer als Frauen?

DR. LUCIA: Ist es denkbar, daß Frauen mehr Angst haben? Ihr Wissen über dieses Thema ist meist sehr lückenhaft, und vielleicht wollen sie mehr darüber erfahren, um größere Sicherheit zu erlangen. Den Männern kann doch nichts passieren, es sind die Frauen, die die Folgen dieser erhabenen Beziehung tragen müssen.

FRAGE: Wie erklären Sie sich das häufige Gelächter bei einem an sich so ernsten Thema?

ANTWORT: Sicherlich hätte ich das Ganze so ernst bringen können, daß niemand ohne meine ausdrückliche Erlaubnis zu lachen gewagt hätte. Aber da die Sexualität Vergnügen bereiten soll, sehe ich nicht ein, warum ein Vortrag darüber nicht auch Spaß machen soll.

FRAGE: Was halten Sie von Perversionen?

ANTWORT: Ich meine, man sollte sie nicht so nennen, wenn sie nicht gerade ekelhaft sind und andere Menschen verletzen oder demütigen. ‹Perversion› ist ein häßliches Wort und wird im allgemeinen von den Selbstgerechten gebraucht. Freud schlug die Bezeichnung ‹Gefühlsverlagerung› dafür vor, das Lexikon erklärt die Perversion als eine Abweichung, und ich würde in den meisten Fällen eine dieser beiden Bezeichnungen benutzen. Im Tierreich gibt es unzählige Abweichungen, von den Pantoffeltierchen über die Stachelschweine bis hin zum Menschen. Die Lebewesen scheinen jederzeit zu allem bereit zu sein, wenngleich die meisten von ihnen es vorziehen, einen heterosexuellen Partner auf die Art und Weise zu befruchten, wie es bei der eigenen Art üblich ist. Daß sich das menschliche Sexualverhalten nicht in eine Schablone pressen läßt, sollte uns nicht zu der Annahme verleiten, der Mensch unterscheide sich in dieser Beziehung vom Tier.

FRAGE: Sie deuteten an, daß der Endzweck der Sexualität die Zeugung eines Kindes sei. Wie verträgt sich das mit der unmittelbaren Befriedigung und dem ‹Wunderbar›?

ANTWORT: Es ist beruhigend, zu wissen, daß man Nachkommen zeugen kann. Die meisten Menschen geben sich der Sexualität jedoch hin, weil sie sie als wunderbar empfinden, ebenso die meisten Tiere, die ja überhaupt nicht wissen, was Schwangerschaft ist. Benutzten die Menschen die Sexualität nur zur Fortpflanzung, dann wäre das eine sehr einfache Angelegenheit und kaum der Erwähnung wert. Die Menschen würden sie nur zu ihrer unmittelbaren Befriedigung ausüben, und wenn verschiedene Umstände zusammenträfen, wäre die natürliche Folge einer solchen Betätigung eine Schwangerschaft.

FRAGE: Aber deshalb haben wir doch eine Bevölkerungsexplosion, weil so manche Menschen offenbar nicht wissen, daß der sexuelle Verkehr zur Schwangerschaft führen kann. Sollte man sie nicht darüber aufklären?

ANTWORT: Ich glaube nicht, daß irgend jemand so dumm ist.

Manche Anthropologen behaupten, einigen Volksstämmen sei dieser Zusammenhang unbekannt, aber ich habe viele Länder bereist, unter anderen auch Neuguinea, und ich kann es einfach nicht glauben. Es handelt sich hier um etwas anderes. Manche Leute glauben, wir müßten nur genug von unseren jungen gescheiten Menschen hinschicken, die ihnen erklären, daß sexueller Verkehr und Kindersegen zusammengehören, dann würden sie schon Verhütungsmittel benutzen. Aber diese Methode funktioniert nicht. Es ist nicht Unwissenheit, die die Menschen dort empfängnisverhütende Mittel ablehnen läßt, und ich glaube auch nicht, daß es die Armut ist, denn selbst wenn man die Verhütungsmittel kostenlos verteilte, würden sie doch nur von denen genommen, die sie ohnehin schon bejahen. Es ist also weder Unwissenheit noch Armut, es ist etwas anderes, irgend etwas, das tiefer liegt. Vielleicht wollen auch primitive Menschen ganz einfach unsterblich sein.

FRAGE: Glauben Sie, daß man sich die Sexualität zunutze machen kann, indem man über sie redet?

ANTWORT: Mag sein, aber es klappt nicht besonders gut. Es stimmt nicht, daß man mit Hilfe der Sexualität besser Geschäfte machen kann als mit anders aufgezogener Werbung. Heutzutage werden Unmengen von Cornflakes ohne Sexualität verkauft, und eine große Anzahl anderer Produkte werden ebenfalls ohne ihre Hilfe an den Mann gebracht. Ich bin sicher, daß die Verkaufsziffern dieser Produkte höher liegen als für die Produkte, die mit Hilfe der Sexualität verkauft werden. Solch eine marktschreierische Werbung preist auch die entsprechenden Produkte an, wie chromblitzende Straßenkreuzer und minderwertige Filme. Ich glaube, daß man auf diese Weise zwar unlautere Menschen ausbeuten kann, nicht aber ehrliche.

FRAGE: Wie sehen Sie die Verbindung von Wirtschaft und Sexualität? Die Sexualität ist doch stark an die Familie gebunden, und die Familie ist eine wirtschaftliche Einheit. Ist das eine ehrliche Sache, diese wirtschaftliche Sexualität?

ANTWORT: Ich glaube nicht, daß die Familie eigentlich eine wirtschaftliche Einheit ist, obwohl sie dazu gemacht werden kann. Ich glaube nicht, daß die Menschen aus wirtschaftlichen Gründen heiraten, diese können allerdings eine Rolle spielen. Ich hege ein Vorurteil gegen die Idee der Familie als wirtschaftliche Einheit. Engels gebrauchte sie zum Beispiel als eine falsche Voraussetzung, die ihn dann zu falschen Schlüssen und falschen Handlungen führte. Es ist wie mit der Idee der Kultur, das ist für mich nur ein blutleerer akademischer Ausdruck, der allenfalls Verwaltungsfachleuten, Geldscheffleren, Volkswirtschaftlern oder Wissenschaftlern im Kampf um Forschungsgelder dienlich ist, aber für die meisten Menschen nur geringen Wert hat. Vom Standpunkt des einzelnen gesehen, ist die Kultur für Dummköpfe da. Man kann sich im Rahmen der Gesetze mit einer Menge Tätigkeiten befassen; doch die meisten Menschen machen das, was die anderen auch machen und vermeiden es somit, Verantwortung zu übernehmen. Solche Menschen hatte ich im Sinn, als ich von ‹Dummköpfen› sprach. Die Gesetze gehören nicht zur Kultur, denn sie können von Politikern gemacht werden oder sogar nur von einem einzigen, und auf die gleiche Weise können sie aufgehoben werden. Für mich ist Kultur nicht mehr als ein alter Anzug, den man über Nacht wechseln kann, wie Hitler, Stalin, Atatürk und die Leute in dem von Margaret Mead beschriebenen Dorf anschaulich bewiesen haben. Ich sehe nicht ein, daß ich einen alten Anzug nur deshalb ernst nehmen soll, weil die meisten Leute es tun. Kultur ist nichts anderes als das alte Gewand des Eroberers, die fortbestehenden Irrtümer der vorangegangenen Generationen.

FRAGE: Warum sind ‹Schlafzimmer-Menschen› Gewinner und ‹Toiletten-Menschen› Verlierer?

ANTWORT: Nehmen wir einmal die Situation, die diesen Sachverhalt am besten erhellt, weil wir das, was wir an ihr erkennen, auch auf andere Situationen übertragen können. Am besten kann man Gewinner und Verlierer studieren, wenn man mit ihnen pokert. Da taucht die Frage, wer z welcher Gruppe gehört, überhaupt nicht erst auf. Befra gungen, Untersuchungen, Zweifel, alles fällt weg. Ma braucht nur eines zu wissen: Was sie in ihren Taschen ha ben, wenn sie zur Tür hinausgehen. Wenn Sie ein erfahre ner Pokerspieler sind, werden Sie nach den ersten dr Runden sagen, ob ein Neuankömmling ein Gewinner ode ein Verlierer ist. Er mag alle drei Runden gewinnen, abe Sie erkennen dennoch, daß er ein Verlierer ist, oder er ver liert alle drei, aber Sie sehen, er ist ein Gewinner.

Und so können Sie einen Verlierer erkennen. Ersten glaubt er, Pokern sei ein Glücksspiel. Bekommt er dan schlechte Karten, regt er sich auf und sagt: ‹Heute aben hab ich überhaupt kein Glück.› Und knallt womöglich di Karten auf den Tisch. Zweitens sind da seine ‹Wenn nu und ‹Hätte ich nur›: ‹Wenn ich doch nur weitergemach hätte›, ‹Wenn ich doch nur rechtzeitig aufgehört hätte ‹Hätte ich nur drei statt zwei Karten gezogen› usw. usw Drittens wiederholt er jedes Spiel, wenn es zu Ende is noch einmal, und sagt: ‹Laß mich sehen, was für eine Kart ich bekommen hätte, wenn ich die nächste Karte gezoge hätte und nicht die, die ich gezogen habe.› Ein Gewinne sagt gelegentlich auch solche Dinge, aber nur aus Jux ode um die anderen zu foppen, im Ernst sagt er so etwas ni Er weiß, wenn er eine Runde verloren hat, dann nur des halb, weil er schlecht gespielt hat oder weil er miese Karte hatte. Mehr gibt es dazu nicht zu sagen, Fluchen hilft d auch nicht. So geht er einfach zur nächsten Runde über un paßt dann besser auf.

Ein Gewinner setzt sich ein Ziel und versucht dann, e unter allen Umständen zu erreichen. Klappt es nicht bei erstenmal, dann eben beim zweitenmal. Er weiß, daß jede Mensch Fehler macht – nur ein Gewinner nicht. Er gestatte weder dem Kind noch den Eltern in ihm, sich in seine Ent scheidungen einzumischen. Deshalb ist Poker ein Spiel fü Männer. Nähme eine Frau daran teil, dann kämen al mitspielenden Männer durch das Kind oder die Eltern in ihnen in arge Bedrängnis: ‹Was würde dein Vater sagen, müßte er zusehen, wie du einer Frau Geld abluchst, sei es auch nur im Spiel?› Oder schlimmer noch: ‹Was würde dein Psychiater sagen, wenn du zu ihm kämst und ihm erzähltest, du hättest im Spiel einer Frau Geld abgeknöpft? Du müßtest deinen Gewinn erst vollkommen ausgeben und herausfinden, warum du so etwas getan hast, bevor du zur Ruhe kommen könntest. Deshalb können auch nur Schurken, die nicht zum Psychiater gehen, beim Pokern mit Frauen gewinnen.›

Ein weiteres Kennzeichen des Verlierers: Er verwendet häufig Toiletten-Ausdrücke. Ein Gewinner gebraucht sie wohl auch ab und zu, aber nicht bei jeder Gelegenheit. Der größte Verlierer, der mir je begegnet ist und der sogar um Weib und Tochter und Hof spielen wollte, bediente sich das ganze Spiel hindurch nur solcher Ausdrücke, obwohl er sich zu anderen Zeiten durchaus sauber und anständig ausdrückte.

Ein Verlierer sagt also: ‹Ich habe kein Glück ... wenn ich nur ... hätte ich doch ...› Ein Gewinner sagt: ‹Das soll mir nicht wieder passieren›, und es passiert auch nicht wieder. Natürlich kommt es mal vor, daß ein Verlierer einen Gewinn erzielt, aber es ist klar, daß er ihn nicht behalten wird. Ein Gewinner hat schon mal einen Verlust zu verzeichnen, aber er läßt keinen Zweifel daran aufkommen, daß er sich das Verlorene zurückholen wird.

FRAGE: Gibt es einen Unterschied zwischen den Ich-Zuständen und den Rollen?

ANTWORT: Ein Ich-Zustand ist eine naturgegebene Sache, eine Rolle wird übernommen. Ein Mensch kann viele Rollen spielen, ohne von einem Ich-Zustand in den anderen zu wechseln. So kann zum Beispiel ein Mensch im Kindheits-Ich-Zustand sowohl die Rolle eines Elternteils als auch eines Erwachsenen als auch eines Kindes spielen. Kinder tun so etwas in ihren Doktorspielen. Eines spielt die Mutter, das andere den Doktor, das dritte das Kind, aber alle befinden sich im Kindheits-Ich-Zustand. Auch Erwachsene tun so etwas, beispielsweise in den pantomimischen Darstellungen eines Scharade-Spiels.

FRAGE: Kann die Transaktionsanalyse eine Erklärung für die Tatsache geben, daß man einen Menschen sehr lieben und zugleich sehr unsympathisch finden kann?

ANTWORT: Man muß nur feststellen, welche Ich-Zustände beteiligt sind und wie die Transaktionen begannen. So kann zum Beispiel der ‹Elternteil› eine große Zuneigung entwickeln und das ‹Kind› aus Eifersucht eine große Abneigung. Oder das ‹Kind› liebt das ‹Kind› in einem anderen Menschen, aber haßt die ‹Eltern› in ihm. Oder das ‹Kind› pendelt von einem zum anderen, wie Kinder es ja in Wirklichkeit auch tun. Die Transaktionsanalyse sieht die Ursache einer solchen Zwiespältigkeit im Verhalten der Mutter; in ihrem ambivalenten Verhalten: Sie gibt Nahrung und nimmt sie wieder fort, sie verlangt vom Kind Stuhlgang und wirft ihn dann fort, sie küßt das Kind und schiebt es dann von sich fort. Eine umfangreiche psychoanalytische Literatur versucht diese Ambivalenz mit frühesten Kindheitserlebnissen zu erklären.

FRAGE: Wie bewußt, glauben Sie, sind sich die meisten Menschen des Ich-Zustandes, in dem sie sich gerade befinden?

ANTWORT: Sie sind sich seiner überhaupt nicht bewußt, es sei denn, sie haben Transaktionsanalyse studiert oder waren bei einem Transaktionsanalytiker in Behandlung oder haben sehr viel darüber nachgedacht. Auf der Erde leben ungefähr drei Milliarden Menschen, die sich ihres Ich-Zustands nie bewußt werden, eine halbe Million ist sich seiner vielleicht bewußt. Erhielten die drei Milliarden über Nacht dieses Wissen, dann ginge am nächsten Morgen alles besser.

Man kann seinen augenblicklichen Ich-Zustand ganz einfach feststellen, indem man dem zuhört, was im Kopf vorgeht, denn dann wird man nämlich seine drei Ich-Zustände miteinander reden hören. Wenn jedermann aufhören würde, in sich hineinzuhorchen, dann würden alle Menschen gut und liebenswürdig, und ein großer Teil der bestehenden Probleme wäre auf der Stelle gelöst.

Die Ich-Zustände wurden zuerst in der Transaktionsanalyse systematisch untersucht, sie sind ihre Grundlage und ihr zentrales Thema. Was immer mit den Ich-Zuständen zu tun hat, gehört auch in das Forschungsgebiet der Transaktionsanalyse, was sie nicht betrifft, hat auch mit ihr nichts zu tun. Deshalb ist eine Beschäftigung mit dieser Disziplin notwendig, wenn man etwas über seine Ich-Zustände erfahren will.

FRAGE: Wie verhält es sich mit Menschen, die erkennen, daß sie eine Rolle spielen?

ANTWORT: Die Erkenntnis, daß man eine Rolle spielt, ist ihrerseits eine Rolle. An sich hasse ich solche Redewendungen, solche Paradoxien, die wie Schlangen sind, sich selbst auffressen und schließlich gänzlich verschwunden sind. Doch in diesem Fall hat sie ihre Berechtigung.

FRAGE: Wie kann man die Spiele überwinden?

ANTWORT: Die erste Regel lautet, daß Sie Ihre Zeit darauf verwenden sollen, etwas über ihre eigenen Spiele herauszufinden und nicht über die Spiele der anderen. Die zweite Regel: Versuchen Sie, nicht bis zum Ende mitzuspielen, damit Ihre Mitspieler merken, daß Sie das Spiel abgebrochen haben, und es dann vielleicht ebenfalls abbrechen. Dann geben Sie acht, was geschieht. Wenn alles gutgeht, werden Sie eine Belohnung für ihr Verhalten bekommen, Sie erwischen das gute Ende an Stelle des schlechten. So kann zum Beispiel ein Paar, das ‹Streit› spielt, der sonst immer mit Ärger endet, plötzlich entdecken, daß die Sexualität mehr Vergnügen bereitet als Ärger, was die beiden kaum glauben werden, bis sie es tatsächlich erleben.

FRAGE: Wie kommen Sie zu der Behauptung, Kinder wüßten mehr über menschliche Beziehungen als Erwachsene, wo wir doch ständig mehr und mehr darüber erfahren?

ANTWORT: Was Sie die ganze Zeit hindurch lernen, sind nur

mehr und mehr Wörter über dieses Gebiet, aber ein Kind kann einen Schwindler noch schneller erkennen als ein Erwachsener. Ein Erwachsener darf andere Menschen nicht direkt anschauen und auch nicht direkt ansprechen, ein Kind darf beides, wenigstens bis zu einem gewissen Alter. So schaut es die Menschen direkt an, und sie können sich vor ihm nicht verstecken. Erwachsene schauen einander immer nur einige Sekunden lang an, außer unter besonderen Bedingungen, wenn sie ‹Ich kann dich länger anschauen als du mich› spielen oder wenn sie einander lieben oder in bestimmten berufsbedingten Situationen, wie einer psychotherapeutischen Behandlung. Wenn Sie einmal die Bewegungen Ihrer Augen beim Zusammentreffen mit anderen Menschen kontrollieren oder die Augen anderer Leute beobachten, werden Sie feststellen, daß ich die Wahrheit gesagt habe. Wenn man etwas über einen Menschen erfahren will, dann muß man ihn anschauen, und das darf nur ein Kind. Das ist nur *eine* Antwort auf Ihre Frage.

FRAGE: Was verstehen Sie unter ‹vorbeugender Intimität›?

ANTWORT: Intimität, richtig gehandhabt, kann verschiedene Leiden verhindern: Nackenschmerzen, Kreuzschmerzen, Magenkrebs, Hämorrhoiden, glanzlose Augen. Das meinte ich.

FRAGE: Wie lange dauert es, bis das Rückenmark eines Menschen angegriffen wird?

ANTWORT: Ziemlich lange. Zuerst setzt der Kontakthunger ein. Eine Zeitlang hält ihn jeder aus, der Säugling einige Wochen lang, ein erwachsener Mensch über Jahre hinweg. Dann kommt der Punkt, an dem er ständig gereizt ist. Anstatt ein Streicheln dankbar hinzunehmen, weicht er ihm aus, wo immer er kann, schließlich lehnt er es ganz ab. Nach dieser Periode geht es bergab mit ihm, entweder in rasendem Sturzflug oder unter harten Kämpfen.

FRAGE: Wie steht es mit dem Zusammenhang zwischen strengen sexuellen Sitten und Geisteskrankheiten?

ANTWORT: Lassen Sie mich eine Anekdote dazu erzählen. Die

Leute gehen nach Tahiti und sagen dann: ‹Ist das nicht wunderbar, sexuelle Freiheit, und wie gesund alle Menschen hier sind.› Ich kenne einen guten Reporter, der bereiste einmal Thailand und sagte dann dasselbe. Die Sache ist nur die: Wollen Sie etwas über die geistige Gesundheit einer Gemeinschaft erfahren, dann befassen Sie sich am besten mit ihren Geisteskrankheiten, und das können Sie am besten in dem dort befindlichen Irrenhaus. Wenn sie nun in Papeete, eine Meile von der sexuellen Freiheit entfernt, die Straße hinuntergehen, werden Sie auf das Irrenhaus treffen. Und in diesem Irrenhaus werden Sie genau die gleichen Geisteskrankheiten in genau dem gleichen Ausmaß vorfinden wie an jedem anderen Ort der Welt, New York und Kalifornien eingeschlossen. Und wenn Sie vor dem protzigen Tanzpalast von Bangkok stehen und über den Fluß schauen, werden Sie am anderen Ufer das Irrenhaus sehen. Und in ihm finden sich wieder die gleichen Geisteskrankheiten wie überall sonst. Wenn Sie aber wirklich zum Narren gehalten werden möchten, dann fahren Sie zu irgendeiner kleinen Fidschi-Insel, Rotuma etwa, dort werden Sie überhaupt keine Spuren von Geisteskrankheit finden. Ist das nicht wunderbar? Aber wenn Sie dann das Irrenhaus von Suva besuchen, werden Sie alle Geisteskranken von Rotuma dort sehen, weil man sie alle dorthin gebracht hat. Genauso ist es im wilden Neuguinea, im fruchtbaren Afrika, im puritanischen Rußland, in China. Mit anderen Worten, meiner Erfahrung nach besteht zwischen sexuellen Sitten und der Häufigkeit von Geisteskrankheiten kaum ein Zusammenhang. Manche Menschen mit einem starken Gewissen können wegen ihrer Sexualität schon einmal verwirrt werden, aber das ist ihre eigene Sache. Außerdem meine ich, man kann das Wort ‹Sitten› nur auf kleine Gemeinschaften wie ein Dorf anwenden. Leider wird es häufig falsch gebraucht, manchmal auch dazu, nicht fragen zu müssen, was wirklich los ist. Das verdanken wir der elterlichen Programmierung.

FRAGE: Wenn das Rückenmark ohne sensorische Stimulierung angegriffen wird, warum soll ein Mensch in einer solchen Lage nicht zu Drogen greifen, die Wahnvorstellungen hervorrufen?

ANTWORT: Weil dann das Gehirn statt des Rückenmarks angegriffen wird. Schon Ovid wußte das vor zweitausend Jahren. Außerdem sollte die Stimulierung von außen kommen. Viele Menschen, die vom Marihuana abgekommen sind, werden das bestätigen. Drogen nehmen die Stelle der Menschen ein, üben aber nicht deren Funktion aus.

FRAGE: Sie beschrieben die befriedigte Frau. Wie würden Sie den befriedigten Mann schildern?

ANTWORT: Seine Schritte sind beschwingt, seine Augen leuchten, seine Kinder lachen fröhlich.

FRAGE: Was halten Sie davon, wenn man zu einem Chiropraktiker geht, um einem Rückenmarkschaden vorzubeugen?

ANTWORT: Ich mag Chiropraktiker nicht. H. L. Mencken sagte einmal, man solle sie fördern, denn in einem Wohlfahrtsstaat gäbe es nur noch eine Methode natürlicher Selektion, die Chiropraktiker. Doch ich fürchte, er ermutigte dadurch die Menschen nur, zu ihnen zu gehen.

FRAGE: Wie erklären Sie sich den Schwung und Elan eines Mannes, der keine Freundin hat?

ANTWORT: Ich weiß es nicht. Aber stellen Sie sich einmal vor, wie er wäre, wenn er eine Freundin hätte.

FRAGE: Das meiste, was Sie sagen, ist doch wohl nur als Scherz gemeint. Sind Sie jemals ernsthaft?

ANTWORT: Alle meine Scherze sind ernsthaft, wenn Sie sie richtig verstehen.

FRAGE: Sind Sie nicht ziemlich arrogant?

ANTWORT: Ich wirke nur dann arrogant, wenn ich mich ganz bescheiden fühle, weil ich mir dessen, was ich sage, nicht so ganz sicher bin. Es macht mehr Spaß, wenn ich mich so gebe. Es macht mir mehr Spaß, arrogant zu wirken anstatt bescheiden, und es macht dem Zuhörer mehr Spaß, weil er dann ungehemmt kritisieren kann. Einen bescheidenen Menschen können Sie nicht kritisieren. Entweder neigen Sie Ihr Haupt vor ihm oder Sie kreuzigen ihn, aber beide Male spiele ich nicht mit.

FRAGE: Sie erwähnten eine Menge Bücher. Welche können Sie empfehlen?

ANTWORT: Eine Liste lesenswerter Bücher folgt am Ende dieses Buches.

8. Kapitel
Ein Mann von Welt

Sowohl Cyprian St. Cyr, den ich im Vorwort erwähnte, als auch mein Freund Dr. Horseley nennen sich stolz ‹Mann von Welt›. Einige ihrer Gedanken und Aussprüche sind es wert, hier wiedergegeben zu werden. Sie sind wie Pfefferminzplätzchen, man soll immer nur wenige nehmen, nie alle auf einmal.

Liebe und Ehe

Geschehnisse sind interessanter als die Beschaffenheit der Dinge, aber die Entwicklung der Dinge ist interessanter als die Geschehnisse. Eine Kriminalgeschichte sagt uns, wie eine Handlung aufgebaut ist, ein Roman schildert uns, was sich zutrug. Doch ein russischer Roman zeigt die Entwicklung der Menschen, und darum sind Tolstoij und Dostojewskij die Vorbilder, die es zu erreichen gilt. Genauso ist Geschlechtsverkehr interessanter als die Geschlechtsorgane, und die Entwicklung eines Orgasmus ist wiederum packender als Geschlechtsverkehr.

Stendhal schildert das Werden der Liebe in einer französisch-romantischen Art, seine Menschen stehen immer unter Beobachtung, und Täuschungen sind an der Tagesordnung. Das Hohe Lied Salomonis beschreibt, wie ein König eine Sklavin lieben kann. Doch in unserer heutigen Zeit, in der die Auswahl das Problem ist und nicht Täuschung oder Beschränkung, liegen die Dinge anders. Nehmen wir an, ein Mann besucht jeden Sonntag ein Kunstmuseum. Was geschieht dabei?

Irgendwann einmal trifft er sie zum erstenmal. Sie steht und schaut, dann geht sie weiter, und er denkt: ‹Vielleicht!?› Dieses ‹Vielleicht› schon macht sein Leben lebenswert. Hat er zu viele Bedenken, sollte er sich nur ganz flüchtig ihr Gesicht ansehen – zum Gedenken in einem lebenslangen, süßen Bedauern.

Nimmt er aber die mögliche Enttäuschung in Kauf und spricht sie an, so weiß er schon bald: ‹Ja!›

Sie treffen sich wieder, und er wünscht nichts sehnlicher, als immer mit ihr zusammenzusein.

Und dann ist er immer mit ihr zusammen, und er braucht keine Träume mehr zu träumen, denn sein Leben ist ein Traum.

Dann kommen die ersten Streitereien, sie entzweien sich und versöhnen sich wieder, denn keiner hält es mehr lange allein aus. Die einzige Frage ist immer nur, wer sich zuerst überwindet. Dann wohnen Sie zusammen, verheiratet oder unverheiratet, sie lieben sich – und streiten sich zwischendurch ums Geld.

Nach zwanzig Jahren sind sie unzertrennlich. Die große Leidenschaft in ihrer Liebe hat sich in tiefe Zuneigung verwandelt, die sie bis zum Grab zusammenhält.

Wenn es schließlich so weit ist, daß einer von ihnen stirbt, folgt der andere bald nach.

Das sind die verschiedenen Stufen der Liebesseligkeit.

Ein erster Blick und wonnevolle Hoffnung.

Dann sehen, prüfen in köstlicher Ahnung.

Dann der Sieg mit seinem Ruhm und seinen Seufzern.

Darauf Gewißheit und Vertrauen mit dem selbstbewußten Gefühl der Überlegenheit, wenn andere Männer IHR bewundernde Blicke zuwerfen und Freunde sich vor IHR verbeugen und SIE grüßen.

Und wenn die Gewißheit zur Garantie wird, daß alles so bleibt, wenn sie den höchsten Grad der Sinnlichkeit, der Hingabe und des Genusses erreichen, dann ist das Unerringbare errungen, dann ist die höchste Stufe des Paradieses erklommen, eine Stufe, die selbst Dante unentdeckt geblieben war. Diese absolute Gewißheit wirft einen unaussprechlichen Glanz der Vorahnung auf alles, was vorgeht, das Essen, das Theater oder das Sternenlicht in einem See, so daß selbst die bewundernden Blicke der Männer zur Nebensache werden und der ganze Abend wie ein warmer, sanfter Flug zum Pol eines goldenen Magneten wird, wo du hoch über der Erde in blauen Flammen der Wollust schwebst.

Ehe – das sind sechs Tage höchster Erregung und der Weltrekord in Sex.

Fünf weitere Wochen des gegenseitigen Kennenlernens, des Abtastens, des Angriffs und Rückzugs, bei dem die Schwächen des anderen gefunden werden – dann beginnen die Spiele.

Nach sechs Monaten haben beide ihre Entscheidung getroffen. Die Flitterwochen sind vorbei, jetzt beginnt die Ehe oder die Scheidung – man wird ja sehen.

Bürgerliche Ehemänner sind wie Apparaturen. Bevor man sie in Gebrauch nimmt, muß man erst die Gebrauchsanweisung studieren. Sie haben eine halbjährige Garantiezeit, doch bei unsachgemäßer Handhabung erlischt die Garantie. An jedem Zeitungsstand gibt es Betriebsanleitungen, in denen steht, wie und wo sie geölt werden müssen. Und wenn Sie ihn abgenutzt haben, gnä' Frau, können Sie ihn beim Scheidungsgericht immer noch zu günstigen Bedingungen zurückgeben. Danach brauchen Sie sich keine Sorgen mehr zu machen und können Ihre Wäsche zur Wäscherei geben. Dann haben Sie eine Menge freie Zeit, Sie können den ganzen Tag im Haus herumsitzen und Nägel kauen.

Bürgerliche Ehefrauen sind ebenfalls wie Apparaturen. Bevor man sie in Gebrauch nimmt, muß man ebenfalls erst die Gebrauchsanweisung studieren. Auch sie haben eine halbjährige Garantie, die bei unsachgemäßer Handhabung erlischt. Und an jedem Zeitungsstand gibt es Betriebsanleitungen, in denen steht, wie und wo sie geölt werden müssen. Doch es gibt auch Unterschiede, denn der Mann kann seine Frau nicht abnutzen und dann umtauschen. Der Mann erhält nie einen Teil seines Geldes zurück, nur die Frau. Der Mann muß immer zahlen. Was ist das nur für eine Waschmaschine? Kein Wunder, daß einige Männer die Selbstbedienungswäscherei bevorzugen.

Das beste Alter für einen Junggesellen ist 39. Er ist nicht zu alt für die Jungen, die ihn interessieren und nicht zu jung für die Alten, die ihn interessieren. Für Menschen unter 30 mag es eine Überraschung sein – eine unwillkommene oder gar ekelerregende Überraschung –, wenn sie merken, daß einige der attraktivsten Frauen schon fünfzig sind. Das zeigt sich in jedem Roman, der von Schriftstellern unter 30 geschrieben ist: Sex wird bei Menschen über vierzig als unschicklich dargestellt, Zeugnis eines schlechten Geschmacks. Doch die Menschen über vierzig rächen sich und betrachten Sex bei Menschen unter zwanzig als noch unschicklicher und als Zeugnis eines noch schlechteren Geschmacks. Die Jungen sollten nicht zu keck sein, schließlich ist ein Tausend-Meter-Lauf immer noch mehr als vier Sprints über hundert Meter.

Auf jede Aktion kann es eine genauso glückliche Reaktion geben. Herr Tolstoij ließ sich sein Dach von der Firmament Bau-AG herstellen und seine Decke von der Himmlische Maler KG bemalen und benutzte Desodorants, wenn er vor dem Fernsehen saß. War er aber wirklich glücklicher als Herr Schortstoi, dessen Fundament von der Styx Betonbau GmbH gelegt worden war, dessen Boden mit Lack der Firma Höllen-Farben gestrichen war, der Odorants benutzte, wenn er vor seinem Nahseher saß? Schmeckt ein Zwerg-Riesen-Klops wirklich besser als ein Riesen-Zwerg-Klops, wie uns die Industrie immer glauben machen will?

Es ist leicht herauszufinden, worin ihr übereinstimmt. Du mußt nur herausfinden, worin ihr nicht übereinstimmt. Seine Wünsche – seine Reaktionen, wenn du sie nicht erfüllst. Du kennst ihn erst dann richtig, wenn du ihn einmal ärgerlich gesehen hast.

Bei einer Scheidung ist es, als ginge man zu seiner eigenen Beerdigung. Der Rechtsanwalt liest die Totenmesse, für dich gibt es nichts zu tun. Laß ihn alles machen. Bleibe ruhig – wie es sich für einen anständigen Leichnam geziemt. Du findest dann leichter zum Leben zurück, wenn der Leichenschmaus vorüber ist.

Eine Frau in einem Minirock muß die Männer ständig aus den Augenwinkeln taxieren, und das ist ihre Hölle. Da gibt es die Männer, die den Blick abwenden, wenn sie mit ihr sprechen. Sie sind erschreckt und nur schwer zu bekommen. Da gibt es die, die mutig auf ihre Oberschenkel sehen, die aus ihrem Verlangen kein Hehl machen, und die, die verstohlen einen Blick riskieren, diese verkommenen Bürschchen. Dann gibt es die, die sehen nur in ihr Gesicht, die brauchen sie nicht. Dann gibt es die, die sehen ihr erst ins Gesicht, gleich darauf auf die Schenkel, für die ist sie in erster Linie Mensch und dann Sexualobjekt. Diejenigen, die wegsehen, können verführt werden, die Mutigen können ausgenutzt werden, die Heimlichen erniedrigt, die Respektvollen respektiert, die letzten geliebt. All das wird von ihr registriert und verarbeitet, ohne einen der Männer anzublicken und ohne ein Wort mit ihnen zu wechseln. Ist sie eine richtige Frau, fällt ihr das nicht schwer, und sie beherrscht es schon seit ihrer Kindheit. Zieht sie ihr Kleid übers Knie, so wartet sie auf etwas oder auf jemanden oder versucht, sich nach einem Kummer wieder zu fangen. In diesen Fällen bedarf sie seiner Blicke nicht und sucht sie deshalb auch nicht. Und der Mann weiß das, und wenn er ein richtiger Mann ist, weiß er es seit seiner Kindheit.

Frauen und ihre geheimnisvollen Wege. Meckern und keifen, dann einen Pullover für ihn stricken und gleich darauf sein Lieblingsessen kochen. Sie sagen, sie halten das nicht länger aus mit ihm, und nach einigen Minuten wollen sie für ewig bei ihm bleiben, nur weil er sagt: «Du siehst wundervoll aus heute morgen.» Doch wenn erst einmal Kinder da sind und euch aneinander binden, und wenn dann dies alles unwichtig geworden ist – was dann?

Das bei den Frauen verbreitetste Spiel geht folgendermaßen:

«Versprichst du mir, mich nicht zu küssen?»

«Ja.»

Sie gewinnt immer. Küßt er sie, bricht er sein Wort und ist nicht besser als all die anderen. Küßt er sie nicht, denkt sie: ‹Dieser abgetakelte Eunuch hat noch nicht einmal versucht, mich zu küssen.›

Wenn alles fehlgeschlagen ist, versuch es einmal mit diesem Zauberspruch, dann klappt's bestimmt.

«Wenn man alle Lobreden aller Liebender aller Zeiten verdreifacht, so reicht es noch nicht hin, deinen Liebreiz zu schildern. Die zehntausend Freuden aus tausend duftenden Nächten in einem Sack aus Rehhaut vereint, wären doch nur wie eine Maulbeere gegen einen Granatapfel, verglichen mit der Wonne, die ich in einem flüchtigen Augenblick von deinen Lippen küssen könnte.»

Wenn sie das nicht würdigt, so würdigt sie nichts, was du ihr anzubieten hast, und du bleibst ihr besser fern. Lacht sie (anerkennend), hast du schon halb gewonnen. Sie ist dir geneigt, du mußt dir nur noch etwas Besseres als Zugabe einfallen lassen. So ist das mit allen Zaubersprüchen.

Ein Orgasmus ist wie ein Raketenflug. Erst der Aufstieg,

dann das Abschalten und das gleißende Licht des goldenen Apfels, das zum Feuer der Sonne wird, und der strahlend blaue Himmel mit den weißen Wolken unter dir. Dann der großartige Abstieg, langsam am Fallschirm, bis die Erde wieder erscheint, Flüsse und Wiesen und vielleicht die Straßen einer Stadt. Du berührst leicht die Erde und federst wieder hoch, unsichtbar für das geruhsame Vieh am Fluß oder die unruhvoll vorüberhastenden Menschen. Du kommst wieder zur Erde, dann das langsame Abklingen und der tiefe, erfrischende Schlaf. Es ist Maireja, der Nektar der Ekstase, von Adhumbla oder Sabala, der magischen Kuh, die alles gibt, was man sich wünscht. Es platzt in deinen Geist wie Tchintamani, der glitzernde Edelstein der Wünsche. Das ist jedoch alles nur für uns, sagen die älteren Menschen, denn du würdest es viel zu sehr schätzen.

Kurze Sprüche

Je früher du dir neue Freunde suchst, desto eher hast du alte Freunde.

Die Geburtshelfer sagen, die Monatsblutung sei das Weinen einer enttäuschten Gebärmutter.

Das Wissen, daß der Weihnachtsmann nur der Vater ist, ist der Anfang der Weisheit. Das Wissen, daß dein Ehemann nur ein Weihnachtsmann ist, er also nicht jede Nacht da ist, ist das Ende.

Richtige Äpfel haben Maden. So wünschst du dir goldene. Aber wünscht du dir auch goldene Maden?

Dein Körper ist dein Freund. Behandle ihn nicht wie einen Feind.

Wenn du das nicht sehen kannst, was vor deinen Augen liegt, versuche herauszufinden, was dahinterliegt.

Zieh die großen Worte und die feierliche Miene ab, dann bleibt immer noch genug übrig. Kein Grund zur Aufregung also.

Sei bereit, andere Menschen zu finden, und andere werden dich finden.

Das Dumme an einer unangenehmen Frau ist, daß sie dich ärgerlich macht. Das Dumme an einer angenehmen Frau ist, daß sie dich statt dessen nachdenklich macht.

Drogen bringen uns neue Erlebnisse, aber kein neues Verständnis.

Manche Menschen halten nach der Angst Ausschau wie die Schweine nach den Trüffeln.

Sein Geist war voller Haß und voller Sinnlichkeit, denn er kannte die Liebe nicht.

Es gibt keine Probleme, nur Unentschlossenheit.

Im Mißerfolg aufzugeben ist schwieriger als im Erfolg.

Die Schamgegend ist das ewige Dreieck.

Wenn du nicht weißt, welches Mädchen du dir erwählen sollst, laß erst einen anderen wählen und wähle dann dieselbe.

Nach den Worten des Bhagavant gibt es acht Möglichkeiten, wie die Frauen die Männer fesseln: durch ihren Tanz, durch ihren Gesang, durch ihr Spiel, durch ihr Lachen, durch ihr

Weinen, durch ihr Aussehen, durch ihre Berührung und durch ihre Fragen.

Geschlechtskrankheiten sind deshalb so abscheulich, weil sie immer aus zweiter Hand kommen. Sie sind niemals neu. Auch wenn du sie in den oberen Kreisen erworben hast und wie ein Ehrenband trägst, wird ihre Herkunft dich bald ernüchtern, da sie in sehr vulgäre Bereiche fällt.

Wessen Seele von Medusas Haupt zu Stein verwandelt, bleibt ihr Sklave sein Leben lang.

Die Frauen sehen auf die Bäume, die Männer auf den Wald. Die Männer bauen, die Frauen möblieren.

In einem Wettkampf zwischen Hase und Igel ist man am besten ein siegreicher Hase.

Die verhängnisvollste Einstellung für eine Frau ist diese: «Ich suche einen Mann, aber du bist mir nicht gut genug.» Sei entweder nicht so pingelig oder nimm, was kommt.

Ein Liebespaar ist leicht von einem Ehepaar zu unterscheiden. Die Gesichter des Liebespaares sind gespannt, wenn sie zuhören, sie sagen: «Du . . .» Die Gesichter des Ehepaares sind entspannt, sie sagen: «Ich . . .», nicht aus Egoismus, sondern entweder aus einem Gefühl des Unbehagens oder aus einem Gefühl des Behagens heraus.

Der Tochter Gehorsam. Die Mutter sagte, sie solle vorsichtig sein, ihre Überschuhe anziehen, damit sie keine nassen Füße bekommt. Sie sagte ihr auch, sie solle sich ins Wasser stürzen. Und da sie ein braves Mädchen war, trug sie ihre Überschuhe, als sie ins Wasser sprang.

Freud wußte die Antworten. Wenn du von der Sexualität etwas nicht weißt, nenn es nicht schrecklich oder geheimnisvoll. Schlag nach bei Freud, da steht alles drin.

Warum wird so viel über die Sexualität geschrieben? Weil sie dazu da ist, daß wir sie erleben, nicht daß wir sie beschreiben. Man kann sich an alle Einzelheiten vorher erinnern, will man sich aber an einen Orgasmus erinnern, zerfließt er. Die sich erinnern wollen, hatten keinen echten. Ein Orgasmus, an den man sich erinnert, ist wie eine Pastete, an der jemand ein Stück herausgeschnitten hat, um es als Souvenir mit nach Hause zu nehmen.

Kein Mann ist für den Psychiater seiner Frau ein Held.

Männer wollen männlicher sein als der Mensch, mit dem sie leben. Manche Frauen auch.

Ehevermittlungen bieten getrocknete Liebe. Ein bißchen Flüssigkeit dazu und du kannst dir Sexualität daraus machen. Sexualität von der Stange ist nicht so gut wie maßgeschneiderte.

Manche Männer sind wie Schneemänner. Man macht sich ein Bild von ihnen und dann schmilzt es dahin.

Da Kämpfen und Sex sich nicht vertrugen, gaben sie den Sex auf.

Beide sind schlecht dran, wenn sie den Akt unterbricht, um an seiner Brust ein paar Haare auszureißen und ihm ihre Sorgen zu klagen. Sie ist eine Neurotikerin, er hat eine zur Frau.

«Mit der würde ich gern schlafen» (obwohl sie ihn wahrscheinlich gar nicht ließe), tadelt die Frau für seine Impotenz oder sein so wenig anziehendes Äußeres.

Unbequeme Frauen sehen das Leben als einen Boxkampf an. Sie ‹führen› mit den Brüsten, dem Gesäß, der Scheide oder auch mit dem Gehirn, und immer machen sie Scheinangriffe.

Die Arbeitsleistung eines Mannes hängt oft vom Menstruationszyklus seiner Frau ab.

In einem Auto erinnert man sich an Unfälle. Zu Fuß wird man in sie verwickelt. Ein Auto fährt vorüber, zu Fuß ist man dabei. Das ist auch der Unterschied zwischen Sexualität und Liebe.

Wie uns Havelock Ellis versichert, muß man nur auf die Kleider der Prostituierten in diesem Jahr sehen, um zu wissen, wie die Mode im nächsten Jahr aussehen wird.

Etwas, was nicht alle Frauen über Männer und Kleider wissen. Wenn ein Rock zwei oder mehr Farben unter sich verbirgt, so wie Strümpfe, Beine oder anderes, beginnt die Sexualität dort, wo die Farben ineinander übergehen und wächst dort, wo die Farben sich wieder ändern.

Spaghetti allein schmecken immer gleich. Die Soße erst macht den Unterschied.

Eine Romanze gibt es, wenn eine Frau die Macht einer Frau über einen Mann hat und wenn sie zur Freude beider für ihn wichtiger wird als alles sonst.

Komm niemals zu früh zurück, denn ‹Auf Wiedersehen› ist ein Versprechen, daß du nicht so schnell wiederkehrst.

Ein Zeichen dafür, daß ein Mann den ersten Frühling hinter sich hat, sind die Haare, die ihm aus den Ohren wachsen. Ein sicheres Zeichen ist es aber, wenn er bei Tisch über Geld spricht und nicht über Frauen.

Sex sollte alle Sinne ansprechen: den Gesichtssinn, den Gehörsinn, den Geruchssinn, den Geschmackssinn, den Temperatursinn, den Tastsinn. Mach ihn nicht schlecht, bevor du ihn nicht ausprobiert hast. Er ist wie Geld. Haßt du keines, bist du wohl unglücklich, bis du welches hast. Hast du aber erst Geld, ist es gar nicht wichtig, wieviel du hast, wichtig ist, was du damit machst. Wozu du es benutzt, zeigt, was für ein Mensch du bist.

Hier einige Farben, wie sie im Orgasmus auftauchen können: champagnerfarben, ganz bunt mit einem weißgrauen Nachklingen, rot und blau, grün, beige und blau, rot, blau und goldfarben. Manche Menschen haben jedoch nie solche Farbempfindungen, weil sie nur ‹kleinkariert› sind.

Traurige Sprüche

Die Männer steckten ihren Schwanz in ihre Scheide und zogen ihn wieder zurück, weder kannte sie die Männer noch die Männer sie.

Nach ihrem Ausflug ins Kinsey-Land zog sie sich auf das Eiland der Einehe zurück.

Als sie lebte, wollten Millionen sie Tag für Tag sehen, als Tote lag sie viele Tage lang unerkannt im Leichenhaus.

Das Leben ist ein Kinderspiel. Als erstes rechnet man sich das wahrscheinliche Ergebnis verschiedener Lebenswege aus. Dann sucht man sich den besten aus oder den, der am wenigsten Ärger bringt. Nur wenn man Sicherheit wünscht, dann wird es schwierig, denn die gibt es nicht. Manchmal läuft es auch auf die Frage hinaus, welche von den Dingen, die man nicht gern macht, dennoch in Angriff genommen werden sollten. Ein Beispiel: Jeder Mann muß sich jeden Tag entscheiden, ob er lieber seine Hoden abschneiden läßt oder ob er sich lieber ganz umkrempeln läßt.

Es ist leichter, den Menschen den Tod als das Leben zu verkaufen. Daher können Versicherungskaufleute auch ehrbarer sein als Verkäufer von Lexika.

Wie soll man sich zum Tod stellen? Alles zu Ende bringen und dann auf ihn warten wie ein faulender Baumstumpf? Oder alles ohne Abschluß lassen und mit einem Bedauern sterben? Die Kunst zu leben besteht darin, wie ein Prinz über die Erde zu gehen und Äpfel zu verteilen, wo immer man geht. Die Kunst zu sterben besteht darin, seinen eigenen Apfel genau im richtigen Moment verspeist zu haben und dann zu sagen: «Ich bin zufrieden, der Rest ist für euch, um euch bei meinem Leichenschmaus zu ergötzen.»

Kritische Schlußbemerkung

Liebe ohne Verantwortung ist eine Reise in sich selbst. Wer sagt, er liebe die Menschen, sich aber um seinen Nachbarn einen Dreck kümmert, der liebt in Wirklichkeit nur seine eigene Haut. Liebe in Verantwortung ist erst wahrhaft beglückend. Dann ist man aus seiner Abgeschlossenheit und Selbstbezogenheit herausgekommen in die wahre Welt der Liebe. Der Tanz auf einem Vulkan mag zwar ein Riesenvergnügen bereiten – aber was soll's? Wenn man LSD genommen hat, erinnert auch das gewinnendste Lächeln nur an eine Zahnpastareklame. Wer sich aufmacht und die Welt sieht und liebt, wie sie ist, der kennt auch ihre Schönheit. Nur das zählt, was man nach dem Ball macht.

Im anderen Menschen leuchtet ein Stern, von fern anzusehen wie die winzige Flamme einer unerschrockenen Seele, und doch so hell, daß man sich ihr nur mit viel Mut und ehrlichem Sinn nähern kann. Jeder Mensch hat seinen inneren Kreis, in dem er allein lebt, kein anderer Mensch hat Zugang zu diesem inneren Kreis, auch nicht der vertrauteste. Die Intimität gehört in den äußeren Kreis, aus dem Hohn und Spott verdammt sind.

Anhang

Die Klassifizierung zwischenmenschlicher Beziehungen

Einleitung

Eine Struktur-Analyse – die Zerlegung der menschlichen Persönlichkeit in Eltern-, Erwachsenen- und Kindheits-Ich-Zustände – bietet eine solide theoretische Grundlage zur Klassifizierung zwischenmenschlicher Beziehungen, sowohl logisch als auch empirisch.

Die Psychoanalyse befaßt sich mit den Mechanismen und Trieben und klärt das Wesen der Übertragungsbeziehungen auf, doch bietet sie keine systematische Klassifizierung, die außerhalb des Behandlungszimmers Anwendung finden könnte. Anthropologische Klassifizierungen beruhen auf formalen, vertraglichen oder verwandtschaftlichen Beziehungen innerhalb von Clans, Stämmen oder Völkern. Die juristische Klassifizierung ist rein pragmatisch. Sie soll rechtliche Sachverhalte klären, Anordnungen und Sanktionen festlegen. Keine von allen bietet die Möglichkeit zu einer folgerichtigen, überzeugenden und umfassenden Klassifizierung der informellen Beziehungen des täglichen Lebens. Keine von ihnen ist auch psychologisch zwingend und exakt genug, um sinnvolle Vorhersagen für derartige Beziehungen zu gestatten. Vorhersage ist eines der hauptsächlichen Ziele und Anliegen des strukturellen Zugangs zur Persönlichkeit in der Transaktionsanalyse.

Im 4. Kapitel dieses Buches haben wir in einfacher Form über beobachtbare Phänomene gesprochen, wir reduzierten vielfach miteinander verknüpfte Sachverhalte auf einfache

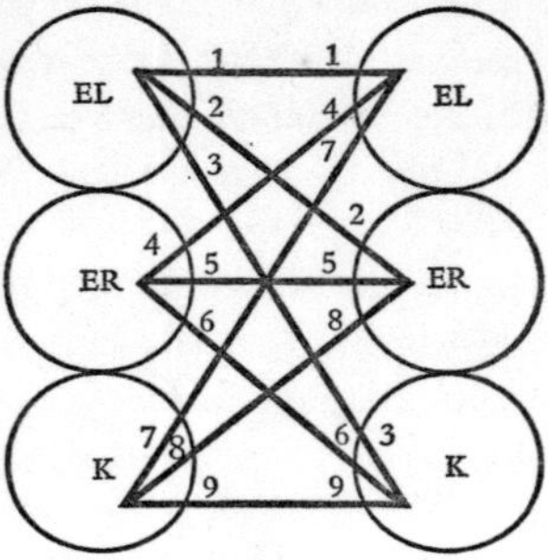

Das Beziehungs-Diagramm

ABBILDUNG 15

Diagramme. Ein apriori logischer Zugang setzt uns in die Lage, eine folgerichtige und systematische Serie von Modellen zu entwickeln, mit denen die Beziehungen im Leben verglichen werden können. Wir werden uns hier auf dyadische Beziehungen beschränken – also auf solche zwischen zwei Menschen, obwohl die Theorie umfassend genug ist, um bei Bedarf auch verzweigtere Beziehungen zu erfassen. Ist die Anzahl der Personen groß genug für eine Party, eine Großgruppe oder eine Organisation, dann treten neue Erscheinungen auf. Solche sozialen Gemeinschaften (strenggenommen müssen mindestens drei Menschen beteiligt sein) sind das Thema eines früheren Buches.[72] Die vorliegende Klassifizierung soll also die Lücke schließen zwischen der Individualpsychologie und der Gruppendynamik, indem sie sich mit Beziehungen befaßt, an denen zwei Menschen beteiligt sind.

Arten von Beziehungen

1. *Einfache direkte Beziehungen.* Einfache direkte Beziehungen sind solche, die in jeder beteiligten Person nur einen aktiven Ich-Zustand einschließen. Abbildung 15 (sie ist mit

Abb. 2 identisch) zeigt uns, daß neun solcher Beziehungen möglich sind und daß sie in zwei verschiedene Arten zerfallen: einmal in solche, in denen die Vektoren waagerecht verlaufen und in solche, in denen diese Vektoren schräg sind.

Eine Beziehung, in der die Vektoren waagerecht verlaufen, ist eine symmetrische Beziehung. Beide Personen sind hier mit demselben Ich-Zustand beteiligt, diese liegen auf derselben Ebene, es besteht ein zweiseitiger reziproker Kontrakt.

Eine Beziehung, in der die Vektoren schräg sind, ist eine asymmetrische Beziehung. Hierbei sind beide Personen mit verschiedenen Ich-Zuständen beteiligt, diese liegen also nicht auf derselben Ebene, der Kontrakt ist schräg. Aus der Abbildung ist ersichtlich, daß es drei symmetrische Beziehungen gibt (1, 5, 9) und sechs asymmetrische (2, 3, 4, 6, 7, 8).

An einer Familie lassen sich die beiden verschiedenartigen Beziehungen veranschaulichen. Zumindest im Prinzip stehen die Eltern untereinander in symmetrischer Beziehung, jeder Elternteil zu den Kindern in asymmetrischen Beziehungen. Diese Feststellung erbringt uns unmittelbaren Nutzen, denn in einem Fall, in dem beide Feststellungen nicht zutreffen, können wir annehmen, daß ‹etwas faul ist›. Davon ausgehend können wir weitere Untersuchungen anstellen und schließlich sogar auf sekundäre Fragen eingehen, etwa: Unter welchen Bedingungen ist es für Mann und Frau zuträglich, eine asymmetrische Beziehung zueinander zu haben? oder: Unter welchen Bedingungen ist es für Eltern und Kinder verhängnisvoll, eine asymmetrische Beziehung zueinander zu haben? Es ist hervorzuheben, daß diese Gleichheit keine soziale oder berufliche Gleichheit ist, sondern eine psychologische Gleichheit, das heißt, es werden gleiche Ich-Zustände erfaßt. Zum weiteren Verständnis wollen wir uns die Abbildung 16 ansehen, die die möglichen einfachen Beziehungen zwischen Mann (M) und Frau (F) darstellt, und die Abbildung 17, die die möglichen einfachen Beziehungen zwischen einem Elternteil (E) und den Nachkommen (N) darstellt.

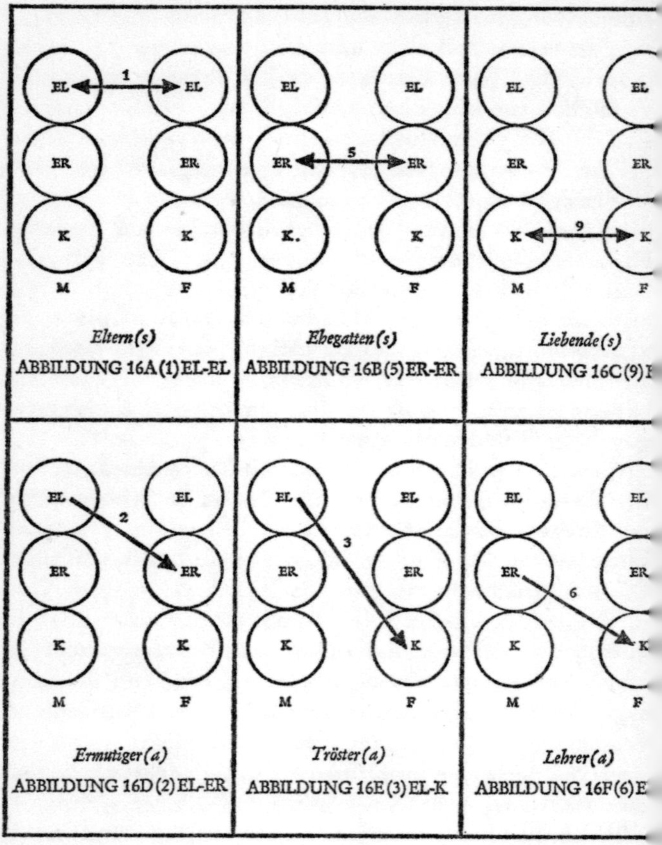

Eltern (s)
ABBILDUNG 16A (1) EL-EL

Ehegatten (s)
ABBILDUNG 16B (5) ER-ER

Liebende (s)
ABBILDUNG 16C (9)

Ermutiger (a)
ABBILDUNG 16D (2) EL-ER

Tröster (a)
ABBILDUNG 16E (3) EL-K

Lehrer (a)
ABBILDUNG 16F (6) E

A. Beziehungen zwischen Mann (M) und Frau (F)

Symmetrische Beziehungen (s)

1. (EL–EL) Diese Beziehung stellt Elternteile dar, die als Eltern handeln (Eltern, Abb. 16 a).
5. (ER–ER) Das Diagramm stellt dieselben Personen dar als Mann und Frau, die ein praktisches Problem lösen (Ehegatten, Abb. 16 b).
9. (K–K) Das stellt sie als Liebende oder Spielgefährten dar (Abb. 16 c).

Asymmetrische Beziehungen (a)

2. (EL–ER) Das zeigt den Gatten, der seine Ehefrau bei einer praktischen Tätigkeit ermuntert (Ermutiger–Tätige, Abb. 16 d).
3. (EL–K) In dieser Beziehung tröstet der Ehemann seine Frau (Tröster–Verdrossene, Abb. 16 e).
6. (ER–K) Hier zeigt der Mann der Frau, wie eine Aufgabe, vor der sie Angst oder Abscheu hat, gemacht wird (Lehrer–Schüler, Abb. 16 f).

Die restlichen drei Vektoren (4, 7, 8) sind die Umkehrungen der drei vorhergehenden (2, 3, 6).

B. Beziehungen zwischen Eltern (E) und Nachkommen (N)

Symmetrische Beziehungen (s)

5. (ER–ER) Ein Kind und ein Elternteil gleichberechtigt bei der Arbeit (Mitarbeiter, Abb. 17 a).
9. (K–K) Ein Elternteil, das mit dem Kind auf dem Niveau des Kindes spielt (Spielgefährten, Abb. 17 b).
1. (EL–EL) Diese Bezeichnung kann ebenfalls vorkommen, etwa in Familien, in denen das älteste Kind die Stelle eines fehlenden Elternteils eingenommen hat.

Asymmetrische Beziehungen (a)

3. (EL–K) Sie stellt einen Elternteil dar, der ein Kind ermutigt oder kritisiert oder zurechtweist (Kritiker–Kritisierter, Abb. 17 c).
6. (ER–K) Sie stellt einen Elternteil dar, der dem Kind rät oder es belehrt (Ratgeber–Schüler, Abb. 17 d).

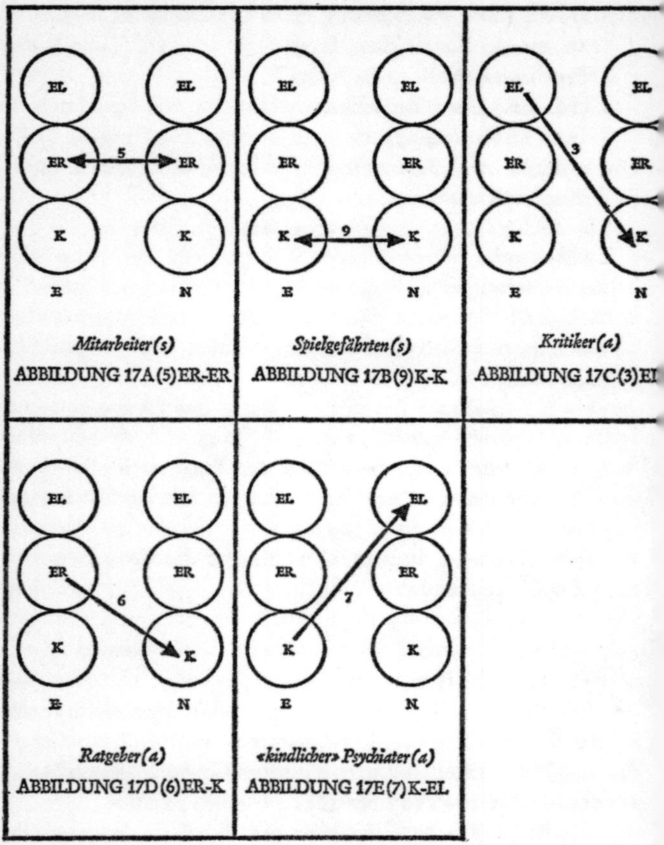

Mitarbeiter (s)
ABBILDUNG 17A (5) ER-ER

Spielgefährten (s)
ABBILDUNG 17B (9) K-K

Kritiker (a)
ABBILDUNG 17C (3) EL

Ratgeber (a)
ABBILDUNG 17D (6) ER-K

«kindlicher» Psychiater (a)
ABBILDUNG 17E (7) K-EL

7. (K–EL) Die Bezeichnung eines bekümmerten Elternteils zu einem Kind, das Trost spenden soll (‹kindlicher› Psychiater, Abb. 17 e).
2. (EL–ER) Diese Beziehung ist dieselbe wie bei Mann und Frau (Abb. 16 b).

Die anderen zwei Beziehungen (Abb. 15; Vektoren 4 und 8) sind selten oder anomal.

Zwei Kinder untereinander können jede der neun möglichen Beziehungen haben, drei symmetrische (in diesem Fall könnte man ‹Zwillingsbeziehung› sagen) und sechs asymmetrische (die man als Beziehungen zwischen jüngeren und älteren Geschwistern ansehen könnte).

So sind in einer Familie mit zwei Kindern folgende einfache dyadische Beziehungen möglich: neun zwischen Mann und Frau, neun zwischen dem Vater und jedem Kind (das sind insgesamt also achtzehn), neun zwischen der Mutter und jedem Kind (das sind ebenfalls achtzehn), neun zwischen den Kindern. Das sind alles in allem 54 verschiedene Beziehungen, die alle leicht erkennbar sind und alle für Verschiedenes stehen. In einer solchen Familie können die Dreierbeziehungen ebenso systematisch und exakt und gewinnbringend analysiert werden. Die Schwierigkeiten, die dabei auftreten, sind nur schematischer Natur. Für Viererbeziehungen gilt dasselbe.

Das ergibt den gesamten Bereich der einfachen Beziehungen, die auch ohne große Schwierigkeiten auf soziale Beziehungen außerhalb der Familie übertragen werden können.

2. *Einfache indirekte Beziehungen.* Eine einfache indirekte Beziehung liegt dann vor, wenn jeder Teilnehmer nach außen hin zwar nur einen Ich-Zustand agieren läßt, aber vorher einen internen Dialog mit einem anderen Ich-Zustand abgehalten hat. Beispiele dafür in diesem Buch sind der ‹Respekt›, die ‹Bewunderung› und die ‹Unzucht›. Beim Respekt gibt es erst einen internen Dialog zwischen Kind und Erwachsenem, bevor der Erwachsene in Aktion tritt. Bei der Bewunderung geht eine Beratung zwischen dem Erwachsenen und

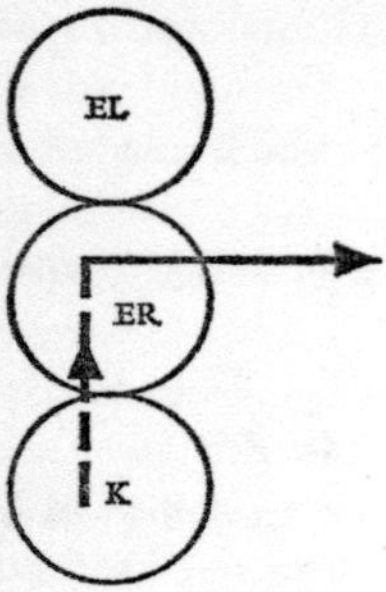

Kind-programmierter Erwachsener

Respekt

ABBILDUNG 18A

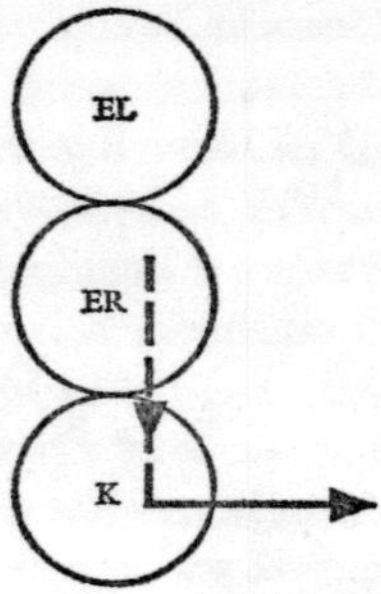

Erwachsenen-programmiertes Kind

Bewunderung

ABBILDUNG 18B

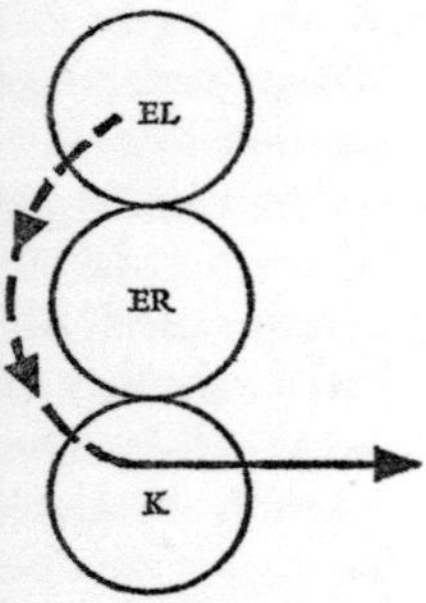

Eltern-programmiertes Kind

Unzucht

ABBILDUNG 18C

dem Kind voraus, bevor das Kind sich auf den Weg macht. Bei der Unzucht ist eine vorherige stille Transaktion zwischen Eltern abgelaufen, wobei der Elternteil das Kind vorwärts drängt. Diese drei Beziehungen sind in Abbildung 18 dargestellt. In der Technik werden solche Vorgänge Programmierung genannt. Abbildung 18a zeigt einen Kind-programmierten Erwachsenen, Abbildung 18b ein Erwachsenen-programmiertes Kind, Abbildung 18c ein Eltern-programmiertes Kind.

3. *Zusammengesetzte Beziehungen.* Eine zusammengesetzte Beziehung ist eine Beziehung, die mehr als zwei aktive Ich-Zustände zur Aufrechterhaltung braucht. Es sind dies die intimeren und dauerhafteren Beziehungen im menschlichen Leben. Beziehungen in der Familie müssen zusammengesetzt sein, sollen sie von Dauer sein. In unserer obigen Analyse der Familie haben wir die tatsächlich bestehenden zusammengesetzten Beziehungen, die über einen beliebig langen Zeitraum bestehen können, in eine Reihe einfacher Beziehungen zerlegt, die für eine kürzere Zeitdauer bestehen können.

‹Gefährten›, ‹Freundschaft› und ‹Intimität› sind zusammengesetzte Beziehungen, die ich bereits beschrieben habe. Die Ich-Zustände der beiden Beteiligten können unter dem Druck verschiedener Umstände wechseln, so daß auf lange Sicht alle sechs das eine oder andere Mal beteiligt gewesen sein können. Zusammengesetzte Beziehungen können ebenfalls direkt sein oder indirekt mit innerer Konsultation.

Diskussion

Um den Wert dieses Klassifizierungssystems aufzuzeigen, möchte ich zwei Beispiele für Vorhersagen anführen.

A. Einfache Beziehungen, sowohl direkte als auch indirekte, funktionieren gewöhnlich reibungslos, bis sie sich erschöpft haben. Teilnehmer einer Party können sich gegenseitig bedauern (EL–EL, 1), sich miteinander vergleichen (ER–ER, 5), miteinander flirten (K–K, 9) oder sich trösten (EL–K, 3). Sie können damit ohne Schwierigkeit so lange fortfahren, bis einer der beteiligten Ich-Zustände erschöpft ist, woraufhin die Teilnehmer auseinandergehen. In einem Büro können Menschen über einen längeren Zeitraum miteinander arbeiten (ER–ER, 5), reibungslos und ohne einen Zwischenfall, und das Jahr für Jahr. Gewöhnlich werden sie aber froh sein, wenn der Feierabend kommt und sie sich trennen. Zwischenfälle gibt es erst, wenn ein anderer als der vertraglich verpflichtete Erwachsenen-Ich-Zustand mit einbezogen wird und somit eine zusammengesetzte Beziehung entsteht.

Das folgende Beispiel zeigt das. Eine Gruppe traf sich jede Woche zu geistreichen Diskussionen. Sie hatte keinen Leiter, alle Teilnehmer waren stark motiviert. Die Sache ging ein Jahr lang gut, doch dann wurden die Teilnehmer widerspenstig. Sie wollten aber dennoch auch weiterhin zusammenkommen. Der Transaktionsanalytiker, zu dem sie kamen, sah keine Möglichkeit für die Gruppe, weiter in dem gegenwärtigen Erwachsenen-Erwachsenen-Kontrakt zu verbleiben. Er empfahl zuerst, einen starken Gruppenleiter zu suchen, doch das lehnten sie ab. Daraufhin empfahl der Analytiker, die Gruppe in eine ‹Gruppe für Begegnung› umzuwandeln, wodurch der Kontrakt so geändert würde, daß auch die Eltern und das Kind sich beteiligen könnten. Die einfache Beziehung, die sie bisher hatten, wurde zu einer zusammengesetzten Beziehung. Die Gruppe existierte ein weiteres Jahr, bis wieder andere Schwierigkeiten aus der ‹Begegnung› entsprangen, was vorauszusehen war. Dies überzeugte die Gruppenmitglieder von der Notwendigkeit eines starken Leiters.

Das grundlegende transaktionelle Prinzip kann folgendermaßen dargelegt werden: In einer einfachen Beziehung gibt es keine Möglichkeit überkreuzter oder ähnlicher Transaktionen, denn diese erfordern mehr als die Beteiligung nur eines Ich-Zustandes. So wird die Kommunikation reibungslos immerfort funktionieren, wenn nicht (bzw. bis) eine Erschöpfung eintritt. Eine Erschöpfung kann vermieden werden, indem neue Ich-Zustände zugelassen werden, wodurch eine zusammengesetzte Beziehung entsteht. Gewöhnlich führt das aber zu Spielen, mit denen man sich dann befassen muß.

B. Zusammengesetzte Beziehungen erbringen gewöhnlich Mißverständnisse, Transaktionen über Kreuz und Spiele, die alle zu ‹Zwischenfällen› führen. Sie haben eine größere Chance zu überdauern, weil sich in ihnen bessere Befriedigungsmöglichkeiten ergeben als in einfachen Beziehungen. Das transaktionelle Prinzip sieht wie folgt aus: In einer zusammengesetzten Beziehung ist die Kommunikation gewöhnlich mehrmals gestört. Sie wird aber immer wieder aufgenommen, weil es sich immer wieder auszahlt.

Um noch einmal zusammenzufassen: Eine einfache direkte Beziehung umfaßt nur zwei aktive Ich-Zustände. Eine einfache indirekte Beziehung umfaßt zusätzlich ein oder mehrere latente Ich-Zustände. Beide Beziehungen können sowohl symmetrisch als auch asymmetrisch sein. Eine zusammengesetzte Beziehung umfaßt mehr als zwei aktive Ich-Zustände, auch sie kann symmetrisch oder asymmetrisch sein. ‹Gefährten› und ‹Freunde› haben zusammengesetzte symmetrische Beziehungen, die Beziehung Roger–Susan, von der früher die Rede war, war eine zusammengesetzte asymmetrische Beziehung. Die Einteilung erfolgt also nach den folgenden drei Gesichtspunkten:

einfach	symmetrisch	direkt
zusammengesetzt	asymmetrisch	indirekt

Eine einfache symmetrische direkte Beziehung ist die einfachste Form. Eine zusammengesetzte asymmetrische indirekte Beziehung ist die komplizierteste Form. Sie bietet die meisten Möglichkeiten für Spiele und andere Formen hintergründiger Beziehungen.

Anmerkungen

1 *Medical Aspects of Human Sexuality.* Hg. von Th. Bawer und D. M. Reed, zusammen mit weiteren beratenden Mitarbeitern. Erscheint monatlich. Adresse: 18 East 48 Street, New York, N. Y. 10017

2 SIECUS. Adresse: 1885 Broadway, New York, N. Y. 10023

3 G. Sussman: *The Official Sex Manual.* G. P. Putnam's Sons, New York 1965

4 E. Schoenfeld: *Dear Doctor Hip Pocrates.* New York 1969 (Grove Press)

5 E. Berne: *Primal Images and Primal Judgments,* in: *Psychiatric Quarterly* 29 (1955), S. 634–658

6 Siehe S. Ferenczi: *On Obscene Words,* in: *Sex in Psychoanalysis.* Boston 1916 (Badger)

7 S. Freud: *Der Witz und seine Beziehung zum Unbewußten.* 1905

8 G. Legman: *Rationale of the Dirty Joke.* New York 1968 (Grove Press)

9 Siehe das Symposium: *What is the Significance of Crude Language During Sex Relations?,* in: *Human Sexuality* 3 (August 1969), S. 8–14

10 E. Berne: *Transactional Analysis in Psychotherapy.* New York 1969 (Grove Press)

11 Eines der bekanntesten Handbücher ist gleichzeitig eines der sentimentalsten, nämlich: Th. H. van de Velde: *Die vollkommene Ehe.* 1926

12 Die physiologischen Aspekte der Sexualität beleuchten W. H. Masters und V. E. Johnson in ihrem Buch: *Die sexuelle Reaktion.* Frankfurt am Main 1967, auch als Taschenbuch der Reihe rororo sexologie erschienen. Reinbek 1970 (Nr 8032/8033). Die amerikanische Ausgabe *Human sexual Response* erschien 1966

13 Der Marquis de Sade ist immer noch der unübertroffene Meister solcher Literatur. D. A. F. de Sade: *Ausgewählte Werke.* 1962

14 Das *Kamasutra* des Vatsyayana, nach der berühmten Ausgabe von Sir Richard Burton und F. F. Arbuthnot. München 1970 (Heyne Exquisit Taschenbuch)

15 *Der Duftende Garten* des Scheich Nefzaui. München 1971 (Heyne Exquisit Taschenbuch)

16 S. O'Callaghan: *The Slave Trade Today.* New York 1961. Dieses Buch enhält u. a. einen Bericht über die Debatte vom 14. Juli 1960 im britischen Oberhaus über dieses Thema

17 G. Legman: *Oragenitalism.* New York 1969 (Julian Press). Es ist fast nicht zu glauben, daß man über dieses Thema eine Monographie von 300 Seiten schreiben kann, ohne langweilig, banal oder laszív zu werden. Und doch ist es Legman gelungen. Möglicherweise sind andere Bücher über dieses Thema ebenso gut, vielleicht ist Weckerles *Buch der Liebe* sogar besser (ich kenne es nur nicht)

18 Masters und Johnson behaupten – und beweisen es auch –, daß es keinen Unterschied zwischen einem klitoralen und einem vaginalen Orgasmus bei der Frau gibt, wie die Psychoanalytiker bisher angenommen haben

19 Es gibt in den USA eine große Anzahl von Organisationen, die sogenannte Begegnungsgruppe oder ‹Marathons› ins Leben rufen. In solchen Gruppen werden die Orgasmen von allen Seiten beleuchtet und besprochen, und zwar in einem solchen Jargon, wie ich ihn hier zitiert habe. Siehe auch: R. Hartogs und H. Fantel: *Four-Letter Word Games: The Psychology of Obscenity.* New York 1967. In diesem Buch finden sich für den Interessenten weitere Literaturhinweise

20 S. Freud: *Die Traumdeutung.* 1900

21 C. Fisher, J. Gross und J. Zuch: *A Cycle of Penile Erections Synchronous with Dreaming (REM) Sleep,* in: *Archives of General Psychiatry* 12 (1965), S. 29–45. Die Autoren fanden in 95 Prozent der untersuchten 86 REM-Phasen bei 17 Versuchspersonen Erektionen

22 Hermann Braus (*Anatomie des Menschen.* Berlin 1924, 2. Bd., S. 479) schreibt über die paarigen Mm. ischiocavernosi: «Die Muskeln pressen beiderseits auf die Crura der paarigen Schwellkörper und drängen in diesen das Blut noch vorne, ... die Erektion des vorderen Abschnitts des Gliedes wird dadurch begünstigt. Insofern ist der oft verwendete Beiname ‹M. erector penis› nicht unbegründet, aber die Haupttätigkeit bei der Erektion fällt nicht dem Muskel zu,

sondern dem Gefäßapparat.» Die Hauptgegner der Ischiocavernosus-Theorie der Erektion sind Masters und Johnson. Sie schreiben in ihrem Buch *Die sexuelle Reaktion* (S. 163): «Früher glaubte man, daß die Kontraktion des Musculus ischiocavernosus durch die sekundäre venöse Stauung zur Erektion beitragen würde. Diese Meinung wird heute kaum noch vertreten.» D. W. Fawcett hingegen, Professor für Anatomie an der Harvard University, unterstützt in seinem Artikel über die Fortpflanzungsorgane in der *Encyclopaedia Britannica* (1967) die Ischiocavernosus-Theorie. Die Sachlage ist also alles andere als geklärt, das zeigt sich auch in der Wortwahl bei Masters und Johnson, wenn sie schreiben: «Die Penisvenen *sollen* Klappen besitzen, die den Blutabfluß verlangsamen.» (a. a. O., S. 163). V. E. Henderson und M. H. Roepke schreiben in ihrem Artikel *On the Mechanism of Erection* (*Amer. J. Physiol.* 106 [1933], S. 441–448): «Die Erektion entsteht nicht durch eine von quergestreiften Muskeln hervorgerufene Kompression der ableitenden Venen.» Die Autoren beobachteten eine Vasodilatation bei Reizung entsprechender Nerven, was über eine lokale Hormonausschüttung vor sich gehen soll. Dennoch schließen sie einen Einfluß des M. ischiocavernosus nicht gänzlich aus. Sie berichten von «schnellen spontanen Kontraktionen der Mm. ischiocavernosi», denen jeweils eine «Volumvergrößerung des Penis nachfolgte». Die Frage der Erektionsmechanismen muß somit auch heute noch letztlich als ungeklärt angesehen werden

23 Diese einfache Untersuchungsmethode wurde von James Daly vom St. Mary's Hospital in San Francisco vorgeschlagen. Die Frage, was passiert, wenn das Gummiband nach der Erektion angelegt wird, bleibt für beherztere ‹Forscher›. Wird dabei die Erektion unbegrenzt aufrechterhalten, auch wenn alle anderen unterstützenden Reize entfallen? Und was geschieht, wenn dieses Band nach der Ejakulation bei noch bestehender Erektion angelegt wird? Ich möchte es nicht versäumen, Amateurforscher zur Vorsicht zu ermahnen. Denn es mag u. U. nicht zuträglich sein, dieses Band während der Ejakulation liegen zu lassen, weil dadurch der Samen in die Blase getrieben wird. Diese Methode war einst beliebt im Orient und Arabien. Eine gewisse Skepsis ist aber durchaus am Platz, da die Auswirkungen zumindest zweifelhaft, wenn nicht schädlich sind

24 François de la Peyronie (1678–1747). Die Frage der Supererektion, bei der sich die Eichel nach oben hebt, ist nicht völlig geklärt. Eine Dame, die über solche Sachen gut Bescheid weiß, sagte mir,

daß dies ihrer Meinung nach ein normales Zeichen einer überstarken Erregung sei. Andererseits ist die Supererektion ein Symptom der Peyronieschen Krankheit (Induratio penis plastica = Penisverhärtung), sie wird dann verschiedentlich einer Verletzung, Veränderungen der Vakuolen, einer länger dauernden Abstinenz oder fehlender Befriedigung zugeschrieben. Manchmal ist die Biegung so stark ausgeprägt, daß eine Immissio penis erschwert oder gar unmöglich ist. Bei der Peyronieschen Krankheit ist die Erektion gewöhnlich schmerzhaft. Die verhärteten Stellen sind tastbar, können manchmal aber auch spontan verschwinden (*Human Sexuality* 2 [September 1968], S. 56 f). Eine ähnliche Krümmung zeigt sich bei Luftballonen, die übermäßig stark aufgebläht werden. Vielleicht ist die Supererektion auf unterschiedliche Elastizität des Gewebes des Penis zurückzuführen. Siehe dazu: J. F. Glenn: *Curvature of the Penis,* in: *Human Sexuality* 3 (Februar 1969), S. 83

25 Es ist naturgemäß schwierig, Beispiele solcher sexuellen Synästhesien zu sammeln. Ich wäre daher jedermann dankbar, der mir seine Erfahrungen mitteilte

26 G. Legman: *Oragenitalism.* New York 1969

27 Siehe Kapitel 6, Abschnitt: Körperlicher Kontakt und körperliche Gesundheit

28 E. Berne: *Spiele der Erwachsenen.* Reinbek 1967 (Rowohlt)

29 I. L. Maizlish: *The Orgasm Game,* in: *Transactional Analysis Bulletin* 4 (Oktober 1965), S. 75

30 Ch.-L. Philippe: *Bubu von Montparnasse.* 1901, deutsch 1920

31 I. L. Maizlish: *The Orgasm Game,* in: *Transactional Analysis Bulletin* 4 (Oktober 1965), S. 75

32 E. Berne: *Transactional Analysis in Psychotherapy.* New York 1969 (Grove Press)

33 Es gibt Beispiele, daß ‹Siechenstationen› in Heime umgewandelt worden sind, in denen jeder seine Beschäftigung hatte. Die Kranken lagen nicht mehr teilnahmslos in ihren Betten und warteten auf den Tod. Sie konnten wieder Freude empfinden und fanden zurück zum Leben. Natürlich erwartete sie nach wie vor der Tod, doch der erwartet jeden Menschen. Siehe auch: *Terminal Cancer Ward: Patients Build Atmosphere of Dignity,* in: *Journal of the American Medical Association* 208 (26. Mai 1969), S. 1289. Weiterhin: S. C. Klagsbrun: *Cancer, Emotions, and Nurses.* Summary of Scientific Proceedings, 122nd Annual Meeting, American Psychiatric Association, Washington 1969

34 K. Lorenz: *Er redete mit dem Vieh, den Vögeln und den Fischen.* 1949 (1964 als dtv-Taschenbuch. 173)

35 Diese Darstellung des Symbolismus unterscheidet sich von der psychoanalytischen Betrachtungsweise, wie sie in dem klassischen Aufsatz von Ernest Jones zum Ausdruck kommt: *The Theory of Symbolism,* in: E. Jones: *Papers on Psycho-Analysis.* Boston 1961 (Beacon Press)

36 C. S. Ford und F. A. Beach: *Das Sexualverhalten von Mensch und Tier.* Berlin 51966; auch als Taschenbuch der Reihe rororo sexologie erschienen unter dem Titel: *Formen der Sexualität. Das Sexualverhalten bei Mensch und Tier.* Reinbek 1968 (Nr. 8006/8007)

37 Der Begriff der «geruchlosen Gerüche», d. h., daß chemische Substanzen von einem Menschen durch die Luft «ausgesendet» werden und das Verhalten anderer Menschen beeinflussen, ohne daß diese merken, wie das vor sich ging, ist nicht übernatürlich. Einige Tatsachen zeigen das. Erstens kann man sich die Wirkungsweise solcher Substanzen genauso wie die von Körpergerüchen vorstellen, nur eben daß sie nicht mit den Rezeptoren unserer Geruchsorgane wahrgenommen werden können. Zweitens sind schon solche Stoffe bekannt, die geruchlos sind und dennoch das Verhalten der Menschen beeinflussen können, etwa Kohlenmonoxid oder chemische Kampfstoffe und auch die Radioaktivität. Daß die Wirkung dieser Stoffe durch pathologische Veränderungen hervorgerufen wird, spielt für uns hier keine Rolle. Drittens weiß man, daß bestimmte Insekten, etwa Motten, solche Stoffe abgeben, die von Menschen und Motten gleichermaßen eingeatmet werden, wobei die Menschen davon nichts merken. Bei den Insekten heißen diese Stoffe Pheromone, es sind den Hormonen ähnliche Stoffe, die physiologische Reaktionen oder ein bestimmtes Verhalten bei einem Artgenossen hervorrufen. Pheromone sind durch einen besonderen chemischen Aufbau artspezifisch.

Ob die männliche Motte die Duftstoffe, die ein Weibchen aussendet, tatsächlich riecht, können wir natürlich nicht wissen. Was wir wissen, ist, daß diese Stoffe die Geruchsrezeptoren erregen, denn das kann durch Potentialableitungen gemessen werden (Elektroantennogramm). Siehe: D. Schneider und U. Seibt: *Sex Pheromone of the Queen Butterfly: Electroantennogram Responses,* in: *Science* 164 (9. Juni 1969), S. 1173 f

38 Ich habe den konditionierten Auslöser deshalb als «möglich» bezeichnet, weil das klinische Material darüber noch spärlich ist.

Meine Ausführungen scheinen mir plausibel, ich kann sie aber nicht belegen. Doch ich hoffe, daß sich das Konzept in der Zukunft als sinnvoll erweisen wird

39 I. P. Pawlow: *Conditioned Reflex and Psychiatry.* New York 1941

40 D. A. F. de Sade: *Ausgewählte Werke.* 1962

41 E. Berne: *The Intimacy Experiment,* in: *Transactional Analysis Bulletin* 3 (1964), S. 113; und *More About intimacy,* ebenda 3 (1964), S. 125

42 In der Literatur wird so oft dieses seltsame Phänomen beschrieben, daß sich zwischen Peinigern (gleich ob staatlich oder nicht) und Gepeinigten ein inniges Verhältnis entwickelt, wahrscheinlich deshalb, weil sie sich genau in die Augen gesehen haben und zueinander gesprochen haben, ohne daß zwischen ihnen noch eine Schranke gewesen wäre, die sie gestört hätte

43 Diesen Ausführungen liegt der *California Civil Code* zugrunde, doch habe ich mich nicht sehr streng an ihn gehalten

44 Die folgenden Zahlen stammen aus dem *World Almanac 1968* und geben die Selbstmorde pro 100 000 Einwohner für Männer und in Klammern für Frauen für die Jahre 1962/63 (nach der World Health Organization WHO): Ungarn: 35,5 (14,1), Österreich: 29,5 (11,1), US-Amerikaner, Weiße: 18,0 (6,7), US-Amerikaner, Farbige: 9,6 (2,7), Polen: 16,6 (3,5)

45 K. Lorenz befaßt sich mit diesem Dilemma in seinem Buch *Er redete mit dem Vieh, den Vögeln und den Fischen.* 1949. Er überschreibt ein Kapitel dieses Buches «Mitleid mit Tieren», ein anderes «Lachen über Tiere»

46 Diese zynische Interpretation des Brutverhaltens habe ich von Ruth Crosby Noble übernommen, aus ihrem Buch *The Nature of the Beast* (erschienen bei Doubleday, Doran and Co., New York 1945, S. 161 f). Diese Darstellung erregt beträchtliches Ärgernis bei Geflügelliebhabern. Meine Anstrengungen, diese Darstellung gar in Lehrbüchern der Biologie oder bei Lehrern zu etablieren, stieß auf kategorische, manchmal wütende Ablehnung: «Das ... ist reine Phantasterei. Sie tut es nicht, um ihre Brust zu kühlen.» Geflügelkenner bevorzugen eine anthropomorphe Auffassung des Brutverhaltens ihrer Lieblinge: «Wenn die Sonne zu heiß brennt, stellt sich die Glucke über die Eier, um ihnen *Schatten* zu *geben.* Ist es kühl, setzt sie sich auf das Nest, um die Eier *warm* zu *halten.* Man kann eine Glucke einfach nicht davon abhalten, auf Eiern oder Kartoffeln

oder glatten Steinen zu sitzen.» (Die Hervorhebungen stammen von mir und sollen auf die Zweckbestimmtheit hinweisen, die hier unterstellt wird.) Doch keines der angeführten Argumente widerspricht der Beschreibung, die Noble gegeben hat. Die Meinungen gehen also auseinander. Auf der einen Seite wird die Henne als altruistisch dargestellt, sie bemüht sich, für ihre Eier günstige Bedingungen zu schaffen. Auf der anderen Seite wird die Henne weniger achtenswert geschildert, sie hat nur den einen Wunsch, sich zu kühlen. Noble führt in ihrem Buch ein Experiment an, das ihre ‹Eisbeutel› Theorie stützt. Wenn man der Glucke nämlich die überhitzte Brust durch Eintauchen in kaltes Wasser abkühlt, so zeigt sie anschließend keinerlei Interesse mehr am Brüten. Noble berichtet jedoch auch, daß Vögel ihre eigenen Eier erkennen und bevorzugen. Es scheint also doch noch etwas mehr im Spiel zu sein als lediglich der Wunsch nach Kühlung

47 Ich stieß vor einigen Jahren auf einen Bericht über dieses ungewöhnliche Verhalten der Stichlinge. Ich machte mir einige Notizen darüber, versäumte es leider aber, auch die Quelle zu notieren. Ich habe mich eifrig bemüht, sie wieder aufzustöbern, leider vergebens. Ich habe mit einigen Ichthyologen darüber gesprochen und auch korrespondiert, sie standen meiner Beschreibung aber alle skeptisch gegenüber. So auch Desmond Morris, ein Fachmann dieses Gebietes mit langjähriger Erfahrung. Mit ebensoviel Stolz wie die Geflügelkenner ihre Henne verteidigte er die Stichlinge: «Meine Stichlinge haben meines Wissens nie einen solchen ‹Kinnbackenkrampf› entwickelt»

48 H. Wendt: *Das Liebesleben in der Tierwelt.* Reinbek 1962, Kapitel 7 (Rowohlt)

49 H. Wendt: ebenda. Eine genauere Beschreibung der Vorgänge in einem Pavian-Harem findet sich in dem Buch von Hans Kummer: *The Social Organization of Hamadryas Baboons.* Chicago 1968 (University of Chicago Press)

50 Der Gedanke, Affen Lendenschurze anzuziehen, ist nicht origineller als der Vorschlag der ‹Society for Indecency to Naked Animals (SINA)›, Haustieren Unterhosen anzuziehen, Kühen Unterröcke oder Pferden kurze Hosen. SINA begann seinen Feldzug mit dem Schlagwort: ‹Anstand heute ist Moral morgen.› Diese Aktion war als Ulk gedacht und sollte einige Aspekte sexueller Heuchelei durch die Satire bloßstellen. Das mißlang aber, da Millionen Menschen alles für bare Münze nahmen. Eine Zusammenfassung der

nahezu unglaublichen Tatsachen findet sich in dem Buch *The Great American Hoax* von Alan Abel, erschienen bei Trident Press, New York 1966. Einiges darüber, wie erbittert einige ‹Tierfreunde› über die ‹Unmoral› bei Tieren sind, findet sich in dem Buch *Petishism* von Kathleen Szasz, erschienen bei Holt, Rinehart und Winston, New York 1969

51 E. Berne: *Spiele der Erwachsenen.* Reinbek 1967 (Rowohlt)

52 S. Karpman: *Fairy Tales and Script Drama Analysis,* in: *Transactional Analysis Bulletin* 7 (1968), S. 39–43

53 Über Ratten siehe S. Levine: *Stimulation in Infancy,* in: *Scientific American* 202 (Mai 1960), S. 80–86. Auch: *Infantile Experience and Resistance to Psychological Stress,* in: *Science* 126 (30. August 1957), S. 405. Über Kinder siehe R. Spitz: *Hospitalism: Genesis of Psychiatric Conditions in Early Childhood,* in: *Psychanalytic Study of the Child* 1 (1945), S. 53–74

54 Über Affen siehe H. F. Harlow und M. K. Harlow: *Social Deprevation in Monkeys,* in: *Scientific American* 207 (November 1962), S. 136–146

55 Die Eltern mißhandelter Kinder waren häufig in ihrer Jugend ihrerseits mißhandelt worden. (Persönliche Mitteilung Ellen Berne, Bellevue Hospital, New York City.) Siehe auch: L. B. Silver, C. C. Dublin und R. S. Lourie: *Does Violence Breed Violence? Contributions from a Study of the Child Abuse Syndrome,* in: *American Journal of Psychiatry* 126 (September 1969), S. 404–407

56 In Cecils *Textbook of Medecine* (W. B. Saunders Company, Philadelphia), das 1940 – also vor der Penicillin-Ära erschien, findet sich die Angabe, daß die Sterblichkeitsrate in den großen Krankenhäusern Europas und Amerikas um 30 Prozent herum liege, im Bellevue Hospital zwischen 30 und 50 Prozent. Es heißt in dem Buch: «Die Sterblichkeitsrate für die freie Praxis liegt wesentlich niedriger als für Krankenhäuser. Das ist sicher der Tatsache zuzuschreiben, daß leichtere Fälle zu Hause behandelt werden, schwerere aber ins Krankenhaus gebracht werden.» Cecil selbst traf diese Feststellung, aber meines Erachtens kann die Tatsache der unterschiedlichen Sterblichkeitsrate auch mit meiner These erklärt werden. Patienten, die zu Hause behandelt werden, erhalten sicherlich mehr Zuwendung von anderen Menschen als die Patienten, die auf den Korridoren des Bellevue Hospitals liegen. Die Sterblichkeitsrate für Alkoholiker lag bei 56 Prozent. Cecil zieht weiterhin den Schluß, die soziale Stellung des Patienten sei von Bedeutung: «Patienten in

höheren sozialen Stellungen, die gut genährt und gekleidet sind und gewöhnlich auch in gutem körperlichen Zustand, haben eine größere Überlebenschance als die armen, unterernährten und schlecht gekleideten Patienten.» Ja schon, aber die «gut genährten und gekleideten» Patienten haben sehr wahrscheinlich auch öfter Besuch als die «unterernährten und schlecht gekleideten» Patienten auf den Korridoren. Das ist also auch kein Grund, die Ansicht der Krankenhausärzte zu bestreiten, daß mit der Zahl der Besucher die Überlebenschance eines Patienten steige. In jenen Tagen jedoch war es noch nicht üblich, ernsthafte Untersuchungen über solche Fragen anzustellen

57 J. D. French: *The Reticular Formation*, in: *Scientific American* 196 (Mai 1957), S. 54–60

58 C. A. Brownfield: *Isolation; Clinical and Experimental Approaches*. New York 1965 (Random House)

59 R. B. Barnes: *Thermography of the Human Body*, in: *Science* 140 (24. Mai 1963), S. 870–877

60 W. Heron: *The Pathology of Boredom*, in: *Scientific American* 196 (Januar 1957), S. 52–56

61 S. Kierkegaard: *Furcht und Zittern*. 1843, und *Die Krankheit zum Tode*. 1849

62 Nach dem *United Nations Demographic Yearbook* für 1966 beträgt die Sterblichkeitsrate für Säuglinge in Monaco und auf den Riukiu-Inseln 10 auf 1000 Lebendgeborene. In Kanada und den USA steht sie bei 23, in der Republik Südafrika bei 29 für Weiße und bei 136 für Farbige. Letzteres ist die höchste Ziffer der ganzen ‹zivilisierten› Welt, mit Ausnahme von Indien, wo die Säuglingssterblichkeit auf 146 geschätzt wird

63 H. Senator und S. Kaminer: *Krankheiten und Ehe. Darstellung der Beziehungen zwischen Gesundheitsstörungen und Ehegemeinschaft*. Leipzig 1904 (2. erweiterte Auflage 1916)

64 Kinsey und seine Mitarbeiter berichten über gesundheitsschädliche sexuelle Handlungen, sagen aber nur wenig über gesundheitsfördernde Sexualität. Senator und Kaminer schrieben 1200 Seiten über die Beziehung der Sexualität und Ehe zu Krankheiten, ihre Schlußfolgerungen jedoch sind – wie schon gesagt – tendenziös und unzuverlässig. Am interessantesten sind noch die Statistiken über die Sterblichkeitsraten in Schweden in den Jahren 1881–1890, die ihr Buch enthält. In nahezu allen Altersgruppen von 20 bis 90 war die Sterbeziffer für Unverheiratete signifikant höher als für Verhei-

ratete, und zwar bei beiden Geschlechtern. Teilweise betrug sie sogar das Doppelte. Die Ziffer für Verwitwete und Geschiedene lag ungefähr in der Mitte zwischen den beiden anderen. In jenen Tagen war ‹unverheiratet› gleichbedeutend mit ‹wenig oder gar keine sexuelle Aktivität›, vor allem für Frauen. Bestenfalls bedeutete es unregelmäßige und unbefriedigende sexuelle Aktivität. Und das bei einem großen Teil der Bevölkerung. Für Verwitwete oder Geschiedene war auf eine Zeit regelmäßiger sexueller Betätigung eine Zeit geringer oder fehlender sexueller Aktivität gefolgt. Nach diesen Befunden bedeutet also mehr sexuelle Aktivität mehr Lebensjahre. Weniger Sexualität heißt mehr Sterbefälle, manchmal doppelt so viel. Grob gesagt, ist sexuelle Abstinenz also eine tödliche Krankheit. (Die höchste Sterbeziffer gab diese Statistik für geschiedene und verwitwete Männer über 90 Jahren an mit 318,97 auf 1000, die niedrigste für verheiratete Männer von 20 Jahren. Sie betrug 4,64 auf 1000. Ein Verhältnis von 68 : 1!)

Da exakte Untersuchungen auch weiterhin fehlen, müssen wir wieder zurück zu den unexakten ‹klinischen Eindrücken›, um die Diskussion überhaupt weiterführen zu können

65 Über psychiatrische Aspekte urologischer Erscheinungen siehe D. R. Smith und A. Auerbach: *Funktionelle Störungen*, in: *Handbuch der Urologie*. Hg. von C. E. Alken und V. W. Dix. Berlin 1960, Bd. XII (Springer)

66 D. R. Smith: *Psychosomatic «Cystitis»*, in: *Transactions of the American Association of Genito-Urinary Surgeons* 53 (1961), S. 113–116. Dieser Artikel befaßt sich mit 18 verschiedenen Gesichtspunkten dieses Themas, darunter der Wasserausscheidung und dem Elektrolythaushalt

67 S. Freud: *Vorlesungen zur Einführung in die Psychoanalyse*. 1917, und *Neue Folge der Vorlesungen zur Einführung in die Psychoanalyse*. 1933

68 Siehe das Symposium: *Sudden Death During Coitus – Fact or Fiction?*, in: *Human Sexuality* 3 (Juni 1969), S. 22–26

69 H. Senator und S. Kaminer, op. cit.

70 A. L. Finkle: *The Relationship of Sexual Habits to Benign Prostatic Hypertrophy*, in: *Human Sexuality* 2 (Oktober 1967), S. 24 f

71 *Time*, 11. November 1969

72 E. Berne: *The Structure and Dynamics of Organization and Group*. Philadelphia 1963 und New York 1966

Zwanzig ausgewählte Bücher zum Thema Sexualität
Zusammengestellt von Gerd Stöhr

Die folgende Bücherliste ist eigens für die deutsche Ausgabe dieses Buches zusammengestellt worden. Sie enthält nur leicht zugängliche Bücher, die meist als Taschenbücher oder als Paperbacks erschienen sind, also nicht übermäßig den Geldbeutel belasten. Im allgemeinen werden von den Lesern keine Vorkenntnisse erwartet; im Notfall gibt ein Lexikon Auskunft über Nomenklatur und Besonderheiten. Die Bücher lassen sich in die folgenden drei Kategorien einteilen:

1. Bücher über die Bedeutung der Sexualität einst und jetzt; Bücher über die Einstellung der Menschen zur Sexualität.
2. Bücher über die Psychologie und Biologie der Sexualität; Bücher über die Sexualität der Tiere.
3. Bücher, die die ‹Liebe› (oder vielleicht besser: ‹Sex›) lehren.

Das Buch von Morus (Richard Lewinson): *Eine Weltgeschichte der Sexualität*, Hamburg 1956, Rowohlt Verlag, ist auch als Taschenbuch erschienen (rororo Nr. 6617/6618/6619) und gibt einen wirklich umfassenden Überblick über die Geschichte der Sexualität. Es beginnt mit den ersten erotischen Höhlenzeichnungen in der Steinzeit und endet bei den aktuellen Themen unserer Zeit, der künstlichen Befruchtung, der Geschlechtsumwandlung, dem Leben aus der Retorte. Von weiter ‹links› gesehen, sieht dasselbe ein bißchen anders aus, wie das Buch von Jos van Ussel: *Sexualerziehung* zeigt. Das Buch ist erschienen in der Reihe rororo sexologie (Nr. 8024/8025) im Rowohlt Taschenbuch Verlag, Reinbek 1970, der Untertitel «Geschichte der Sexualfeindschaft» gibt das Thema des Buches an. Trotz Ussels Feststellung, daß «nicht einmal in groben Umrissen ... die Geschichte des Sexuellen während der letzten zweitausend Jahre aufgezeichnet (ist)», ein interessantes und lesenswertes Buch (vielleicht auch gerade deshalb!).

Um das nächste Buch, *Der aufgeklärte Eros. Plädoyer für eine menschenfreundliche Sexualmoral›*, von Alex Comfort (München 1964, Szczesny Verlag, als rororo sachbuch Nr. 6637 im Rowohlt Taschenbuch Verlag, Reinbek), zu charakterisieren, braucht man nur einen Satz zu zitieren: «Eines Tages kommen wir vielleicht zu der Erkenntnis, daß Keuschheit ebensowenig eine Tugend ist wie Unterernährung.» (Ich kann nur hoffen, daß Comforts Prophezeiung eintritt.)

Helmut Kentler: *‹Sexualerziehung›*. Reinbek 1970, Rowohlt Taschenbuch Verlag, rororo sexologie Nr. 8034/8035. Kentler beleuchtet das Problem der Sexualerziehung in der Schule und in der Familie und zeigt die Diskrepanz zwischen dem, was ist, und dem, was sein sollte, deutlich auf. Er beschreibt ein Modell für (aufklärende) Gespräche mit Jugendlichen, daß er selbst einige Jahre lang in der Jugendarbeit praktiziert hat.

Das nächste Buch gehört schon in unsere zweite Kategorie, die Bücher über die Psychologie und die Biologie der Sexualität enthält: Sigmund Freud: *Drei Abhandlungen zur Sexualtheorie.* Gesammelte Werke, Bd. V (unter dem Titel: *Drei Abhandlungen zur Sexualtheorie und verwandte Schriften* als Fischer Taschenbuch 422 in der Fischer Bücherei, Frankfurt am Main 1961. Die Auswahl für das Taschenbuch besorgte Alexander Mitscherlich). Freuds klassische *Abhandlungen* aus den Jahren 1904 und 1905 sind hier in erster Linie wegen ihrer historischen Bedeutung aufgeführt, sie sind aber ohne jede Frage auch heute noch lesenswert.

Eine ähnlich aufrüttelnde Wirkung wie Freuds *Abhandlungen* hatten die beiden folgenden Bücher, nur daß Freud mehr eine Langzeitwirkung hatte, die Kinsey-Reporte eher wie Explosionen wirkten: Alfred C. Kinsey et al.: *Das sexuelle Verhalten des Mannes.* Berlin–Frankfurt am Main 1954, S. Fischer Verlag, und *Das sexuelle Verhalten der Frau.* Berlin–Frankfurt am Main 1954, S. Fischer Verlag. Beide Bücher liegen als Paperback-Ausgabe und Fischer Taschenbuch vor. Die Bücher waren 1948 bzw. 1953 in Amerika erschienen, die darin enthaltenen Daten basieren auf den Angaben von 20 000 Menschen, die Kinsey und seine Mitarbeiter seit 1939 befragt hatten.

Eine ähnliche Untersuchung, wie sie Kinsey in den USA durchgeführt hatte, gibt es auch in Deutschland, allerdings beschränkt sich diese auf Studenten: Hans Giese und Gunter Schmidt: *Studenten-Sexualität.* Reinbek 1968, Rowohlt Verlag. Dem Buch liegt eine Befragung von mehr als 3500 Studenten an zwölf westdeutschen Universitäten über das sexuelle Verhalten und die Einstellung zur Sexualität zugrunde. Über sexuelles Verhalten und Einstellungen zur Sexualität bei verschiedenen Völkern zu verschiedenen Zeiten berichtet das folgende Buch: Fernando Henriques: *Sittengeschichte der Liebe.* Rüschlikon bei Zürich 1961, Albert Müller Verlag (1968 als Taschenbuch in der Reihe «Das Heyne-Sachbuch» im Heyne-Verlag, München, erschienen). Henriques gibt eine umfassende Dokumentation über viele Aspekte der Sexualität, und zwar einmal geschichtlich, zum anderen anthropologisch. Er beschreibt sexuelle Sitten und Praktiken, Hochzeitsriten und Werbezeremonien, er schreibt über Keuschheit, Schönheit und Tabus.

Clellan S. Ford und Frank A. Beach: *Das Sexualverhalten von Mensch und Tier.* Berlin 51966, Colloquium Verlag (1968 als Taschenbuch in der Reihe rororo sexologie Nr. 8006/8007 unter dem Titel *Formen der Sexualität. Das Sexualverhalten bei Mensch und Tier,* im Rowohlt Taschenbuch Verlag, Reinbek, erschienen). Dieses Buch behandelt zum Teil ein ähnliches Thema wie das vorgenannte Buch. Ford und Beach geben eine Übersicht über die sexuellen Sitten und Gebräuche von annähernd 200 Volksstämmen, darüber hinaus beschreiben sie das Sexualverhalten vieler Tierarten.

Weitere Information über die Sexualität der Tiere findet sich in dem folgenden Buch: Herbert Wendt: *Das Liebesleben in der Tierwelt.* Reinbek 1962, Rowohlt Verlag (als Taschenbuch – rororo sachbuch Nr. 6714/6715/6716 – im gleichen Verlag). Der Autor des Buches ist «der Meinung, daß das Triebleben der Tiere die eigentliche, die naturwissenschaftliche Basis bildet für unser eigenes Sexualleben, und daß wir nahezu alle Formen und Erscheinungen des menschlichen Sexus nur dann richtig deuten und erklären können, wenn wir ihre vormenschlichen, ihre tierischen Wurzeln aufdecken». Daß dieses «Aufdecken» nicht langweilig wird, dafür garantiert der Name Wendt.

Mit nahezu allen nur denkbaren Aspekten der menschlichen Sexualität befaßt sich das folgende Buch: Hans Giese (Hg.): *Mensch, Geschlecht, Gesellschaft. Das Geschlechtsleben unserer Zeit gemeinverständlich dargestellt.* Baden-Baden 1961, Verlag für angewandte Wissenschaften. Das Buch hat nur einen riesengroßen Nachteil: Es ist viel zu teuer. Für die Qualität des Buches bürgen neben Giese (der manchen Artikel des Buches selbst geschrieben hat), andere nicht weniger bekannte Autoren wie Bürger-Prinz, Norman Haire, Karen Horney, Alfred Kinsey und viele andere. Ein Gebiet der Sexualität, auf dem Angst und Unwissenheit mehr zu Hause sind als Kenntnisse, ist das der Geschlechtskrankheiten. Angst und Unwissenheit aber bewirken einen Anstieg dieser Krankheiten – wie in der Tat in den letzten Jahren zu beobachten.

Es soll niemand ergehen wie dem Mann in dem folgenden Limerick (der – auf englisch – in dem unten genannten Buch steht):

Es meinte ein Winzer vom Rheine
Die Syph verging von alleine.
Noch im Stadium Drei
Schlief er der Alten bei:
Zeugt sattelnasige Kleine.

Darum sei dieses Buch hier empfohlen, es ist von R. S. Morten und trägt den Titel *Geschlechtskrankheiten* (Reinbek 1969, Rowohlt Taschenbuch Verlag, rororo sexologie Nr. 8016). Nach einem kurzen geschichtlichen Abriß schildert Morten die heutige Situation, aus sozialer Sicht und aus medizinischer.

W. H. Masters und V. E. Johnson: *Die sexuelle Reaktion.* Frankfurt am Main 1967, Akademische Verlagsgesellschaft (als Taschenbuch der Reihe rororo sexologie Nr. 8032/8033 im Rowohlt Taschenbuch Verlag, Reinbek 1970, erschienen). Dieses Buch ist eines der wichtigsten, das je über Sexualität geschrieben wurde, denn mit ihm begründeten Masters und Johnson einen neuen Wissenschaftszweig, die empirische Sexualphysiologie. Obwohl natürlich in erster Linie für den Wissenschaftler von Bedeutung (und auch für ihn geschrieben), bietet dieses Buch auch dem, der sich nicht beruflich mit der Erforschung der Sexualität befaßt, eine Menge interessanter Fakten. Wer das in Abrede stellen wollte, müßte zum Beispiel die folgende Feststellung für belanglos halten: «Der wichtigste Faktor für die Erhaltung der sexuellen Leistungsfähigkeit im Alter ist das Aufrechterhalten der aktiven sexuellen Betätigung.» Die weitverbreitete Ansicht, die Ejakulation – gleich ob Menstruation oder durch Koitus bedingt – ‹schwäche› die Kondition eines Sportlers, verweisen Masters und Johnson in das Reich der Fabel, es gibt keinerlei physiologische Bestätigung dafür. (Ein weiteres Buch der beiden Autoren handelt von den «Funktionellen Sexualstörungen Impotenz und Orgasmusschwierigkeiten» und soll 1971 auf deutsch erscheinen. Es befaßt sich mit der Therapie bei sexuellen Störungen, mit der Möglichkeit einer Neuorientierung und einem Wandel der Einstellung zur Sexualität.) Das Buch von Masters und Johnson leitet uns zu unserer dritten Kategorie über, in der ‹Liebeslehrbücher› oder ‹Sexlehrbücher› enthalten sind. Es ist nicht leicht, brauchbare Vertreter dieser Gattung zu finden. Es gibt viele Bücher, die sich an Jugendliche wenden und vorgeben, ‹sexuelle Aufklärung› betreiben zu wollen. Abgesehen davon, daß schon an der Sache ‹sexuelle Aufklärung› etwas faul ist (siehe das Kapitel «Sexualerziehung bei

Kindern»), an den Büchern ist häufig noch mehr faul. Sie wollen gar nicht aufklären, sie wollen verheimlichen, verschweigen und verschleiern, sie wollen wissentlich falsch unterrichten. Da wird vom ‹Irrweg der Selbstbefriedigung› gesprochen, es regnet gute Ratschläge, wie der Junge seinen ‹drängenden Geschlechtstrieb bezähmen› kann, die ‹Sache› wird an Blumen, an Hunden, und – wenn es hoch kommt – an Menschen unter einer Bettdecke ‹erklärt›. Das ist nicht einmal witzig, das ist lediglich traurig und betrüblich. Ob einer der Autoren wohl Sigmund Freud verstanden hat, oder auch nur gelesen? Ob sich einer der Autoren jemals klargemacht hat, was er mit solchem Unfug anrichten kann, wieviel Schwierigkeiten, Angst und Versagen durch solche unsinnigen Bücher hervorgerufen werden können?

Ich möchte hier zwei Bücher anführen, denen man vielleicht manches vorwerfen kann, die aber sicher eines nicht tun, falsch unterrichten oder etwas verschweigen. Das erste ist von Bent H. Claesson: *Sexualinformation für Jugendliche.* Frankfurt am Main 1970, Verlag Neue Kritik. Das zweite Buch ist von Günter Amendt: *Sexualfront.* Frankfurt am Main 1970, März-Verlag. Es ist sicherlich nicht jedermanns Sache, frei und unbefangen über die Sexualität zu reden, oder auch Bücher zu lesen, in denen frei und unbefangen über Sexualität gesprochen wird. Es werden sich also sicherlich auch einige Eltern finden, die glauben, sie sollten ihren Kindern diese Bücher vorenthalten. Diesen Eltern möchte ich empfehlen, einmal die andere Form der ‹Aufklärung› genauer unter die Lupe zu nehmen: die ‹Aufklärung auf der Straße›. Zum Glück sind beide aufgeführten Bücher sehr billig, so daß Jugendliche sie sich selbst kaufen können. Als nächstes möchte ich zwei ‹Ehe›-Handbücher anführen (wen die Einengung durch das Wort ‹Ehe› stört, der mag dieses Wort in Gedanken durch ein beliebiges anderes ersetzen), das erste ist 45 Jahre alt, aber immer noch modern: Th. H. van de Velde: *Die vollkommene Ehe.* Rüschlikon bei Zürich [77]1967, Albert Müller Verlag. Das zweite Buch hat den Titel *Die sexuelle Liebe in der Ehe* und stammt von Maxine Davis, erschienen, im Günter Verlag, Stuttgart 1965. Es handelt sich hier tatsächlich um ein «modernes und vollständiges Ehehandbuch» (wie es der Untertitel verspricht), ja vielleicht mehr als das, denn die Autorin beschäftigt sich auch mit anderen Aspekten der Sexualität, etwa der Masturbation, von der sie schreibt, daß die «einzig ernste Gefahr» dabei «die Angst vor ihr» sei. Zum Schluß möchte ich noch zwei Bücher über speziellere

Probleme nennen, die besondere Bedeutung erlangen können. Das erste Problem ist das der Sexualität des alternden Menschen. Manches darüber findet sich in dem vorgenannten Buch von Maxine Davis und auch in anderen der angeführten Bücher (siehe etwa das obige Zitat aus dem Buch *Die sexuelle Reaktion* von Masters und Johnson). Das Buch, das sich sehr eingehend mit diesem Problem befaßt, ist: *Sex nach Sechzig*. Herausgegeben von Isadore Rubin, erschienen bei Hoffmann und Campe, Hamburg 1968. Ein zweites problematisches Gebiet der Sexualität ist die Empfängnisverhütung. Auch darüber ist in vielen der angeführten Bücher etwas enthalten (Amendt, Claesson, Davis). Ich möchte aber lieber Gefahr laufen, mich zu wiederholen, als gerade dieses Gebiet vernachlässigen. Denn man muß sich einmal klarmachen, wieviel Unheil durch mangelnde Kenntnisse gerade auf diesem Gebiet entstanden ist. Sei es, daß die Menschen keinen anderen Weg als den des (erzwungenen) Verzichts sahen, sei es, daß sie unerwünschte Kinder in die Welt setzten, was für die Mutter und meist auch für den Vater sehr unangenehm sein konnte, für das Kind aber oft genug verhängnisvoll. Ein Buch, das alles, aber wirklich alles, über die Empfängnisverhütung enthält, ist von Hans Frahm und trägt den Titel *Empfängnisverhütung*, erschienen im Rowohlt Taschenbuch Verlag, Reinbek 1968, rororo sexologie Nr. 8003.

Damit wäre die Zahl zwanzig erreicht – zwanzig Bücher. Natürlich erfassen sie nicht alle Besonderheiten der Sexualität, natürlich gibt es andere Bücher, die dasselbe Thema behandeln und ebensogut (vielleicht auch geeigneter) sind. Wer ‹auf den Geschmack› gekommen ist, wird keine allzu große Mühe haben, so viele lesenswerte Bücher über Sex zu finden, daß er für die nächsten Jahre beschäftigt ist. Ganz allgemein ist man gut beraten, wenn man sich an die Bücher hält, die in der Reihe rororo sexologie erschienen sind bzw. noch erscheinen werden.

Ich glaube, diese Bücherliste berücksichtigt in ausreichendem Maß alle Gebiete des menschlichen Geschlechtslebens: Die Sexualbiologie, Sexualpsychologie, Sexualhygiene, Sexualpathologie und Soziologie der Sexualität. Letztere kommt vielleicht ein wenig zu kurz, die Sexualhygiene wird auch ein bißchen stiefmütterlich behandelt, dafür taucht sie in mehreren Büchern auf (van de Velde, Davis, Amendt, Claesson). Ich möchte schließen mit einem Wort aus einem der ältesten Liebeslehrbücher der Welt, aus Ovids *Ars amatoria*: «Wenn Du geliebt werden willst, sei liebenswert.»

Register